Mark Westmoquette
Zen und die Kunst, mit schwierigen
Menschen umzugehen

W0054433

Mark Westmoquette

Zen und die Kunst,
mit schwierigen Menschen umzugehen

Aus dem Englischen von
Felix Mayer

Anaconda

Titel der englischen Originalausgabe
Zen and the Art of Dealing with Difficult People
First published in the UK and USA in 2021 by Watkins,
an imprint of Watkins Media Limited
Unit 11, Shepperton House, 83–93 Shepperton Road,
London N1 3DF

MIX
Papier | Fördert
gute Waldnutzung
FSC www.fsc.org **FSC® C014496**

Penguin Random House Verlagsgruppe FSC® N001967

Die Deutsche Nationalbibliothek verzeichnet diese Publikation
in der Deutschen Nationalbibliografie; detaillierte bibliografische
Daten sind im Internet unter http://dnb.d-nb.de abrufbar.

Lizenzausgabe mit freundlicher Genehmigung.
© dieser Ausgabe 2023 by Anaconda Verlag, einem Unternehmen
der Penguin Random House Verlagsgruppe GmbH,
Neumarkter Straße 28, 81673 München
Alle Rechte vorbehalten.
Umschlagmotive: shutterstock.com / BigGraphic (Hintergrund),
Illustration aus dem Innenteil der Originalausgabe
Umschlaggestaltung: www.katjaholst.de
Satz und Layout: InterMedia – Lemke e. K., Heiligenhaus
Druck und Bindung: GGP Media GmbH, Pößneck
Printed in Germany
ISBN 978-3-7306-1235-4
www.anacondaverlag.de

So wie Kinder angeblich das Verhalten ihrer Eltern widerspiegeln, spiegeln auch alle Menschen, mit denen wir in Kontakt kommen, unser eigenes Verhalten wider. Wenn wir daher unser Herz öffnen und uns aufrichtig um Verständigung bemühen, wird unser Gegenüber es uns gleichtun. Daher bitte ich Sie: Richten Sie Ihr Leben an der Frage aus, was Sie für andere tun können, und nicht daran, was andere für Sie tun können. Öffnen Sie im Umgang mit anderen Ihr Herz und bemühen Sie sich aufrichtig um Verständigung.[1]

Mitsunaga Kakudo, Mönch der japanischen
Tendai-Schule des Buddhismus

[1] Mitsunaga Kakudo (1996), zitiert in: S. G. Covell, »Learning to Persevere: The Popular Teachings of Tendai Ascetic«. In: *Japanese Journal of Religious Studies*, 2004, 31, S. 255–287.

Inhalt

Vorwort

Buddhas begegnen uns als lästige Gestalten; das lehren die Alten Punkt für Punkt.

K<small>EIZAN</small>[1]

Als junger Novize des Zen-Buddhismus war ich ständig dicht von anderen Menschen umgeben. Ich hatte keine Möglichkeit, mich zurückzuziehen. Sieben Jahre lang lebte ich auf der Fläche einer Strohmatte im Meditationssaal eines Klosters, umgeben von zwanzig anderen Mönchen. Dort meditierten und schliefen wir, manchmal aßen wir dort auch. Das Leben war so organisiert, dass wir durch nichts abgelenkt wurden. Die Ausbildung wurde gerne mit dem Prozess in einer Schleiftrommel verglichen. Durch die unvermeidlichen, durch Selbstsucht ausgelösten zwischenmenschlichen Spannungen sollten wir Neulinge uns aneinander reiben, sodass wir, die wir als rohe Kiesel angetreten waren, zu polierten Edelsteinen würden. Manchmal kochten die Emotionen hoch. Das einzige Mal, dass ich in meinem Leben Mordgedanken gegen einen Menschen hegte, war in jener Zeit. In unserer kleinen Welt gab es mehrere Selbstmordversuche, einer davon war erfolgreich.

---

[1] Jiyu-Kennett, PTNH, *Zen is Eternal Life*. Shasta Abbey Press, Kalifornien, 1999, S. 251.

In den meisten Fällen hatte die Lehrzeit jedoch deutlich andere Folgen. Ich habe gesehen, wie aus diesem Prozess des Abschleifens seelisch ausgeglichene, selbstlose und gleichsam innerlich leuchtende Menschen hervorgegangen sind. Die wichtigsten Begriffe unserer Arbeit waren Klarheit und Bewusstheit. Kamen geistiger Großmut, Humor und Mitgefühl hinzu, konnte der Transformationsprozess durchaus rasch vonstattengehen. Das obige Zitat, eine freie Übersetzung eines Satzes aus dem Werk des japanischen Zen-Meisters Keizan (1268–1325), führten unsere Lehrer oft im Munde.

Ein lästiger oder problematischer Buddha ist eine Person, die bei uns bestimmte wunde Punkte trifft und dadurch Empfindlichkeiten oder verborgenen Unmut freilegt sowie Gereiztheit, Missgunst oder unangemessene Reaktionen hervorruft. Keinem Leid kann man beikommen, indem man sich abstrakt mit ihm auseinandersetzt. Erst wenn uns diese Dinge zu Bewusstsein kommen, bietet sich uns die Möglichkeit, sie zu lösen.

Der Schlüssel zu diesem Transformationsprozess besteht in der Erkenntnis, welche Chancen im Schmerz liegen. Es ist so leicht, andere Menschen, das System oder die Vergangenheit für unseren Schmerz verantwortlich zu machen, und auch ich habe das früher die meiste Zeit getan. Man kann auch sich selbst die Schuld zuschreiben, oder solche würdelosen, unsozialen Empfindungen sogar negieren.

Das Leben in einem Zen-Kloster ist jedoch darauf ausgelegt, dass man diese inneren Haltungen nicht auf Dauer aufrechterhalten kann. Wenn alles gut geht, gelingt es dem Schüler irgendwann, »das Licht der Lampe umzudrehen«, ganz beim Schmerz zu sein und sich seiner bewusst zu werden, ohne ihn zu verurteilen oder auf ihn zu reagieren. In diesem Zustand der mitfühlenden Bewusstheit entwirren sich die körperlichen, energetischen, emotionalen und geistigen Dimensionen des Leids, was schließlich zu einer »Reintegration« (um den jungschen Terminus zu gebrauchen) und zu einer neuen, harmonischen Beziehung zum Ganzen führt.

All das kann jedoch nur in Gang kommen, wenn sich das Leid überhaupt erst manifestiert. Also ist eine problematische Person in dem Moment, in dem wir ihr begegnen, im Grunde der eigentliche Lehrer, der Buddha. Doch wie genau lehrt sie uns etwas? Subjektiv empfinden wir diesen Prozess möglicherweise als ziemlich unbarmherzig. Solange wir nicht zum Kern vorgedrungen sind, wird der damit einhergehende Schmerz immer wieder auftauchen. Ein spirituell geprägtes Dasein stellt man sich oft als ein Leben vor, das sich weit entfernt von den Ablenkungen und den dramatischen Ereignissen der menschlichen Welt abspielt. Natürlich ist es möglich, in solcher Zurückgezogenheit zu leben. So stand etwa Buddha, nachdem er unter dem Bodhibaum zur Erleuchtung gelangt war, vor der Wahl. Er konnte an Ort und Stelle sitzen bleiben, in Frieden und Einsamkeit die Früchte seiner erfolgreichen Suche genießen und ein *pratyekabuddha* werden, ein schweigender Buddha. Er konnte aber auch aufstehen und die mühevolle Aufgabe auf sich nehmen, andere zu lehren, sich ihrem Leid zu stellen. Dass wir heute noch von ihm wissen, zeigt uns, wie er sich entschieden hat, und es zeigt seine Haltung des Mitgefühls, die mehr als nur den persönlichen Nutzen im Blick hat.

Seitdem er begonnen hatte, andere zu unterweisen, warb Buddha für das Ideal der *sangha*, der spirituellen Gemeinschaft. Darüber hinaus sagte er, er verkünde »solch eine Lehre, nach der man mit niemandem in der Welt streitet«[1]. Bis heute gelten Uneinigkeit und Spaltung der *sangha* als äußerst schwerwiegende Angelegenheiten. Warum ist die soziale Dimension der buddhistischen Praxis von so großer Bedeutung? Wir Menschen sind Herdentiere, und bedingt durch den sogenannten Effekt der sozialen Nähe nehmen wir unvermeidlich immer mehr die Züge jener Menschen an, mit denen wir die meiste Zeit verbringen. Doch die Zen-Tradition betont nicht nur die gegenseitige Unterstützung und Stärkung innerhalb der Gruppe, sondern verweist auch darauf, welche Möglichkeiten des Wachstums sich uns innerhalb der *sangha* bieten, wenn wir einander in geistreicher oder auch provokanter Weise herausfordern:

Eines Tages sandte der Zen-Meister Obaku (gest. 850) seinen Schüler Rinzai mit einem Brief zu einem anderen Zen-Kloster.

Dort war zu jener Zeit Gyosan der Klostervorsteher. Er nahm den Brief entgegen und fragte: »Dieser Brief kommt von Obaku. Doch was hat sein Sondergesandter damit zu tun?«

Daraufhin verpasste Rinzai ihm eine Ohrfeige.

Gyosan gebot ihm Einhalt und sagte: »Mein älterer Bruder, da du die Sache verstanden hast – belassen wir es dabei.«[2]

---

[1] Madhupindika Sutta, »Der Honigkuchen« (Mittlere Sammlung, MN 18); https://palikanon.com/majjhima/zumwinkel/m018z.html.
[2] *The Zen Teaching of Rinzai*. Shambhala, Berkeley, 1975, S. 76.

Nachdem mein japanischer Lehrer, der Zen-Meister Shinzan, während des Studiums alter zen-buddhistischer Schriften unverhofft festgestellt hatte, dass das Erwachen bei den meisten Schülern durch eine Form der Interaktion ausgelöst wird, entwickelte er ein Vorgehen, bei dem man sich gegenseitig erforscht und das er »Gruppen-*Sanzen*«[1] nannte. Wir bei Zenways setzen diese Arbeit fort, unter anderem mit Retreats zum Thema »Durchbruch zu Zen«. Diesen Moment der Veränderung in einem anderen Menschen mitzuerleben, ist in meinen Augen eine der ehrfurchtgebietendsten und schönsten Erfahrungen, die man als Mensch machen kann.

Beim gemeinsamen Üben mit anderen geht es jedoch nicht nur um unsere Entwicklung als menschliche Wesen auf einer höheren Stufe. Während er unermüdlich jene aus seiner *sangha* lobte, die Mitgefühl, Liebe und Weisheit verkörperten, musste Buddha gegen Ende seines Lebens Unmengen Zeit und Kraft aufwenden, um ausfällig gewordenen Anhängern zu begegnen, falschen Anschuldigungen wegen sexuellen Fehlverhaltens oder auch weltlichen Bestrebungen, die bis zu Mordversuchen führten. Obwohl er erleuchtet war, musste er sich mit derlei Dingen beschäftigen. Und wenn das für Buddha galt, dann gilt das auch für uns. Auch wenn die Pflege des eigenen Selbst noch so tief geht und noch so große Veränderungen hervorruft, werden wir uns in der buddhistischen Übung auch immer mit der Seifenoper des menschlichen Lebens auseinandersetzen müssen – ein Leben lang. In welchen Gefilden wir

---

[1] Wörtlich »Zen-Studium in der Gruppe«. Mehr dazu in: J. D. Skinner (Hg.), *The Zen Character: Life, Art and Teachings of Zen Master Shinzan Miyamae.* Zenways Press, London, 2015.

uns auch bewegen, unsere Gefährten sind ziemlich sicher nicht vollkommen; unsere Lehrer und Ranghöheren sind ziemlich sicher nicht vollkommen; und auch wir selbst sind ziemlich sicher nicht vollkommen.

Weil das Leben in unserer modernen Welt so kleinteilig ist, kann ein buddhistischer Laie ohne Weiteres auf die harte Arbeit der Interaktion in einer menschlichen *sangha* verzichten und in Zurückgezogenheit leben. Doch wer sich hierfür entscheidet, dem entgeht unendlich viel. Wenn wir uns dem Leben entziehen, werden wir niemals lästigen Buddhas begegnen. Als ich anfing, Zen außerhalb des klösterlichen Rahmens zu lehren, suchte ich nach Wegen, wie die Schüler die Möglichkeiten dieser auf Veränderung abzielenden Form der buddhistischen Übung nutzen konnten.

Schauplätze gab es ausreichend. Familie, Beruf, der Freundeskreis – überall sind in großer Zahl lästige Buddhas anzutreffen. Als ich gebeten wurde, einen Lehrplan für die Ausbildung von Zen-Lehrern zu entwickeln, wollte ich darüber hinaus den Schülern vielfältige Gelegenheiten bieten, durch die zwischenmenschliche Reibung zu lernen, die auch am Anfang meines Weges gestanden hatte. Unsere *sangha* bildet ein Kloster ohne Mauern. Zen-Lehrer in der Ausbildung arbeiten mit mir und ebenso mit ihren rohen und ungeschliffenen Mitschülern.

Vor einiger Zeit saß ich mit Mark Kuren Westmoquette zusammen und wir sprachen über diesen Aspekt der zenbuddhistischen Übung. Wie Mark mir später erzählte, war dieses Gespräch der Ausgangspunkt für das vorliegende Buch. Marks Geschichte ist ein erhellendes Beispiel dafür, was alles möglich ist. Er kam vor fast fünfzehn Jahren zu mir, ein schüchterner und unbeholfener Astrophysiker. Allein schon anderen Menschen in die Augen zu sehen, fiel ihm schwer. Er hatte eine problematische und schmerzvolle Kindheit durchlebt und erkannt, dass die abstrakte Welt dieser komplexen Wissenschaft ihn angezogen hatte, weil sie in sicherer Entfernung zum Schmerz des menschlichen Daseins und zur Unordnung des sozialen Lebens lag. Ebenso war er sich bewusst, dass ihm diese Distanz nicht guttat, und er war auf seine stille Art entschlossen, einen anderen Weg zu finden.

Mark wurde ein aktives Mitglied der buddhistischen Gemeinschaft von Zenways, und dabei hat er viele der zwischenmenschlichen Stresssituationen und Wachstumschancen, die er in diesem Buch beschreibt, selbst erfahren oder beobachtet. Gleichzeitig setzte er sich intensiv mit den lästigen Buddhas in seiner Familie und in der von brutalem Wettbewerb geprägten akademischen Welt auseinander.

2009 begann er die Ausbildung zum Zen-Yogalehrer und begegnete dabei zum ersten Mal der Energie und dem Glück, das achtsamkeitsbasiertes Üben beschert, sowie der Kraft, die in tiefgründigen Beziehungen mit anderen Menschen liegt.

Im Lauf der Zeit veränderte sich sein Leben. Zuvor hatte er all seinen Schmerz nur mit sich selbst ausgemacht. Jetzt verspürte er den sehnlichen Wunsch, sich verstärkt Menschen anstatt entlegenen Sternen zuzuwenden, und er begann, hauptberuflich Zen-Meditation und Yoga zu unterrichten, arbeitete als Seelsorger im Krankenhaus, leitete Zen-Übungsgruppen für Strafgefangene und Obdachlose und stand mir unzählige Stunden als Assistent zur Seite.

Im Jahr 2010, während eines Retreats in Gyokuryuji in Zentraljapan, im Tempel meines Lehrers, trug seine Übungspraxis üppige Früchte. Der Zen-Meister Shinzan nahm mich zwischen zwei Meditationseinheiten zur Seite und flüsterte mir auf Englisch vier Worte zu: »*Red hair open eye.*« Mark, der rotes Haar hat, hatte das Tor zu *kensho* durchschritten, dem »Erkennen der eigenen Natur«.

Nach den folgenden Jahren, in denen er weiter reifte und seine Übungspraxis weiterentwickelte und auch einmal eine Zeit lang als ordinierter Zen-Mönch über Englands Straßen wanderte und von Lebensmittelspenden lebte, ernannte ich Mark 2015 zum Zen-Lehrer.

Im Lauf der Jahre waren seine Selbstsicherheit und seine Präsenz bei Begegnungen mit anderen Menschen stark gewachsen. Er war in der Lage, Rendezvous zu vereinbaren, und heiratete nach einer Weile. Er schrieb zwei Bücher, in denen er das äußere und das innere Universum erkundete. Nach zwölf Jahren Ausbildung im Zen-Buddhismus, größtenteils inmitten des Trubels der Interaktionen im Kreis der *sangha*, zog er sich für zwei Jahre auf eine abgelegene Insel im Südatlantik zurück, dachte über diesen so bedeutenden und zutiefst menschlichen Aspekt der spirituellen Praxis nach und schrieb das vorliegende Buch.

Wie er mir erklärte, war es ihm wichtig, auch die Arbeit der anderen aus der Gemeinschaft von Zenways herauszustellen und zu würdigen, von denen auf den folgenden Seiten viele bereitwillig von ihren zwischenmenschlichen Kämpfen und Lernerfolgen berichten.

Wenn Ihnen an kontemplativer buddhistischer Praxis gelegen ist, sind Sie möglicherweise einer der rund tausend Menschen auf der Welt, die als absolute Einsiedler leben. Falls nicht, ist Ihr Platz im menschlichen Geflecht aus lästigen

Buddhas. Wenn dem so ist, dann ist dieses Buch für Sie. Sie finden darin eine verlässliche und praxistaugliche Anleitung, wie Sie das Blei zwischenmenschlicher Reibungen in das Gold einer Liebe verwandeln können, die Ihr ganzes eigenes Selbst, sämtliche Lebewesen und das gesamte Universum umfasst.

Ich wünsche Ihnen auf Ihrem Weg reichlich Begegnungen mit Buddhas.

Julian Daizan Skinner
Zenways Dojo, London
Rohatsu 2020

Einleitung

Wir alle begegnen im Leben Menschen, die uns lästig sind oder uns vor Herausforderungen stellen. Sie gehen uns auf die Nerven, reizen uns bis aufs Blut oder bringen uns auf grässliche Gedanken. Das kann ein Kollege sein, die Nachbarin eine Etage tiefer, der Partner, die eigene Mutter oder jeder andere der Menschen, auf die wir regelmäßig oder vielleicht auch nur ein einziges Mal treffen.

Unsere Sprache kennt zahlreiche anschauliche Bilder, die beschreiben, was solche Menschen in uns auslösen. Wir sagen etwa »er geht mir auf den Zeiger«, »sie ist eine Nervensäge«, »er bringt mich auf die Palme«, »er bringt mich zur Weißglut«, »sie raubt mir den letzten Nerv« oder »wir ticken einfach unterschiedlich«. Was haben solche Leute an sich, dass sie uns Unwohlsein bereiten? Und wie können wir mit diesem Unwohlsein umgehen, sodass die Lage nicht eskaliert und noch mehr Unwohlsein entsteht? In diesem Buch werden wir die unterschiedlichsten Lebenssituationen betrachten, in denen wir es mit lästigen Menschen zu tun haben, und wir werden erkunden, wie Achtsamkeit sowie die Lehren des Zen uns dabei helfen können. Und letztlich werden diese Lehren uns zeigen, wie wir von den Menschen, die uns besonders lästig fallen, am meisten lernen können. Wir werden erfahren, wie wir in jedem einzelnen von ihnen eine schöne und einzigartige Verkörperung jenes Universums sehen können, von dem wir alle ein Teil sind – wir werden ihre Buddha-Natur erkennen.

Ich habe die Erfahrung gemacht, dass die Menschen mit Zen vor allem tiefgehende Stille, Ruhe, Geduld und Schlichtheit verbinden und davon ausgehen, dass Leute, die Zen praktizieren, diese Eigenschaften zu jedem Zeitpunkt verkörpern. Ich praktiziere Zen nun seit über zehn Jahren, und ich kann Ihnen sagen, dass ich keineswegs andauernd eine Aura der tiefgehenden Stille verbreite – im Gegenteil, meistens kann davon keine Rede sein. Vielleicht wird es eines Tages dazu kommen, doch soweit ich es verstanden habe, ist das gar nicht das Ziel beim Zen. Im Zen geht es darum, die eigene wahre Natur zu erkennen und, sobald das gelungen ist, aus dieser Erkenntnis heraus zu leben. Doch auch wenn diese Erkenntnis erreicht ist (auf diesen Zustand werden wir im Folgenden noch näher eingehen), werden wir immer Menschen begegnen, die uns auf den Wecker gehen, vielleicht auch so sehr, dass unser Blut anfängt zu kochen und uns der Dampf aus den Ohren pfeift. Zen lehrt uns, auf diese Gefühle zu hören und anders mit ihnen umzugehen.

An wen richtet sich dieses Buch?

Dieses Buch richtet sich an alle, die lernen möchten, auf problematische Menschen und Situationen mit mehr Klarheit und Umsicht zu reagieren. Vielleicht haben Sie es derzeit in unterschiedlichen Bereichen Ihres Lebens mit lästigen Menschen zu tun, vielleicht gibt es auch eine ganz bestimmte Person, die Sie regelmäßig zur Raserei treibt, oder Sie sind in verschiedenen Lebensphasen immer wieder solchen Leuten begegnet. Vielleicht haben Sie festgestellt, dass Sie auf solche

Menschen oftmals auf dieselbe Weise reagieren und dass diese Art der Reaktion bei Ihnen Leid auslöst, möglicherweise sogar großes Leid. Wenn wir innerlich wachsen wollen, müssen wir uns diesem Leid stellen, müssen klar benennen, was wir empfinden und wie wir reagiert haben, und uns bemühen, dieses wiederkehrende, Leid verursachende Muster zu durchbrechen. Um dieses Buch mit Gewinn zu lesen, brauchen Sie keinerlei Erfahrung mit Achtsamkeit oder Zen zu haben (oder irgendeiner anderen Richtung des Buddhismus), und schon gar nicht müssen Sie sich als Buddhist verstehen oder irgendeiner Glaubensrichtung anhängen.

Als ich anfing, Zen zu praktizieren, riet mir mein Lehrer, das Ganze als ein wissenschaftliches Experiment zu betrachten. Mein Körper und mein Geist stellten gleichsam das Labor dar, und obwohl die Methode im Lauf zahlreicher Jahrhunderte verfeinert worden war, musste ich selbst zu einem Ergebnis und zu Schlussfolgerungen kommen. Dabei gab es keine richtige Antwort, sondern nur *meine* Antwort. Damals war ich um die zwanzig Jahre alt, studierte Astrophysik und hielt große Stücke auf diese pragmatische Herangehensweise. Ich hatte den Kopf voller Gleichungen, kannte nur die intellektuelle Art des Lernens und hatte mich schon jahrelang bemüht, einen Zugang zum emotionalen Anteil meiner Persönlichkeit zu finden. Heute weiß ich, dass ich mir einen solchen Gegenstand – eine vom Verstand geprägte Tätigkeit, die sich mit Dingen beschäftigt, wie sie nicht weiter von der Erde und dem wirklichen Leben entfernt sein könnten – auch deshalb ausgesucht hatte, weil ich vor etwas davonlaufen wollte.

Wer bin ich, dass ich Ihnen etwas über den Umgang mit lästigen Menschen erzähle?

Als ich dreizehn Jahre alt war, hatten meine Mutter und mein Stiefvater einen Autounfall. Mein Stiefvater kam ums Leben, und meine Mutter landete im Krankenhaus, mit Verbrennungen ersten Grades, die fast ihren gesamten Körper bedeckten. Der Unfallverursacher war ein Polizist, der gerade dienstfrei hatte und sich mit einem Freund auf der Straße ein Rennen lieferte. Er verschätzte sich, schnitt das Auto meiner Mutter, sodass sie die Kontrolle darüber verlor, auf die Gegenfahrbahn geriet und frontal in ein anderes Auto fuhr, wobei ihr eigenes in Flammen aufging. Um meiner Mutter das Leben zu retten, amputierte man ihr beide Beine und einen Arm. Sieben Jahre zuvor hatte mein biologischer Vater Betretungsverbot für unser Haus erhalten. Als ich sechs Jahre alt gewesen war, hatte meine Mutter herausgefunden, dass er mich und meine Schwester sexuell missbraucht hatte.

Im Lauf meines Lebens hatte ich mit zahlreichen Menschen zu tun, die jeweils eine ungewöhnlich große Herausforderung darstellten. Mein Vater und der Polizist, der den Unfall meiner Mutter verursacht hat, stechen da besonders hervor. Was diese beiden angeht, brauchte ich viele Jahre der Übung und des tiefen Inmichgehens, um zu einer Sichtweise zu gelangen, die den Blick nicht nur auf die entsetzlichen Dinge richtet, die sie begangen haben. Heute sehe ich in ihnen Menschen, die ihr eigenes Leid zu tragen haben, und was sie getan haben, hat mich unendlich viel über mich selbst und über die menschliche Natur gelehrt (mehr dazu im vierten Teil). Aber ich hatte oft auch mit Menschen zu tun, die sozusagen in normalem Maß lästig waren. Mehrere Jahre lang hatte ich einen Bürojob, und aus dieser Zeit ist mir noch gut der ein oder andere lästige Kollege in Erinnerung. Jahrelang pendelte ich innerhalb von London, zusammen mit allen möglichen nervigen Fahrgästen, und ich lebte in verschiedenen Wohngemeinschaften mit nicht wenigen Mitbewohnern, die auch Quälgeister sein konnten. Ich lebe seit zehn Jahren in einer Beziehung (und seit fünf Jahren sind wir sogar verheiratet). Und so schön das auch immer war – wir sind in etliche problematische Situationen geraten, durch die ich vieles gelernt habe und innerlich merklich gewachsen bin!

Der Lernprozess, der mich dazu geführt hat, lästige Menschen als die besten Lehrer anzusehen, verlief weder schnell noch problemlos, und ich bin diesen Weg auch nicht allein gegangen. Beim Verfassen dieses Buches habe ich von der Weisheit zahlreicher erleuchteter Menschen profitiert. Nicht nur habe ich über zehn Jahre lang unter der Anleitung eines Meisters und in einer Gemeinschaft Zen praktiziert sowie zwanzig Jahre lang Yoga bei mehreren herausragenden Lehrern, sondern war auch dreieinhalb Jahre lang in psychotherapeutischer Behandlung. Ein roter Faden, der sich durch all diese Bereiche der persönlichen Entwicklung zog, war das Üben von Achtsamkeit.

Achtsamkeit ist im Kern eine Technik, um die Dinge deutlicher wahrzunehmen, sie sein zu lassen und sie loszulassen. Die Klarheit, die wir gewinnen, wenn wir die Dinge so sehen, wie sie sind, liefert uns die Informationen, die wir brauchen, um in besonnener Weise zu entscheiden, wie wir weiter vorgehen. Das ist eine der wichtigsten Fähigkeiten im Umgang mit lästigen Menschen.

Ich würde nicht behaupten wollen, dass ich in dieser Hinsicht alles im Griff habe. Beim Umgang mit den anspruchsvollen Fragen, die wir in diesem Buch behandeln, sollte man sich durchaus auch erlauben, einmal zu sagen: »Ich weiß es nicht.« Noch immer ärgern oder verdrießen mich bestimmte Menschen, und ich verliere den Blick für ihr eigenes Leid sowie dafür, dass auch sie Teil des großen Ganzen sind. Ich bin nicht perfekt und entwickle mich laufend weiter – so wie wir alle, bis zur Stunde unseres Todes.

Der Lehrmeister auf dem Parkplatz

Aber wie genau schaffen wir es, in einem nervigen Menschen den besten Lehrmeister zu sehen? Das klingt doch absurd! Nehmen wir ein konkretes Beispiel. Sie stehen mit Ihrem Auto auf einem Parkplatz und wollen es gerade in eine freie Lücke manövrieren, und da schlüpft jemand anders vor Ihnen hinein und tut so, als hätte er Sie nicht gesehen. Eine normale impulsive Reaktion (eine ohne bewusste Entscheidung) könnte sein, herumzuschreien, zu fluchen und den Gedanken zu hegen, mit dem Schlüssel das Auto des anderen zu zerkratzen. Was soll ein solcher Mensch Sie lehren können außer dem, wie Sie sich *nicht* verhalten sollten? Und wie gelingt es Ihnen, das im Kern gute Wesen des anderen zu erkennen und ihn als jemanden zu sehen, mit dem Sie in Verbindung stehen? Das klingt nach einer Mammutaufgabe. Das ist es auch – aber es ist zu schaffen. Der erste Schritt besteht darin, dass Sie aufrichtig dazu bereit sind, Ihr Verhältnis zu diesem problematischen Parkplatzklauer unter die Lupe zu nehmen.

Eine erste Reaktion könnte sein, dass Sie sich ärgern – der andere ist egoistisch, weil er Ihnen etwas weggenommen hat, das eigentlich Ihnen gehörte (den freien Parkplatz), und indem er Sie ignoriert hat, hat er Ihnen zu verstehen gegeben, dass Sie keine Rolle spielen, oder noch schlimmer: dass Sie überhaupt nicht da sind. Diese Gedanken, die Ihre anfängliche Haltung prägen, gründen auf der klaren Trennung zwischen »dieser Typ« und »ich«. Wenn wir uns jedoch unsere Empfindungen auf ehrliche Art bewusst machen und sie unvoreingenommen betrachten, wird sich diese anfängliche Haltung früher oder später erweitern und einen ganzheitlicheren Charakter annehmen. Als Erstes können wir erkennen, dass unsere Reaktionen von Gewohnheiten, Erfahrungen aus der Vergangenheit und unserem eigenen Leid bestimmt werden. Vielleicht waren Sie in Eile, oder Sie waren aufgeregt wegen dem, was Sie anschließend erwartete. Vielleicht hatten Sie Schwierigkeiten beim Einparken und waren deshalb schon ein wenig frustriert. Vielleicht wurde Ihre Reaktion durch die Automarke des anderen verstärkt, weil Sie feste Vorurteile gegenüber den Fahrern dieser Marke hegen. Und war der freie Parkplatz überhaupt »Ihrer«? Vielleicht hat der andere Sie ja wirklich nicht gesehen.

All diese Überlegungen sollen keinesfalls Leute freisprechen, die Ihnen in böswilliger Manier den Parkplatz wegnehmen, aber allein schon indem wir uns solche Fragen stellen, verliert unsere Haltung an Starrheit. Und die Art und Weise, wie wir impulsiv handeln oder denken, kann uns zeigen, wo es bei uns hakt, wo eingeschliffene Verhaltensmuster und Gewohnheiten uns im Griff haben. Außerdem können wir, wenn wir eine weniger starre Haltung einnehmen, über das ärgerliche Verhalten des anderen hinwegsehen und den Blick auf den Menschen richten, der dahintersteht – ein Mensch, der seine eigenen Gewohnheiten und Erfahrungen aus der Vergangenheit hat und der sein persönliches Leid zu tragen hat. Vielleicht war er furchtbar in Eile, weil er ein krankes Familienmitglied abholen musste oder zu spät zu einem Vorstellungsgespräch kam. Vielleicht hat er nach einem einschneidenden Ereignis in seinem Leben eine bestimmte Haltung entwickelt, um sich selbst zu schützen. Vielleicht haben die Umstände seines Lebens egoistisches Verhalten gefördert. Wir wissen es einfach nicht.

Wenn wir uns entspannen und unseren Blickwinkel erweitern, reagieren wir nicht mehr so impulsiv auf den Anlass des Ärgers. Natürlich ist das entsprechende Gefühl noch da, vielleicht sogar in derselben Intensität, aber wir klammern uns nicht mehr so stark an diese Emotionen und richten unser Handeln nicht mehr so sehr an ihnen aus. Langsam und schrittweise können wir uns sodann weiter aus der Starre lösen. Vielleicht verspüren wir dann auch Dankbarkeit gegenüber diesem anderen Menschen, weil er uns gezeigt hat – uns gelehrt hat –, an welcher Stelle wir instinktiv einen Schutzzaun errichten und aus einem Gefühl des Getrenntseins heraus handeln, aus dem Gefühl heraus, dass »der da« »mir« etwas antut und dass »ich« eigentlich etwas anderes verdiene. Wenn wir wirklich ehrlich und aufrichtig mit uns selbst umgehen, können wir uns, ausgehend von dieser Erkenntnis, selbst annehmen, uns aus der Starre lösen, wachsen und gesunden. Auf diese Art und Weise wird jede herausfordernde Situation oder Begegnung mit einem lästigen Menschen zu einer Gelegenheit, mit mehr Weisheit und Mitgefühl zu handeln.

Aber der Samen von Weisheit, Mitgefühl und Dankbarkeit kann auch zu einer gänzlich neuen Sichtweise auf die Menschen heranwachsen, über die wir uns ärgern oder die uns auf die Nerven gehen. Für gewöhnlich betrachten wir uns selbst und den oder die anderen als getrennte Wesen. Wir sagen: »Hier bin ich, hier ist meine ›Grenze‹, und dort bist du«, oder: »Ich bin *so* ein Mensch, und du bist *so* ein Mensch«. Diese Denkweise beruht auf dem Prinzip der Trennung und Unterscheidung. Das Zen-Denken betont jedoch, dass ein solches starres und auf Trennung basierendes Weltbild nur einen Aspekt des Wesens der Dinge darstellt.

Das Erlebnis des Erwachens (oder der Erleuchtung) besteht darin, die andere Perspektive zu erkennen und sie selbst zu erleben: dass das Leben im Fluss ist, dynamisch und ständiger Veränderung unterworfen, und dass wir alle nur vorübergehende, in diesem Augenblick präsente Emanationen des Universums sind. Oder, wie mein Zen-Lehrmeister sagen würde: »Wir erkennen, dass wir nicht so sehr ein Ding inmitten einer Welt aus Dingen sind, sondern ein Prozess in einer Welt aus Prozessen.« Ich selbst bin durch folgendes Bild zu einem Verständnis dieser beiden Weltsichten gelangt: Ich stelle mir eine Bergkette vor, die von einer Wolkendecke eingehüllt wird, aus der nur die felsigen Gipfel herausragen. Diese Gipfel erscheinen uns als vereinzelt, voneinander getrennt und unveränderlich – wie die Begriffe von »Ich« und »Du«, oder wie Gegenstände, etwa eine Wand oder ein Tisch. Doch wenn sich die Wolkendecke auflöst, erkennen wir, dass die Gipfel durch die Talsohlen miteinander verbunden sind. Jeder einzelne Berg ist ein Teil der gesamten Kette, und so sind auch Ich und Du, die Wand und der Tisch allesamt miteinander verbunden und nur voneinander verschiedene Teile eines Ganzen. Und sie sind auch nicht wirklich unveränderlich. Sie wandeln sich (wenn auch im Fall der Berge sehr langsam).

In dieser ganzheitlichen Sichtweise ist der Mensch, der Sie auf die Palme gebracht hat, so sehr von Ihnen getrennt wie Ihre linke Hand von Ihrer rechten. Sie und der andere erschaffen die jeweilige Situation gemeinsam. So wie Sie ist auch der andere eine vorübergehende Manifestation des einen, ungeteilten Universums. Den anderen so zu sehen, heißt in der Sprache des Zen, seine Buddha-Natur zu erkennen. Doch wie man es auch nennt – das leuchtende Wesen eines Menschen, seine wahre Natur –, gemeint ist immer dasselbe. Der andere ist ein Buddha, der uns in lästiger Gestalt entgegentritt.

Worum es in diesem Buch geht – und worum nicht

Dieses Buch stellt eine von Achtsamkeit geprägte Herangehensweise an das Problem vor, wie wir mit den unterschiedlichsten Arten von schwierigen Menschen umgehen können. Achtsamkeit zu üben bedeutet, alles, was sich in unserem Inneren bemerkbar macht, in seinem ganzen Umfang wahrzunehmen und anzuerkennen; das gelingt am besten, wenn wir die Dinge nicht als gut oder schlecht beurteilen, nicht meinen, dass sie so sein sollten, wie sie sind, oder dass sie eben nicht so sein sollten, und sie weder willkommen heißen noch ablehnen. Wenn wir eine achtsame Haltung pflegen, beschäftigen wir uns nicht vorrangig mit dem Inhalt dessen, was unsere Aufmerksamkeit auf sich zieht, etwa mit den Fragen, wer was gesagt hat oder warum und weshalb es zu einer bestimmten

.tion oder einem bestimmten Geschehen gekommen ist. ...nehr geht es um unser Verhältnis zu diesen Phänomenen. Daher werde ich Ihnen keine Schritt-für-Schritt-Anleitung vorlegen, wie Sie mit bestimmten Sachlagen und Situationen am besten umgehen, sondern Ihnen verschiedene Techniken vorstellen, mit denen Sie im konkreten Fall das beste Vorgehen ermitteln können. Wenn das Verhalten einer lästigen Person jedoch übergriffig oder missbräuchlich wird, sollten Sie sich an jemanden wenden (etwa an einen professionellen Coach oder Therapeuten), der ihnen in der konkreten Lage rasch helfen kann.

Dieses Buch will Sie davon wegführen, Ihre Klagen und Nöte einfach nur aufzuzählen. Zu klagen und ganz allgemein über das Leben zu jammern, kann befreiend sein, doch wenn wir unserem Verdruss Aufmerksamkeit (und damit auch Energie) widmen, ohne uns Gedanken darüber zu machen, was wir dagegen tun können, gießen wir damit nur Wasser auf die Mühlen des negativen Denkens. Wenn wir die emotionale Energie der Frustration und der Wut, die aus unseren Klagen erwächst, nicht in positive, konstruktive und heilsame Bahnen lenken, führt das unweigerlich zu unklugem oder sogar zerstörerischem Verhalten.

Im Folgenden werde ich Ihnen aufzeigen, wie Sie Ihre innere Haltung erweitern und sich aus der Erstarrung lösen können, und wie Sie zu einer Haltung der Güte gelangen und Einsichten über sich selbst und die Welt, in der wir leben, gewinnen. Dadurch werden Sie lernen, den Wesenskern und die wahre Natur aller Menschen zu erkennen, denen Sie begegnen, seien es lästige oder umgängliche.

Wie es weitergeht

Im ersten Teil werden wir der Frage nachgehen, wie schwierige Menschen, denen wir im Leben begegnen, für uns zu Lehrmeistern werden können. Die Grundsteine dieses Lernprozesses sind Achtsamkeit und Einfühlung – wenn wir nicht äußerst wachsam auf unsere Gefühle und unser Handeln blicken sowie auf die Gefühle der anderen, haben wir nicht die geringste Chance, die Art und Weise zu verändern, wie wir mit schwierigen Menschen umgehen, und aus solchen Begegnungen zu lernen. Wir werden der Frage nachgehen, warum wir, konfrontiert mit einem lästigen Menschen, Schwierigkeiten mit der emotionalen Selbstregulation haben, warum es uns schwerfällt, unser Verhalten zu kontrollieren, unsere Wut im Zaum zu halten und nichts zu tun oder zu sagen, was wir später vielleicht bereuen. Ich werde erläutern, wie vor allem zwei Faktoren unsere emotionale Steuerung durcheinanderwirbeln: der Abwehrmechanismus gegen Bedrohungen (das Hochziehen eines Schutzzaunes und in der Folge eine eingeschränkte Wahrnehmung) und das Gefühlschaos, das daraus folgt (das uns mit sich reißen und so dicht werden kann, dass wir nicht mehr klar sehen können).

In einer problematischen Beziehung mit echter Bewusstheit und Güte aufzutreten, ist nicht leicht und erfordert Mut, Geduld und Mitgefühl. Wir werden erörtern, warum es so wichtig ist, unserem inneren Erleben mit aufrichtiger Offenheit zu begegnen, mag es auch noch so problematisch, schmerzbehaftet oder verwirrend sein. Gefühle senden uns letztlich wichtige Botschaften, und wenn wir sie unterdrücken, ignorieren oder nicht in der Lage sind, sie in ihrer ganzen Bedeutung anzuerkennen, verlieren wir den Kontakt zu dem, was in uns wirklich vor sich geht. Anschließend werden wir besprechen, wie wir die Fähigkeit zur emotionalen Steuerung wiederherstellen können, sowohl wenn wir allein sind, als auch in der sicheren Gemeinschaft vertrauter Menschen.

Abgesehen davon, dass wir alle im Eifer des Gefechts mal ausrasten, hat jeder und jede von uns ein bevorzugtes Muster, wie er oder sie auf Schwierigkeiten in Beziehungen zu anderen Menschen reagiert und sie bewältigt. Manche brausen auf, andere ziehen sich zurück, und wieder andere wollen die Lage um jeden Preis beruhigen, um Konflikte gar nicht erst entstehen zu lassen. Daher können wir aus problematischen Begegnungen vieles über unsere allgemeinen Haltungen und Gewohnheiten lernen. Wenn wir über diese charakteristischen Verhaltensweisen sprechen, werde ich etliche Beispiele anführen und auch ein paar Zen-Koans vorstellen (das sind kurze Anekdoten oder Sentenzen, die eine spirituelle Lehre beinhalten), die uns helfen, den Blick auf jene Gebiete zu richten, auf denen wir uns verstricken, sowie darauf, wie wir uns aus diesen Verstrickungen befreien können.

Zum Abschluss werden wir uns Gedanken darüber machen, wie wichtig Mitgefühl ist. Je mehr wir erkennen und akzeptieren, wie wir uns lästigen Menschen gegenüber verhalten und wie unsere Erfahrungen aus der Vergangenheit und unser Leid unsere Reaktionen bestimmen, desto wichtiger ist es, dass wir uns selbst mit ebenso viel Mitgefühl begegnen wie allen anderen Menschen.

Der zweite Teil enthält einen bunten Strauß an lehrreichen Geschichten von den unterschiedlichsten Menschen, die es in verschiedenen Kontexten ihres Lebens mit herausfordernden

Leuten zu tun hatten und aus diesen Erfahrungen weitreichende Lehren gezogen haben. Wir werden Beispiele aus der Arbeitswelt hören, aus Freundeskreisen, aus der Familie – von Partnern, Ehegatten oder anderen Familienmitgliedern –, aber auch von Nachbarn oder Mitbewohnern, sowie aus der großen weiten Welt, etwa von Reisegefährten. Wir werden auch erfahren, dass Vorbilder und Lehrer, insbesondere spirituelle Meister, lästige Buddhas sein können und was wir dadurch über uns selbst lernen können.

Im dritten Teil richten wir das Augenmerk auf das obere Ende der Skala der lästigen Mitmenschen; wir werden lernen, wie man mit Menschen umgeht, die uns missbraucht oder in irgendeiner Weise tiefgehenden Schmerz verursacht haben. Dabei werde ich Ihnen ein paar monsterähnliche Gestalten vorstellen, die in meinem Leben eine Rolle gespielt haben, und Ihnen aufzeigen, wie ich sehr viel über mich selbst gelernt habe, indem ich mich mit meiner Beziehung zu ihnen beschäftigt habe. Und wir werden uns mit einer weiteren lästigen Person befassen – unserem Selbst. Zwar geht es bei vielen der Aspekte, die dieses Buch behandelt, auch um unser Selbst sowie um unser Verhältnis zu der Person, die wir sind, doch hier werde ich noch ein paar weiterführende Gedanken zu diesem Thema skizzieren.

Wie problematisch ein Mensch im Umgang auch sein mag, wie nervtötend oder böswillig – niemand ist ein isoliertes Wesen, das nur für sich und aus sich selbst heraus existiert. Wir alle sind unterschiedliche Facetten ein und desselben Universums, und wir sind in ständiger Bewegung und miteinander verwoben wie die Wellen des Ozeans. Um diesen Aspekt geht es im vierten Teil. Wenn wir andere Menschen als gleichwertige Manifestationen dieses Universums ansehen, die allesamt das Potenzial haben, diese Perspektive einzunehmen, sprechen wir davon, dass wir ihr wahres Wesen oder ihre Buddha-Natur erkennen. Doch die Menschen in diesem Licht zu sehen, ist erst der erste Schritt. Als letzten Aspekt werden wir erörtern, was es bedeutet, von dieser Erkenntnis ausgehend zu handeln – spontan auf schwierige Menschen zu reagieren und dabei sowohl ihr Leid als auch ihre Buddha-Natur zu sehen und anzuerkennen.

Erster Teil

Lästige Menschen als Lehrmeister

1

Achtsamkeit und Einfühlung

Zunächst möchte ich klarstellen, dass es in diesem Buch nicht darum geht, wie man Leute, die einem lästig sind, aus seinem Leben verbannt. Wie erleuchtet Sie auch sein mögen, es wird immer Menschen geben, die Sie auf die Palme bringen oder Ihnen den letzten Nerv rauben. Ebenso wenig geht es in diesem Buch darum, wie man lernt, solche Leute einfach zu ertragen. Wenn wir uns zum Fußabstreifer des Universums machen und anderen verletzendes Verhalten durchgehen lassen, tun wir uns selbst damit nichts Gutes – und den anderen auch nicht. Dieses Buch will darlegen, wie lästige Menschen uns Möglichkeiten eröffnen, uns persönlich weiterzuentwickeln und als Menschen zu wachsen. Insbesondere im ersten Teil geht es darum, wie Begegnungen mit nervigen Leuten Aspekte unseres Inneren erhellen können, die im Verborgenen liegen und Schmerz verursachen, sowie darum, wo wir aus alten Gewohnheiten heraus handeln oder in anderer Weise in unserem Handeln blockiert sind. Sobald wir uns dieser Dinge bewusst werden, können wir lästigen Menschen in klügerer Manier begegnen.

Stellen Sie sich vor, Sie befinden sich auf einem Schiff auf einem Ozean und wollen einen bestimmten Hafen ansteuern. Solange Sie nicht wissen, wo Sie sind, können Sie jede beliebige Richtung einschlagen – Sie werden den Hafen nie erreichen. Der entscheidende erste Schritt besteht darin herauszufinden, wo Sie sind. Beim Kreuzen über die stürmischen Meere der problematischen zwischenmenschlichen Beziehungen kommt der Achtsamkeit eine entscheidende Bedeutung zu. Sie ermöglicht uns, unsere gegenwärtige Position zu bestimmen. Achtsamkeit bedeutet, die Aufmerksamkeit gezielt auf das zu lenken, was in diesem Augenblick geschieht. Auf diese Weise können wir ausmachen, an welcher Stelle der Karte wir uns befinden – indem wir Sinneswahrnehmungen registrieren, unsere Körperhaltung, Gedanken, Erinnerungen und Einfälle –, und so eine wohldurchdachte Entscheidung treffen, in welche Richtung wir den nächsten Schritt setzen.

Ebenso wichtig ist die Art und Weise, wie wir das wahrnehmen, worauf wir unsere Aufmerksamkeit richten – wie wir es angehen, unsere Position auf der Karte zu bestimmen. Dabei können wir eine distanzierte, emotionslose und urteilende Sichtweise einnehmen – ein wenig so, als wären wir eine Überwachungskamera. Eine solche Haltung führt jedoch leicht dazu, dass Beziehungen zu anderen Menschen noch problematischer werden, weil wir in einem fort urteilen und kritisieren. Wir können dem, was wir vorfinden, aber auch mit lebendiger, warmherziger und mitfühlender Achtsamkeit begegnen. Das bedeutet, eine wohlwollende, sanftmütige und offene Haltung einzunehmen und uns darum zu bemühen, das, was wir vorfinden, nicht als gut oder schlecht zu beurteilen oder uns zu wünschen, es wäre anders, als es in diesem Moment ist. Diese Art der Aufmerksamkeit, die mit einer fürsorglichen Haltung gegenüber sich selbst verbunden ist, nennt man Einfühlung in sich selbst. Bildlich gesprochen: Man setzt sich, umarmt sich selbst und sucht den Einklang mit den eigenen Empfindungen. Diese Haltung ist Ausdruck wahrer Achtsamkeit.

Da emotionaler Schmerz und emotionale Spannungen ihren Ursprung im Körper haben, wird bei der Unterweisung in Achtsamkeit immer wieder betont, wie wichtig es ist, die Aufmerksamkeit auf die körperlichen Aspekte des inneren Erlebens zu richten – indem man Haltung und Ausrichtung des Körpers registriert sowie die Empfindungen, die sich in ihm manifestieren. Das ist deshalb so wichtig, weil wir problematische Beziehungen nur dann werden meistern können, wenn wir unseren Körper kennen und verstehen, wie er die Welt wahrnimmt und auf sie reagiert.

Zwar sind wir alle in der Lage, ab und zu achtsam zu sein, doch Achtsamkeit ist auch eine Fähigkeit, die weiterentwickelt werden kann. Durch entsprechende Übung können wir das Maß der Achtsamkeit steigern und auch häufiger achtsam sein. Als ich mit Zen-Meditation anfing, war ich kaum in der Lage, einem so schlichten und völlig unbedrohlichen Phänomen wie meinem Atem mehr als ein paar Sekunden Aufmerksamkeit zu schenken, ganz zu schweigen von belastenderen Erscheinungen wie etwa dem komplexen Knäuel aus Gefühlen, das in mir aufstieg, wenn ich mich über jemanden ärgerte. Achtsam zu bleiben, wenn die Lage hitzig und emotionsgeladen wird, ist eine Fähigkeit, die Stück für Stück erlernt werden muss. Am besten fängt man damit an, dass man sich in einer angenehmen (oder zumindest neutralen) Situation in mitfühlender Aufmerksamkeit übt.

Beginnen Sie Ihre Achtsamkeitsübungen in einer Körperhaltung, in der Sie sich wohlfühlen, in einer ruhigen Umgebung, die nichts Bedrohliches an sich hat und so wenig Ablenkung wie möglich birgt. Achten Sie in jedem Moment sorgfältig und ganz genau auf das, was geschieht. Eine aufrichtige und nicht urteilende Haltung sollte im Lauf der Zeit zur Gewohnheit werden – eine Haltung, die wir häufig einnehmen, wenn nervige Menschen oder Ursachen für emotionale Unruhe in weiter Ferne sind. Im Folgenden finden Sie eine einfache Übung. Falls Sie derlei ohnehin nicht schon regelmäßig machen, rate ich Ihnen dazu, sich jeden Tag Zeit für eine solche Übung zu nehmen; dadurch entwickeln Sie aufrichtige Wahrnehmung, Aufmerksamkeit, Geduld und Güte.

Übung: Achtsame Wahrnehmung des Körpers und der körperlichen Empfindungen

Setzen Sie sich aufrecht hin, so wie es Ihnen angenehm ist. Achten Sie darauf, dass Ihre Wirbelsäule gestreckt und gerade ist. Neigen Sie das Kinn ein wenig nach unten, sodass der Hals hinten gestreckt ist. Richten Sie den Blick auf diesen Text. Lockern Sie Gesicht und Schultern und entspannen Sie den Bauchraum.

Lenken Sie die Aufmerksamkeit auf Ihr Inneres. Möglicherweise registrieren Sie während dieser Übung Empfindungen, die unangenehm sind – vielleicht Schmerz, Unbehagen, eine gewisse Schwere, Verkrampfungen oder ein

Durcheinander von Empfindungen. Versuchen Sie einfach, wahrzunehmen, was ist, ohne es als gut oder schlecht zu beurteilen oder es willkommen zu heißen oder abzulehnen. Das ist nicht immer leicht, aber versuchen Sie es, so gut Sie können.

Richten Sie die Aufmerksamkeit zunächst auf Ihren Kopf. Spüren Sie, wie schwer er ist – neigt er sich zu einer Seite? Es gibt kein Richtig oder Falsch, nehmen Sie einfach nur wahr. Wie fühlt sich das Innere Ihres Kopfes an – eng, geräumig, schwer, leicht? Was spüren Sie in der Stirn? In den Augenlidern, den Wangen, im Kiefer, in den Lippen, im Kinn? Wenn Sie irgendwo Anspannung oder Verhärtung bemerken, ist das in Ordnung; lassen Sie es einfach da sein und achten Sie darauf, ob sich etwas verändert. Wenn Sie nur wenig oder gar nichts empfinden, ist das auch in Ordnung. Wenn Sie bemerken, dass Sie sich die einzelnen Regionen Ihres Körpers bildlich vergegenwärtigen, legen Sie diese Gedanken zur Seite und versuchen Sie, diese Regionen von innen heraus zu erspüren.

Wenn Sie abgelenkt werden (etwa, wenn Ihr Blick auf einen Absatz weiter unten fällt oder Sie mit den Gedanken abschweifen), machen Sie sich keine Sorgen. Führen Sie dann die Aufmerksamkeit einfach wieder zum Körper zurück und machen Sie weiter.

Spüren Sie Ihre Schultern. Wie fühlen sie sich an? Sind sie angespannt oder locker, ziehen Sie sie hoch oder lassen Sie sie hängen? Fühlt sich die linke Seite anders als die rechte an? Auch hier gilt wieder: Wie auch immer es sich anfühlt, es ist in Ordnung. Nehmen Sie es einfach nur wahr.

Richten Sie die Aufmerksamkeit auf die Brust … die Schulterblätter … die Wirbelsäule, auf ihre Form und ihre Biegungen … den unteren Rücken.

Spüren Sie, was Sie im Bauchraum empfinden. Lassen Sie sich Zeit; lesen Sie diesen Text nicht einfach nur durch, sondern spüren Sie wirklich in Ihren Bauch hinein. Manche Empfindungen sind deutlich zu spüren, manche weniger. Manche sind ganz schwach, dann dauert es eine Weile, bis Sie etwas spüren.

Spüren Sie Ihre Arme – die Ellbogen ... Ihre Hände –, wo sie sich befinden, worauf sie ruhen: Temperatur, Widerstand, die Beugung der Finger, die Art, wie Sie das Buch halten.

Richten Sie die Aufmerksamkeit auf die Hüften, auf das Becken und die tief liegenden Schichten aus Muskeln und Gewebe ... Spüren Sie Ihre Oberschenkel ... die Knie ... die Unterschenkel ... die Fußgelenke, die Füße und die Zehen. Falls Sie Socken und/oder Schuhe tragen: Wie fühlt sich das an?

Versuchen Sie jetzt, Ihre Aufmerksamkeit zu erweitern und auf den gesamten Körper zu richten. Fühlen Sie sich eher leicht oder eher schwer? Warm oder kalt? Angespannt oder entspannt? Rufen Sie sich in Erinnerung, dass es kein Richtig oder Falsch gibt, kein »so sollte es sein« und kein »so sollte es nicht sein« – es gibt nur Ihre Erfahrung, die Art, wie Sie hier und jetzt Ihren Körper erleben. Lassen Sie diese Erfahrung so sein, wie Sie ist, so gut Ihnen das eben gelingt.

Wenn Sie möchten, atmen Sie zum Abschluss einmal tief durch und strecken sich wohlig aus.

2

Mangelnde Regulierung – warum schwierige Menschen uns in den Wahnsinn treiben

Wenn wir lernen wollen, klüger auf problematische Menschen zu reagieren, müssen wir zunächst verstehen, was während einer konfliktbeladenen Interaktion in unserem Körper vor sich geht. Unter normalen Umständen, im Kontakt mit Menschen, die uns nicht auf die Nerven gehen, funktioniert unsere »emotionale Steuerung« ohne Störung. Wir sind innerlich ruhig, stabil und sicher, und wir sind in der Lage, den Einfluss unserer Gefühle auf unser Handeln zu steuern – bewusst oder unbewusst. Wir können unsere emotionalen Reaktionen auf eine Art und Weise in Gang setzen, beenden oder anderweitig regulieren, die gesellschaftlich akzeptiert ist und weder Stress noch Angst verursacht. Problematische Begegnungen werfen uns in emotionaler Hinsicht jedoch leicht aus der Bahn. Dann verschwindet das Gefühl der Sicherheit und der Stabilität, und wir können unser Verhalten immer weniger kontrollieren. Wenn das passiert, verhalten wir uns schnell unangemessen und tun oder sagen Dinge, die unseren Grundwerten widersprechen und die wir später vielleicht bereuen. Wenn wir dagegen mit Umsicht auf schwierige Menschen reagieren wollen, müssen wir uns darüber klar werden, warum es uns in einer aufgeheizten Situation schwerfällt, über die in uns hochkochenden Emotionen die Oberhand zu behalten und sie zu steuern.

Bedrohung und Neurozeption

Eine der Funktionen unseres Unbewussten besteht darin einzuschätzen, welches Maß an Bedrohung von einer Situation oder einer Person für uns ausgeht. Dieser Vorgang der Gefahreneinschätzung ist auch als »Neurozeption« bekannt; der Begriff wurde von Dr. Stephen Porges geprägt, einem der Pioniere auf dem Gebiet der Stress- und Traumaforschung.[1] Porges weist nachdrücklich darauf hin, dass sich die Neurozeption voll und ganz unterhalb des bewussten Erlebens abspielt, auch wenn sie in hohem Maß von Erfahrungen aus der Vergangenheit und bestimmten Vorstellungen konditioniert (beeinflusst) wird. Die neurozeptiven Kreisläufe in unserem Gehirn

[1] Stephen W. Porges, *Die Polyvagal-Theorie: neurophysiologische Grundlagen der Therapie; Emotionen, Bindung, Kommunikation und ihre Entstehung.* Paderborn, Junfermann, 2010.

sammeln sämtliche Informationen, die uns über die Sinnesorgane erreichen, und entscheiden dann, ob die jeweilige Situation oder Person für uns sicher, gefährlich oder sogar lebensbedrohlich ist. Erkennt das Gehirn eine Situation als sicher, fühlen wir uns emotional geordnet und können mit einem guten Gefühl mit anderen Individuen in Kontakt treten. Registriert es dagegen Gefahr, kann es den Körper aktivieren, und es kommt zu einer sogenannten »Kampf-oder-Flucht-Reaktion« (typisch hierfür sind ein Adrenalinschub, angespannte Muskeln und ein eingeengter Aufmerksamkeitsradius). Dabei wird der Teil des Gehirns, in dem Selbstreflexion, vernünftiges Denken und bewusste Entscheidungen angesiedelt sind (im vorderen und oberen Bereich des Gehirns) von dem Teil überwältigt, der für die emotionale Reaktion auf Gefahr zuständig ist (dem limbischen System im Zentrum des Gehirns). In der Folge geraten wir emotional aus der Bahn. Im Falle höchster Gefahr – in einer Situation, die als lebensbedrohlich wahrgenommen wird – kann das Gehirn auch eine Reaktion des Stillstandes oder des Abschaltens auslösen (bei der der Körper kraftlos wird und der Geist seine Tätigkeit unterbricht oder plötzlich vollkommen leer ist, so ähnlich wie bei Lampenfieber). Diese Reaktionsmuster sind nach Millionen von Jahren der Evolution in unser Gehirn eingebrannt, weil sie sich als wirksam erwiesen haben, wenn es darum geht, das eigene Leben zu retten. Doch in unserem komplexen Sozialleben geht es um mehr als ums bloße Überleben.

Stellen Sie sich folgende Szene vor: Sie fahren mit dem Rad eine vielbefahrene Straße entlang, und plötzlich geht kurz vor Ihnen die Tür eines geparkten Autos auf. Ihr Körper reagiert darauf mit einer Kampf-oder-Flucht-Reaktion: Ihr

Herz fängt an zu rasen, Ihr Blutdruck schießt in die Höhe, Blut strömt in Ihre Muskeln, Ihr Geist konzentriert sich nur noch auf einen einzigen Punkt – und Sie weichen in einem halsbrecherischen Manöver aus, um einen Unfall zu vermeiden. Aus Ihrem Mund sprudeln die Schimpfwörter nur so hervor, auch solche, die schwere Beleidigungen darstellen und von denen Sie nie gedacht hätten, Sie würden sie jemals verwenden. Der Fahrer des Autos schreit zurück und beleidigt Sie ebenfalls. Als Sie ein Stück weitergefahren sind, umklammern Sie krampfhaft die Lenkergriffe und spielen mit dem Gedanken, abzusteigen und dem Fahrer die Abreibung zu verpassen, die er verdient hat. In dieser fiktiven Szene hat Ihr Körper zunächst mit einer Kampf-oder-Flucht-Reaktion auf eine Gefahr für Leib und Leben reagiert – was möglicherweise dafür gesorgt hat, dass Sie die Sache überlebt haben. Doch was als Nächstes geschieht, entscheidet darüber, ob Sie sicher nach Hause gelangen oder verhaftet werden, weil Sie den Fahrer angegriffen haben.

Wir müssen uns bewusst machen, dass in unserem Gehirn neurozeptive Kreisläufe aktiv sind, die in ähnlicher Weise auf alles reagieren, was wir *als gefährlich wahrnehmen* – seien es Bedrohungen von außen (wie die Tür eines geparkten Autos) oder von innen (wie der Gedanke, dass jemand uns nicht leiden kann). Wenn jemand kichert, weil Sie einen Fehler gemacht haben, antwortet Ihr Körper möglicherweise umgehend mit einer Kampf-oder-Flucht-Reaktion, weil Ihr Gehirn das Lachen als Angriff wertet – nicht auf Ihren Körper, sondern auf Ihre Identität oder Ihr Selbstwertgefühl. Dieser Punkt ist im Umgang mit problematischen Menschen entscheidend. Mit seinem Radar, der auf Erkennung von Bedrohung aus ist, fragt das Gehirn fortwährend: »Besteht die Gefahr, dass ich verletzt werde – in körperlicher, emotionaler oder sogar existenzieller Hinsicht?«

Als ich im zweiten Studienjahr eine Prüfung in Quantenmechanik ablegte, fühlte ich mich einer starken Bedrohung ausgesetzt. Obwohl ich Physik studierte, war die Mathematik nie meine Stärke. Je näher die Prüfung rückte, desto nervöser und angespannter wurde ich. Mein Gehirn hatte eine Bedrohung erkannt – für mein Selbstwertgefühl. Es sah die allgemeine Gefahr, beurteilt zu werden, und ganz konkret die Bedrohung, bei der Prüfung schlecht abzuschneiden, und hatte daher mein Kampf-oder-Flucht-System in geringem Maß aktiviert. Ich weiß noch gut, wie ich unwillkürlich in Gedanken etliche Katastrophenszenarien durchging, etwa, dass ich versuchte, auf eine Frage zu antworten, und mir überhaupt nichts mehr einfiel. Diese Grübelei verstärkte die Kampf-oder-Flucht-Reaktion meines Körpers nur noch, und zwar so weit, dass mir, als ich im Prüfungsraum saß und die Anweisung erging, nun das Blatt umzudrehen und anzufangen, das Blut aus der Nase lief und auf den Tisch tropfte. Aus den Tropfen wurde ein Schwall, und ich musste aus dem Raum gebracht werden. Und dabei hatte ich noch nicht einmal einen Blick auf die Prüfungsaufgaben geworfen!

Manchmal erkennt unser neurozeptives System eine Bedrohung, von der es glaubt, dass man sie weder bekämpfen noch vor ihr fliehen kann, und löst daher keine Kampf-oder-Flucht-Reaktion aus, also keine Mobilisierung des Körpers. In solchen Fällen sorgt es in der Regel dafür, dass der Körper abschaltet (es reagiert also mit Immobilisierung). Erst kürzlich hatte ich eine Besprechung mit Leuten, die ich nicht besonders gut kenne. Bei früheren Treffen hatte ich die Gruppe als ein wenig cliquenhaft und schwierig erlebt. Als ich zu einem Punkt einen Vorschlag machte, lachte einer der anderen, als hätte ich einen Witz gemacht, und schob dann eine herablassende Bemerkung hinterher. Im selben Moment spürte ich, wie ich mich zurückzog, sowohl körperlich als auch emotional – ein wenig wie eine Schnecke, die auf ein Hindernis stößt und daraufhin ihre Fühler einzieht. Ich spürte, wie ich ein Stück tiefer in den Stuhl sank, und meldete mich im weiteren Verlauf des Treffens kaum noch zu Wort.

Um in einer bedrohlichen Situation, wie auch immer sie beschaffen sein mag, sicherzustellen, dass unser Verhalten möglichst wenig Schaden verursacht und möglichst viel Güte zeigt, müssen wir uns bewusst machen, was wir empfinden und was wir fühlen. Dabei geht es nicht darum, diese Gefühle zu verändern (es ist unmöglich, die Gefühle, die wir in einer bestimmten Situation haben, zu verändern), sondern das, was als Nächstes passiert, zu regulieren und bewusst zu steuern. Wenn dies ausbleibt, übernehmen tief sitzende Überlebensinstinkte das Ruder und lösen alle möglichen unklugen, allein durch die Bedrohung getriggerten Reaktionen aus. Daher sollten wir uns bemühen, dem, was wir in solchen Momenten empfinden, mit Offenheit und Neugier zu begegnen. Diese gezielte Hinwendung liefert unserem Bewusstsein Informationen, anhand derer es bewusste Entscheidungen bezüglich unseres Verhaltens treffen kann, also eine Erwiderung zu formulieren anstatt bloß zu reagieren. Je weiter unsere Wahrnehmung ausgreift, desto klüger werden unsere Erwiderungen.

Wie können wir uns nun darin schulen, aufmerksam zu bleiben, wenn es um uns herum hitzig wird? Zunächst müssen wir uns in einer wohltuenden Umgebung, die frei von Bedrohungen ist, regelmäßig darin üben, unser Innenleben achtsam zu beobachten. Üben, üben, üben! Anschließend können wir diese Art der Wahrnehmung auf neutrale Situationen übertragen, und dann auf zunehmend unangenehmere Situationen. Eine bewusste, nicht urteilende Haltung einzunehmen, muss zu einer vertrauten Gewohnheit werden, die wir fortwährend ausbauen.

Starke Emotionen und verwickelte Gefühle

In Situationen, die uns emotional besonders stark mitnehmen, stoßen wir bei einem Blick in unser Inneres manchmal auf ein Wirrwarr sich durchkreuzender Gefühle, von denen sich manche vielleicht sogar widersprechen und manche uns über die Maßen wehtun. Da kann es vorkommen, dass wir von bestimmten Gedanken und Gefühlen überwältigt werden, die einander in einer Art Teufelskreis zu befeuern scheinen. Das ist ein furchtbarer und verwirrender Zustand, und die Verwirrung kann so weit gehen, dass es uns unmöglich erscheint, in dem Knäuel den Überblick zu bewahren. Es verwundert nicht, dass wir in so einem Zustand fehlender emotionaler Regulierung überschnappen oder andere Reaktionen zeigen, die wir eigentlich nicht zeigen wollen.

Einem solchen Knäuel von Gefühlen achtsam zu begegnen, bedeutet, dieses ganze verrückte Durcheinander an Empfindungen wahrzunehmen und es da sein zu lassen, ohne es als angemessen oder unangemessen zu betrachten, oder als etwas, das wir verspüren sollten oder nicht verspüren sollten. Diese Haltung im Eifer des Gefechts aufrechtzuerhalten, ist nicht leicht. Es erfordert Kraft und eine Menge Güte. Machen Sie sich bewusst, dass Sie in diesem Moment nichts unternehmen müssen, um das Knäuel zu entwirren. Nehmen Sie einfach nur wahr, wie sich das chaotische Durcheinander in Ihrem Körper anfühlt, und lassen Sie ihm seinen Raum (soweit Ihnen das in diesem Moment möglich ist).

Manchmal versperren uns starke Emotionen den Blick auf andere, unterschwelligere Empfindungen und Signale. Das ist so, wie wenn Sie ein Curry essen, das so scharf ist, dass Sie nichts anderes mehr schmecken, oder wenn Sie versuchen, auf das Ticken der Uhr zu hören, während aus der Stereoanlage Musik dröhnt. Die stillere Empfindung will uns möglicherweise etwas Wichtiges sagen, wird jedoch überlagert.

Sehen wir uns zur Erläuterung ein Beispiel an. Sie befinden sich auf einer Party und kommen mit jemandem ins Gespräch, den Sie bis dahin noch nicht kannten. Das Gespräch ist angenehm, doch das Lachen Ihres Gesprächspartners geht Ihnen auf die Nerven. Nach einer Weile entschuldigen Sie sich und machen sich davon. Später haben Sie ein schlechtes Gewissen, weil der andere ja eigentlich nett war und Sie ihn haben stehen lassen. Wenn wir dieses Beispiel aus der Perspektive eines Menschen betrachten, für den achtsame Wahrnehmung eine feste Angewohnheit ist, verstehen wir, was hier passiert. Sie genießen das Gespräch, doch jedes Mal, wenn Ihr Gegenüber lacht, verspüren Sie ein Ziehen im Bauch, das Ihnen eine leichte Übelkeit verursacht, und Sie spannen die Kiefermuskeln an. Sie verspüren den Impuls, den Raum zu verlassen. Doch anstatt zu gehen, fragen Sie sich, was Sie außer den vorherrschenden Gefühlen noch empfinden. Welche ruhigeren und subtileren Empfindungen und Gefühle regen sich noch in Ihnen? Ihnen wird klar, dass Ihr Gegenüber beim Lachen einen Gesichtsausdruck annimmt, der Sie an Ihren Ex-Partner erinnert, von dem Sie sich vor ein paar Jahren in einer schwierigen Trennung verabschiedet haben. Diese Erinnerung (die anfangs nur unbewusst vorhanden war) hat die starken Emotionen hochschießen lassen, die dann die sanfteren Gefühle überlagert haben, die aus der sozialen Interaktion und dem Gespräch erwachsen waren. Indem Sie sich diese Sachlage bewusst machen, erreichen Sie es, dass das Lachen Ihres Gegenübers Sie nicht mehr so stark aufwühlt, und Sie können sich voll und ganz dem Gespräch widmen.

Manchmal – vor allem, wenn Sie erst seit Kurzem eine achtsame Haltung üben – kann es vorkommen, dass Sie erst sehr viel später erkennen, dass unter den starken Empfindungen andere, subtilere verborgen waren. Als ich vor einigen Jahren eine Psychotherapie machte, fragte mich mein Therapeut, wie ich mich fühlte, wenn meine Mutter bei unserem wöchentlichen Telefonat vergaß, mich zu fragen, wie es mir ging. Ich wünschte mir jedes Mal, dass sie fragte, und war enttäuscht, wenn sie es nicht tat – aber es fiel mir schwer zu beschreiben, was ich darüber hinaus empfand. Je mehr ich mich darin übte, mich in meinen Körper einzufühlen, desto weniger Zeit verging nach den Telefonaten, bis ich bemerkte, dass ich enttäuscht gewesen war, und mich fragen konnte, welche Empfindungen sich sonst noch in mir regten. Ich fühlte mich ungeliebt, und mit diesem Gefühl ging eine Beklemmung in der Brust einher sowie die Sehnsucht danach, dass die Dinge anders wären. Schritt für Schritt rückte der Zeitpunkt dieser Erkenntnis nach vorne, bis ich irgendwann schon während des Telefonats spüren konnte, wie sich die ganze Bandbreite der tiefer liegenden Empfindungen und die entsprechenden narrativen Erklärungsmuster bemerkbar machten. Schließlich war ich in der Lage, meiner Mutter dies alles zu schildern, und dadurch eröffnete sich uns die Möglichkeit, darüber ins Gespräch zu kommen, was zwischen uns ablief.

Der Unwille, sich die eigenen Gefühle einzugestehen

Wenn Sie aufrichtig und bereitwillig in Ihr Inneres blicken, stoßen Sie vielleicht hin und wieder auf ein Gefühl des Widerstandes oder des Unwillens, sich dem zu stellen, was Sie im Moment empfinden. Vielleicht haben Sie das Gefühl, dass es Sie überwältigen würde oder Sie dadurch eine Büchse der Pandora öffnen würden.

Betrachten wir ein Beispiel. Oscar besucht regelmäßig seine Mutter. Obwohl er ein erwachsener Mann ist, nörgelt sie, wenn er bei ihr ist, ständig an ihm herum, als wäre er noch ein Kind. Sie sagt ihm, er soll sich gerade hinsetzen, er soll sein Geld nicht für teure Reisen vergeuden, und fragt ihn gebetsmühlenartig, wann er endlich heiratet und eine Familie gründet. Oscar erkennt nicht, dass sich sein Ärger über diese kleinen Sticheleien anstaut, und ist von jeder einzelnen Bemerkung genervt, und zwar weitaus mehr, als er es bei solchen dahingesagten Kommentaren für angemessen hält. Und weil er der Meinung ist, er sollte sich nicht so stark aufregen, will er das ganze Ausmaß seiner Gefühle nicht akzeptieren und unterdrückt sie sogar.

Hier noch ein weiteres Beispiel. Kate hat eine Kollegin, in deren Gegenwart sie sich nicht wohlfühlt und zu der sie ein angespanntes Verhältnis hat. Einerseits würde sie diese Kollegin gern näher kennenlernen, andererseits verspürt sie eine starke Blockade dagegen, entsprechende Schritte zu unternehmen. Insgeheim weiß sie, dass sie sich von der Kollegin angezogen fühlt. Kate kann sich nicht eingestehen, dass sie möglicherweise homosexuell ist, schämt sich für ihre Gefühle und entwickelt daher einen Widerwillen dagegen, voll und ganz anzuerkennen, was in ihrem Inneren vorgeht.

In einer solchen Situation besteht der erste Schritt achtsamen Verhaltens darin, offen für alle Gefühle zu sein, die sich regen, seien sie noch so überraschend, unerwünscht oder schmerzlich. Es kommt nicht darauf an, ob Sie glauben, Sie sollten so empfinden oder nicht. Auch nicht darauf, ob Sie Ihre Gefühle mögen oder nicht, oder ob Sie sie für verrückt oder übertrieben halten oder sie als gut oder schlecht einordnen. Ihre Gefühle sind Ihre Gefühle. Auch wenn Sie sich noch so sehr bemühen, Sie können sie nicht ändern. Die Bereitschaft aufzubringen, sich sämtlichen eigenen Empfindungen zu stellen, erfordert enormen Mut sowie ein hohes Maß an Güte und Aufrichtigkeit. Ich will nicht kleinreden, wie schwierig das ist und wie viel Kraft es braucht, voll und ganz das anzuerkennen, was man fühlt. Falls Sie diese Erfahrung selbst schon gemacht haben – keine Sorge. Bei dieser Aufgabe ist Güte mindestens so wichtig wie alles andere.

Wenn Sie in Ihrem Inneren Gefühle entdecken, die Sie sich bislang noch nicht eingestanden haben, sollten Sie zulassen, dass sie sich in vollem Umfang manifestieren, und nach einem Weg suchen, sie auf sichere Weise auszudrücken. Um sich diesen Schritt zu erleichtern, nimmt man im Zen gern Koans zu Hilfe; das Wort kommt aus dem Japanischen und bedeutet so viel wie »Beispiel« oder »Präzedenzfall«. Oft handelt es sich dabei um scheinbar sinnlose Sätze, Anekdoten oder Beispiele für Situationen, die in der Vergangenheit einem Menschen Erleuchtung beschert haben und die uns auch heute noch eine Hilfe sein können. Ihr auf den ersten Blick verwirrender oder absurder Inhalt soll die Art und Weise, wie wir die Welt für gewöhnlich wahrnehmen, durchkreuzen und uns dazu anregen, aus einer anderen Perspektive auf die Dinge zu blicken.

Ein Koan aus den Schriften des chinesischen Philosophen Konfuzius lautet: »Ein tugendhafter Mensch ist nie allein.«[1] In diesem Satz verwendet Konfuzius das Gefühl der Einsamkeit als Beispiel. Er will damit sagen, dass wir als tugendhafte Menschen, falls wir uns jemals einsam fühlen, dieses Gefühl nicht unterdrücken oder uns dagegen wehren sollen, sondern vielmehr zulassen sollen, dass wir voll und ganz darin aufgehen. Wenn diese Einsamkeit zum Ausdruck kommt – vielleicht durch ein Aufschluchzen, oder indem wir uns in einen Sessel fallen lassen –, werden wir eins mit dem Gefühl, einsam zu sein. Dann gibt es kein »Ich« mehr, das sich »einsam« fühlt, sondern nur noch die Einsamkeit. Wahrscheinlich ist das ein unangenehmer Zustand, aber es ist nun einmal der Zustand, in dem wir uns gerade befinden. Wenn wir eins mit diesem Gefühl werden, werden wir auch eins mit dem Universum, und wenn wir eins mit dem Universum sind, mit allen anderen Menschen auf der ganzen Welt und in allen anderen Welten des gesamten Kosmos – wie können wir da einsam sein? Daher, so Konfuzius, ist ein tugendhafter Mensch nie allein. Diese Sichtweise lässt sich auf alle anderen Empfindungen

[1] *Gespräche*, IV/25.

übertragen. Wenn wir ein Gefühl zulassen, es voll und ganz erkennen, akzeptieren und zum Ausdruck bringen, dann *sind* wir dieses Gefühl. Dann sind wir nicht mehr vom Universum getrennt, sondern sind in diesem Moment selbst das gesamte Universum, das sich zum Ausdruck bringt.

In diesem Zusammenhang gibt es zwei mögliche Schwierigkeiten, derer wir uns bewusst sein müssen.

Zunächst sollten wir unbedingt darauf achten, die Empfindungen, die sich in uns regen, auf gefahrlose Weise auszudrücken. Wer formal der buddhistischen Gemeinschaft beitritt, unterwirft sich bestimmten Verhaltensregeln, die die Basis für ein tugendhaftes Leben bilden; dazu gehören etwa die Verpflichtungen, nicht zu töten, nicht zu stehlen, nicht zu lügen, und dergleichen. Diese Regeln können als eine Art Sicherheitsbarriere dienen, die dafür sorgt, dass wir keinem Lebewesen Leid zufügen, wenn wir starke Empfindungen zum Ausdruck bringen. Doch das können wir auch erreichen, ohne dass wir uns diesen Regeln unterwerfen. Es genügt, wenn wir uns vornehmen, durch unser Tun kein Leid zu verursachen.

Außerdem sollten wir uns bemühen, uns nicht an ein Gefühl zu klammern, wenn wir es sich ganz in unserem Inneren ausbreiten lassen. Jedes Gefühl ist nur ein Besucher im Haus unseres Daseins. Wie alles andere taucht es auf und vergeht wieder. Wenn wir an ihm festhalten oder ihm dauerhaft Raum gewähren, ist damit weder uns selbst noch irgendjemandem in unserem Umfeld geholfen. Bei all dem geht es nicht darum zu lernen, problematische Empfindungen zu dulden oder sich zum Fußabstreifer für unangemessenes oder missbräuchliches Verhalten machen zu lassen. Sondern es geht darum zu lernen, unsere Empfindungen so umfänglich wie möglich zu akzeptieren, indem wir sie aufkommen lassen und zulassen, dass sie einen Ausdruck finden, und zwar in angemessener Weise und so intensiv wie möglich (wobei wir darauf achten, kein Leid zu verursachen), und sie zum gegebenen Zeitpunkt verschwinden oder sich auflösen zu lassen, ohne dabei an ihnen festzuhalten.

Die emotionale Steuerung wiederherstellen

Wenn wir feststellen, dass wir in der Interaktion mit einem lästigen Menschen die Kontrolle über unsere Emotionen verlieren, besteht der entscheidende erste Schritt wie erwähnt darin, dass wir uns bewusst machen, was wir empfinden – wenn wir etwa ein Ansteigen der inneren Energie oder der Spannung bemerken, oder den Impuls zu sprechen oder zu handeln –, und diese Empfindungen in einer Haltung der Offenheit so weit wie möglich akzeptieren. Es ist nicht leicht, die eigenen Empfindungen zu steuern, wenn es hoch hergeht oder die Situation emotional aufgeladen ist. Diese Fähigkeit muss eingeübt und Schritt für Schritt aufgebaut werden. Es ist schwierig, das erste Aufwallen von Emotionen auch nur ein bisschen abflauen zu lassen, bevor man darauf reagiert. Und noch schwieriger ist es, während einer problematischen Auseinandersetzung daran zu denken, die Aufmerksamkeit auf das eigene Innere zu richten. Wie schaffen wir es, wieder zu einem ausgeglichenen, bewussten Zustand zu gelangen, in dem wir unsere Emotionen wieder steuern können? Hierfür gibt es zwei Wege: auf eigene Faust oder mithilfe anderer Menschen.

In manchen Situationen verspüren wir das Bedürfnis, uns den reißenden Stromschnellen zu entziehen, uns von den Menschen zu entfernen, Distanz zu gewinnen und einen ruhigeren Ort aufzusuchen. Dort, so hoffen wir, können wir uns wieder sammeln und über das nachdenken, was vor sich geht. Die Kampf-oder-Flucht-Reaktion hat unter anderem eine Verengung der Aufmerksamkeit zur Folge. Das Gehirn konzentriert sich ganz aufs Überleben, wodurch die Fähigkeit zu kreativem Denken außerhalb der gewohnten Bahnen abnimmt. Wenn Sie so einen ruhigen Ort finden, dann versuchen Sie, geistig aus der Situation herauszutreten und dem nachzuspüren, was in Ihrem Körper vorgeht. Mit einem beruhigten und entspannten Geist gelingt es besser, einen breiteren Blickwinkel einzunehmen. Diesen Prozess der emotionalen Selbststeuerung können Sie unterstützen, indem Sie sich etwas Gutes tun und sich etwa mit einer leckeren Tasse Tee kurz hinsetzen oder ein Bad nehmen (wobei Sie natürlich darauf achten sollten, sich nicht einfach nur die Zeit zu vertreiben).

In anderen Situationen gelingt die emotionale Selbststeuerung besser, wenn wir uns auf andere Menschen stützen. So kann es etwa sein, dass wir spüren, wie wir in der Interaktion mit einem problematischen Menschen die Kontrolle verlieren, während aber noch andere anwesend sind, die uns vertraut sind oder keine Bedrohung darstellen. Wenn diese anderen sich selbst mehr im Griff haben als wir, kann uns ein Blick auf sie im Handumdrehen helfen, unseren aufgewühlten emotionalen Zustand zu beruhigen. Wie alle Säugetiere reagieren Menschen unmittelbar auf ihr soziales Umfeld. Der emotionale Zustand eines Menschen kann die anderen »magnetisieren«, sodass sie sich ihm angleichen. Man spricht hier vom »System der sozialen Verbundenheit«.[1] Stellen Sie sich zum Beispiel vor, Sie sitzen zusammen mit Ihren Kollegen im Vortragsraum Ihrer Firma und warten auf die Chefin, die eine Präsentation halten wird. Als die Chefin eintrifft, ist sie sichtlich angespannt und fahrig und steht offenkundig unter Stress. Nur wenige Minuten später sind alle Anwesenden ebenfalls unruhig und angespannt, weil sie auf den emotional unregulierten Zustand der Chefin reagieren. Entscheidend hierbei ist jedoch, dass das auch andersherum funktionieren kann. Drehen wir das Beispiel um: Sie sind die Chefin und betreten den Vortragsraum, wo Sie eine Präsentation halten sollen, nachdem Sie gerade einen hochrangigen Manager wegen seines Verhaltens maßregeln mussten und beinahe gefeuert hätten. Sie sind angespannt und Ihre Gedanken wirbeln durcheinander. Sie sehen sich im Raum um und bekommen zum Glück Blickkontakt mit jemandem in der zweiten Reihe, der einen ruhigen Eindruck macht und Sie wohlwollend und gütig ansieht. Dieser Moment der Verbindung mit jemandem, der seine Emotionen sicher steuern kann, hilft Ihnen, zur Ruhe zu kommen und zumindest wieder ein geringes Maß an innerer Stabilität zu finden.

Kleine Kinder haben nur die zweite Möglichkeit; sie brauchen andere Menschen, die ihnen helfen, ihre Emotionen zu regulieren. Denn zum einen ist in ihrem Gehirn der Schaltkreis, der Bedrohungen erkennt, noch nicht voll ausgebildet, und zum anderen besitzen sie einfach noch nicht die Fähigkeit,

[1] Mehr zum System der sozialen Verbundenheit findet sich in Porges, *Die Polyvagal-Theorie.*

ihr Verhalten zu modulieren oder zu zügeln. Eine Freundin von mir, die Grundschullehrerin ist, berichtet davon, dass sie das bei ihren Schülern andauernd beobachtet. Wenn plötzlich ein lautes Geräusch ertönt oder jemand unangekündigt das Klassenzimmer betritt, horchen die Kinder auf und suchen sie sofort mit den Blicken. Wenn sie sie nicht entdecken, werden sie unruhig, aber wenn sie ihre Lehrerin sehen können, mit entspannter Miene und in neutraler Körperhaltung, wissen sie, dass keine Gefahr droht, und sind beruhigt.

Freunden bei der Selbstregulierung helfen

Wenn wir uns selbst kennen und wissen, wie wir auf lästige Menschen reagieren, kann das auch helfen, wenn andere in unserer Nähe mit lästigen Menschen zu kämpfen haben. Als Freund (also als jemand, der dem anderen vertraut ist und keine Bedrohung darstellt, wie wir oben gesagt haben) können Sie jemandem, der in einer Interaktion mit einem nervigen Menschen die Kontrolle über seine Emotionen verliert, am besten helfen, indem Sie Ihre eigenen Emotionen mit sicherer Hand steuern. Doch wie bereits erwähnt, sind emotionale Zustände hochansteckend – Menschen passen sich anderen in dieser Hinsicht rasch an. Die besten Yogastunden, die ich hatte, fingen damit an, dass der Lehrer vor der Gruppe saß, offenkundig in sich ruhte und seine Emotionen sicher regulierte. Manchmal kam ich direkt vom Zug oder von der Arbeit oder hatte gerade noch Besorgungen gemacht und war innerlich noch ganz aufgewühlt. Manchmal bemerkte ich, wie ich über die Ereignisse des Tages nachgrübelte oder mir den Kopf darüber zerbrach, was ich noch alles erledigen musste. Doch wenn ich den Lehrer in seinem Zustand sicherer emotionaler Steuerung sah und erlebte, wie aus seinen Blicken und Bewegungen Gleichmut und Selbstsicherheit sprachen, reagierte mein Körper intuitiv, stimmte in diese Schwingungen mit ein und kam ebenfalls zur Ruhe.

In Gegenwart eines Menschen, der seine Emotionen nicht im Griff hat (etwa während einer Panikattacke), fällt es Nebenstehenden oft schwer, die Ruhe zu bewahren und selbst stabil zu bleiben. Da kann es helfen, ein paar Kniffe zu kennen. Die wichtigste Voraussetzung besteht darin, gewohnheitsmäßig Achtsamkeit zu üben. Wenn diese Sensibilität und diese bewusste Haltung eine Selbstverständlichkeit sind, erkennt man viel früher die Warnsignale, die anzeigen, dass man die Kontrolle über die eigenen Gefühle verliert. Dementsprechend kann man auch sein Verhalten frühzeitig anpassen. Unser System der sozialen Verbundenheit reagiert sensibel auf das Mienenspiel, die Stimmlage und die Körperhaltung anderer Menschen. Versuchen Sie daher, so wenig bedrohlich (so gefahrlos) wie möglich zu wirken, um den Gehirnkreislauf des anderen, der nach Bedrohungen Ausschau hält, zu beruhigen. Zu diesem Zweck können Sie etwa einen sanfteren Gesichtsausdruck annehmen (indem Sie bewusst die Stirn und die Kiefern entspannen), mit ruhiger und neutraler Stimme sowie natürlicher Intonation (also mit den ganz normalen Höhen und Tiefen) beschwichtigend auf die betroffene Person einwirken und in einfachen, kurzen Sätzen sprechen. Nehmen Sie eine entspannte Körperhaltung ein (lösen Sie zum Beispiel die übereinandergeschlagenen Arme und Beine voneinander und lassen Sie die Hände locker hängen) und atmen Sie ungezwungen und gleichmäßig. Dadurch arbeiten Sie gleichsam gezielt gegen eine Einstimmung auf den anderen an und helfen ihm so, sich zu sammeln und zu festigen. Wenn er erkennt, dass Sie offenkundig zur Ruhe kommen, wird er sich von Ihrem Verhalten angezogen fühlen und es nachahmen, anstatt umgekehrt. Viele solcher Techniken werden mittlerweile weltweit in Erste-Hilfe-Kursen für psychische Gesundheit gelehrt, denn dieses Wissen ist in zahlreichen Situationen hilfreich, in denen die Gefahr besteht, dass jemand ausrastet und die Selbstbeherrschung verliert.

Schließlich müssen wir uns noch vor Augen halten, dass es geistiger Ressourcen bedarf, um die eigenen Emotionen zu steuern. Eine bewusste Haltung erfordert Konzentration, ein hohes Maß an Wachsamkeit, um Urteile und Bewertungen aus unserem Denken herauszufiltern, und die feste Absicht, auch angesichts von Verärgerung oder Gedankenlosigkeit Güte zu zeigen. Daher wird die Steuerung der eigenen Emotionen besonders schwierig, wenn wir noch mit weiteren Anforderungen zu kämpfen haben, wie etwa hoher Arbeitsbelastung oder Zeitdruck. Eine Freundin erzählte mir neulich davon, wie viel Mühe es sie kostet, am Abend nach der Arbeit mit ihrem pedantischen und altmodischen Vater zu sprechen, weil sie mit den Gedanken noch immer bei dem ist, was der Tag ihr abverlangt hat. Am Wochenende, wenn sie entspannter ist, fallen ihr diese Gespräche leichter. Wenn Sie also außergewöhnlichen Belastungen ausgesetzt sind, sollten Sie verstärkt auf sich achtgeben und besonders problematische Situationen nach Möglichkeit vermeiden.

3

Muster und Vorlieben – Bewältigungsstrategien

Wir haben nun gesehen, wie problematische Interaktionen uns aufzeigen können, warum wir emotional vorübergehend aus der Bahn geraten (und daher viel eher auszuticken oder etwas zu tun drohen, das wir später bereuen). Jetzt wollen wir untersuchen, was uns Begegnungen mit lästigen Menschen über unsere Verhaltensmuster, Gewohnheiten und Grundhaltungen lehren können.

Die Bindungstheorie

Die Bindungstheorie, die seit über sechzig Jahren beständig weiterentwickelt wird, ist ein hilfreiches Modell, das erklärt, wie wir bestimmte emotionale und zwischenmenschliche Verhaltensmuster entwickeln.[1] Ihre Grundannahme besteht darin, dass die Art und Weise der Bindungen, die wir als Erwachsene mit anderen Menschen eingehen, auf der Beschaffenheit der Bindungen beruht, die wir als Kinder mit unseren Hauptbezugspersonen (wie etwa unseren Eltern) hatten. Sie postuliert, dass zwischen Kind und Bezugsperson eine »sichere Bindung« entsteht, wenn die Bezugsperson verlässlich zur Verfügung steht und auf die Bedürfnisse des Kindes eingeht. Dadurch entsteht ein sicheres Fundament, von dem aus das Kind die Welt erkunden kann, denn es weiß, dass es jederzeit an diesen sicheren Ort zurückkehren kann, an dem es versorgt wird. Weiterhin führt die Theorie aus, dass sich die Dinge anders entwickeln, wenn die Bezugsperson das Kind nur nachlässig versorgt oder nicht verlässlich ist.

Wenn ein Kind etwa lernt, dass es, damit seine Bedürfnisse erfüllt werden und es ausreichend und sicher versorgt wird, nicht zu viel von seiner Bezugsperson verlangen darf (weil diese mit etwas anderem beschäftigt oder aus anderen Gründen nicht verfügbar ist), da sein Verlangen nach Nähe sonst regelmäßig zurückgewiesen wird, dann gewöhnt es sich entweder an, sich zurückzuziehen (die Bindungstheorie spricht hier von einer »abweisenden/vermeidenden Bindung«), oder es macht genau das Gegenteil und wird besonders fordernd (wodurch eine »ängstliche Bindung« entsteht). Wenn solche Kinder heranwachsen, sind sie unbewusst davon überzeugt, dass ihre Bedürfnisse nie ausreichend befriedigt werden. Kin-

---

[1] J. Bowlby, »The nature of the child's tie to his mother«. In: *International Journal of Psychoanalysis*, 1958, 39, S. 350–373; C. Hazan und P. Shaver, »Romantic love conceptualized as an attachment process«. In: *Journal of Personality and Social Psychology*, 1987, 52, S. 511–524.

der, die sich angewöhnen, sich zurückzuziehen, haben als Erwachsene möglicherweise Schwierigkeiten, anderen zu vertrauen, einschließlich Autoritätspersonen. Sie leugnen, dass Menschen, die ihnen nahestehen, für sie wichtig sind, und betrachten sich als unabhängig. Kinder, die eine ängstliche Bindung erfahren haben, klammern sich als Erwachsene oft an nahestehende Personen und fühlen sich zu Autoritätspersonen hingezogen.

Wenn die Bezugsperson phasenweise präsent ist und dem Kind liebevoll begegnet und phasenweise abwesend ist – oder sich sogar furchteinflößend oder missbräuchlich verhält –, kann sich eine »ambivalente« oder »desorganisierte« Bindung entwickeln. Das Kind folgert dann, dass die Abwesenheit oder das furchteinflößende Verhalten der Bezugsperson seine Schuld ist. Als Erwachsene zweifeln solche Menschen fortwährend an sich selbst und ihren Beziehungen. Sie sehnen sich nach Geborgenheit und Intimität, haben aber Angst, dass die Menschen, denen sie sich anvertrauen, sie verlassen, oder sie geben sich größte Mühe, Aufmerksamkeit und Zuneigung zu erhalten, weigern sich aber, selbst Aufmerksamkeit und Zuneigung zu schenken. Im schlimmsten Fall entwickeln sie sich zu chaotischen Menschen, die schnell in die Luft gehen. Leider geraten Erwachsene oft in destruktive oder schädliche Beziehungen, nur weil die Bindung zu ihrem Partner jener gleicht, die sie als Kind geprägt hat – was heißt, dass die Probleme vorhersehbar gewesen wären. In so einer Lage mag eine Beziehung, in der man sich gegenseitig unterstützt und die gesunde Grenzen kennt, unnormal und unvorstellbar erscheinen, obwohl in Wahrheit alle Beteiligten davon mehr profitieren und sich darin sicherer fühlen würden.

Die Bindungstheorie erklärt, wie und warum Kinder infolge der Art und Weise, wie sie großgezogen werden, bestimmte Verhaltensmuster entwickeln. Die Achtsamkeit fragt jedoch nicht danach, warum und weshalb die Dinge so geworden sind, wie sie sind. Achtsamkeit bedeutet, die Dinge so zu sehen, wie sie jetzt in diesem Augenblick sind, und dies als gültige Wahrheit anzuerkennen. Außerdem entsprechen die Verteidigungsstrategien, die ein Kind instinktiv anwendet, nicht immer ohne Weiteres den Mustern, die sich bis ins Erwachsenenalter fortpflanzen.[1] Daher möchte ich im Folgenden Verhaltensmuster von Erwachsenen aus einem etwas anderen Blickwinkel und durch die buddhistische Brille betrachten.

Wenn wir mit problematischen Situationen oder Menschen umgehen müssen, greifen wir alle auf bestimmte, für uns jeweils typische Verhaltensmuster zurück, wie auch immer wir diese entwickelt haben. Das muss nicht heißen, dass wir uns immer so verhalten; diese Muster sind einfach nur Gewohnheiten, die für uns charakteristisch sind. Ich teile sie in drei Kategorien ein: »ziehendes Verhalten«, »schiebendes Verhalten« und »verblendetes/unwissendes Verhalten«. Wer »zieht«, begegnet problematischen Menschen für gewöhnlich mit forderndem, verlangendem oder bedürftigem Verhalten. Wer »schiebt«, reagiert normalerweise verärgert oder vermeidet solche Situationen (beides drückt Ablehnung aus – man weist Gefühle oder Menschen von sich). Wer »verblendet« ist, handelt aufgrund von Missverständnissen oder falscher

---

[1] Wenn Sie mehr zu diesem Thema erfahren möchten, empfehle ich Ihnen dieses aufschlussreiche Buch: Alice Miller, *Das Drama des begabten Kindes und die Suche nach dem wahren Selbst.* Suhrkamp, 1983.

Wahrnehmungen, die er für die Wirklichkeit hält. Buddha zufolge sind Ablehnung, Sehnsucht und Verblendung die drei Hauptursachen für Leid. Sehen wir uns diese Muster des Ziehens und Schiebens und der Verblendung nun etwas näher an.

Sehnsucht

Manche Menschen, deren Verhalten von Sehnsucht getrieben wird, gieren geradezu nach Aufmerksamkeit. Sie ertragen auch noch die schlimmste Behandlung, weil ihrem Empfinden nach jede Art der Aufmerksamkeit besser ist als keine. Andere wollen geliebt werden und geben sich schnell die Schuld, wenn es in ihrer Beziehung nicht rund läuft. Wenn ihnen jemand auf den Wecker fällt, bemühen sie sich, die Person rasch zu besänftigen, um den Konflikt zu entschärfen, und damit der andere auf keinen Fall schlecht von ihnen denkt. Ein Beispiel: Zeyn arbeitet in einem Team, in dem auch eine arrogante und selbstsüchtige Kollegin ist, die ihn fortlaufend schlechtmacht oder ignoriert. Doch anstatt ihr zu sagen, was er empfindet, entschuldigt sich Zeyn häufig für seine vermeintlichen Unzulänglichkeiten, verspricht, sich mehr Mühe zu geben, denkt, er müsste die Art und Weise, wie seine Kollegin mit anderen umgeht, akzeptieren, und verteidigt sie sogar in Gesprächen mit anderen Kollegen.

Von Sehnsucht getriebene Menschen neigen außerdem dazu, in problematischen Situationen vermeintliche Defizite überzukompensieren, indem sie übermäßig viel reden oder besonders aufgedreht sind. Einmal brachte eine Freundin von mir zu einer Grillparty ihren neuen Partner mit, um ihn unserem Freundeskreis vorzustellen. Er war vom ersten Moment an über die Maßen freundlich. Mittlerweile kenne ich ihn besser und weiß, dass er sich an diesem Abend gezielt so großspurig gegeben, einen Witz nach dem anderen gerissen und die anderen zum Scherz auf den Arm genommen hat, weil er von allen gemocht werden wollte. In einer Zweiersituation (auch in einer Liebesbeziehung), in der ein Partner etwas distanzierter ist oder sich verschließt, würde ein von Sehnsucht getriebener Mensch typischerweise das Bedürfnis verspüren, den verschlossenen Partner dazu zu bringen, »aus sich herauszugehen«.

Auch wenn solche von Sehnsucht bestimmte Verhaltensmuster zu einem Zirkel des Leides führen, aus dem man nur schwer ausbrechen kann, können manche Aspekte dieser Gewohnheiten bisweilen hilfreich sein. So kann etwa ein solches Verlangen dazu führen, dass wir eine Beziehung fortsetzen oder weiter in ihr durchhalten, wenn andere die Flinte ins Korn werfen würden.

Wenn Sie solche Verhaltensmuster bei sich selbst entdecken, können Sie Ihre Gewohnheiten etwas lockern, indem Sie sich aufrichtig fragen, wonach genau es Sie verlangt. Im Zen nimmt man hierfür gern das Koan »Der mittellose Seizei« zu Hilfe. Es erzählt davon, wie der Mönch Seizei zu seinem Meister Sozan kam (der von 840 bis 901 in China lebte) und sagte: »Seizei ist vollkommen mittellos. Wirst du ihm helfen?« Sozan rief: »Seizei!« Seizei antwortete: »Ja, Herr.« Sozan sagte: »Du hast drei Becher des köstlichsten Weins getrunken, den China zu bieten hat, und noch immer behauptest du, du hättest dir nicht einmal die Lippen benetzt!«

Zu Beginn beteuert Seizei, in vollkommener Armut zu leben, und bittet seinen Lehrer, ihm zu helfen. Seiner Vorstellung nach liegt (in diesem Fall) das, was er braucht, außerhalb seiner selbst, und er glaubt, sein Lehrer könne es ihm geben. (Möglicherweise war Seizei aber auch ein kluger Mönch und wollte mit dieser Behauptung seinen Lehrer auf die Probe stellen.) Als Antwort ruft Sozan Seizei bei seinem Namen, und Seizei entgegnet: »Ja, Herr!« Durch dieses Frage-und-Antwort-Spiel nimmt Sozan Seizei gleichsam bei der Hand und richtet dessen Bewusstsein auf das Einssein, auf die Unmittelbarkeit und den direkten Kontakt mit den Dingen, so wie sie sind. Indem er ihn dazu bringt, spontan und ohne nachzudenken zu antworten, zeigt Sozan ihm das wahre Reich der Fülle, in dem es uns an nichts fehlt, weil wir selbst das gesamte Universum sind. Aus einer Haltung großer Güte heraus erläutert er Seizei diesen Umstand, indem er ihn darauf hinweist, dass er den köstlichsten Wein genossen habe, den China zu bieten hat, und noch immer behaupte, er habe sich »nicht einmal die Lippen benetzt«. Du sagst, du seist mittellos, und doch ist alles vorhanden, hier und jetzt!

Manchmal ergeht es uns wie Seizei, und es fällt uns schwer zu erkennen, dass es uns im Grunde an nichts fehlt, hier und jetzt. Sind Sie mittellos? Woran fehlt es Ihnen? (Diese wichtige Frage ist Teil eines Koans aus den Aufzeichnungen des Meisters Rinzai, den *Rinzai Roku*: »Ihr, die ihr den Weg beschreitet – wie mir scheint, unterscheidet ihr euch in nichts von Shakya [Buddha]. Ich sehe euch bei euren mannigfaltigen Tätigkeiten; woran fehlt es euch?«

Wonach sehnen Sie sich? Nehmen Sie einmal Stift und Papier zur Hand und notieren Sie – so aufrichtig wie möglich –, das, wonach Sie sich im Leben sehnen, von den kleinsten Dingen bis zu den größten. Versuchen Sie dabei, das, was Ihnen in den Sinn kommt, nicht zu korrigieren oder zu zensieren; schreiben Sie einfach alles auf, was Ihnen einfällt. Es geht dabei darum, alles, was Sie in Ihrem Inneren wahrnehmen, eingehend zu betrachten, anzuerkennen und zu akzeptieren und sich selbst mit Güte und Mitgefühl zu behandeln. Sehnsüchte und Gewohnheiten besitzen starke Kraft, solange sie im Unbewussten wirken, doch wenn sie ans Tageslicht kommen und wir sie erkennen, verfliegt diese Kraft zu großen Teilen. Wie wäre es denn, durch das Leben zu schreiten und dabei den köstlichsten Wein des Universums zu genießen? Wie würde dieser Nektar schmecken?

Ablehnung und Wut

Manche Menschen reagieren auf lästige Personen oder Situationen mit Frustration und Wut. Zunächst sollten wir uns klarmachen, dass Wut eine wichtige und nützliche Gefühlsregung ist. Sie verleiht uns die Kraft, um, falls erforderlich, entschlossen und angemessen zu handeln und so unser eigenes Wohlergehen und Überleben oder das der anderen zu sichern. Wenn wir sie jedoch ignorieren, kann sie schwären und zu innerem Tumult führen, zu negativen Gedanken und körperlicher Anspannung. Wenn wir zulassen, dass sie unterhalb unserer Aufmerksamkeitsschwelle wächst, kann sie sich leicht so stark verdichten, dass wir kurz vorm Explodieren stehen, und dann wird es weitaus schwieriger, ihr auf sichere Weise Ausdruck zu verleihen. Daher müssen wir einen klugen Umgang mit ihr lernen. Frustration und Wut lassen sich auf drei Ebenen handhaben, je nachdem, wie gut es uns gelingt, uns den Empfindungen zu widmen, während sie sich herausbilden, und die damit einhergehende emotionale Energie zu regulieren, die in unserem Inneren wirkt.

1 **Der Wut auf sichere Weise freien Lauf lassen.** Bereits hierfür bedarf es eines gewissen Maßes an Bewusstheit und Selbstbeherrschung, um die aufgestaute Energie im Zaum zu halten, bis wir in einer anderen, sicheren Umgebung sind. So kann man etwa seinem Ärger auf sichere Weise Luft machen, indem man auf ein Kissen einprügelt, sich beim Laufen verausgabt oder auf freiem Feld laut schreit.

2 **Die Energie in den Boden ableiten.** Hierfür braucht es etwas mehr Übung, und man muss sich der mit der Wut einhergehenden Kräfte sehr bewusst sein. Um die Energie abzuleiten, können Sie den Boden berühren und die Energie gedanklich aus Ihrem Inneren abfließen lassen. Wenn Sie körperlichen Kontakt zum Erdboden haben, erden Sie sich gleichsam auch in seelischer Hinsicht – wie ein Blitzableiter, der in den Boden führt. Stellen Sie sich dabei vor, wie die heiße und gleißende Energie der Wut durch Ihre Hände in die Erde strömt und dadurch freigesetzt wird.

3 **Die Energie umleiten.** Auf dieser dritten Ebene geht es darum, sich bewusst zu machen, dass die Energie, die die Wut in uns freisetzt, weder grundsätzlich gut noch schlecht ist. Durch beständige Übung können wir die Fähigkeit erlernen, diese Energie umzuleiten oder zu einer Art stürmischem Mitgefühl zu bündeln, das uns dazu treibt, konstruktiv zu handeln. Der Dalai Lama sagte einmal in einem

Vortrag, wir sollten Menschen, die uns wütend machen, immer dankbar sein, weil sie in uns Energien freisetzen, die wir verwenden können, um Gutes zu erreichen.

Wer in der Interaktion mit problematischen Menschen rasch wütend wird, gerät leicht in Auseinandersetzungen oder Streitigkeiten (vor allem, wenn auch das Gegenüber schnell in Rage kommt). Das führt uns zu dem nächsten Zen-Koan, mit dem wir uns beschäftigen wollen: »Wie beendet man einen Kampf am anderen Ufer des Flusses?« Dieses Koan will uns lehren, Konflikte und die Art, wie wir mit ihnen umgehen, aus der Perspektive des Zen zu betrachten.

Zunächst wollen wir jedoch einen kurzen Blick auf ein anderes Koan werfen, anhand dessen wir lernen können, mit solchen Fragen umzugehen: das *Mu*-Koan von Meister Joshu (der im 9. Jahrhundert in China lebte). Es erzählt, wie ein Mönch sich an Joshu wandte und ihn fragte: »Besitzt ein Hund Buddha-Natur?« Joshu antwortete: »*Mu!*« Auf den ersten Blick erscheint diese Antwort sinnlos (vor allem, wenn man weiß, dass *mu* ein japanisches Wort ist, das in der ursprünglichen chinesischen Fassung des Koans als *wu* 無 ausgesprochen wird und so viel bedeutet wie »nein« oder »nicht« und in der Regel als negierendes Präfix verwendet wird, so wie im Deutschen die Vorsilbe »un-«). Doch wenn wir dieses *mu* näher betrachten, verstehen wir, was Joshu im Sinn hatte, als er diese Antwort gab.

Anfangs erscheint *mu* als ein verwirrender Begriff, weit entfernt, fremdartig und unergründlich. Doch je mehr wir lernen, unsere anfängliche Einschätzung, dieses Wort habe keinen Sinn, beiseite zu legen, rücken die Person, die *mu* betrachtet, und *mu* selbst immer näher zueinander, bis sie schließlich eins werden. An diesem Punkt verschiebt sich die Linse, durch die wir die Welt wahrnehmen, und wir sehen die Dinge nicht mehr aus einer Perspektive des Getrenntseins, sondern aus einer des Nicht-Getrenntseins oder der Nicht-Dualität. Wir treten in den Geisteszustand des Erwachens ein, indem wir selbst *mu* werden, und dadurch löst sich die scheinbare Trennung zwischen uns und dem gesamten Universum auf.

Doch wie beenden wir nun den Kampf am anderen Ufer des Flusses? Zunächst erscheint es uns so: Wenn wir auf dieser Seite stehen und der Kampf auf der anderen stattfindet – was können wir da ausrichten? Die Frage könnte ebenso gut lauten: »Wie kann man die Kämpfe in einem weit entfernten, vom Krieg geplagten Land beenden?« Oder: »Wie kann man einen Streit im Nebenraum schlichten?« Oder auch: »Wie kann man eine Auseinandersetzung beenden, wenn man selbst mittendrin steckt und kurz davor ist, auszurasten?«

Ein Konflikt entsteht, wenn die seelische oder emotionale Distanz zwischen den Beteiligten unüberwindlich wird. Dann tut sich eine gewaltige Kluft auf, so groß, dass sie einen breiten Fluss fassen kann, wie das Koan nahelegt. Doch diese Distanz besteht nur, wenn wir die Dinge durch die Linse unserer herkömmlichen Sichtweise betrachten, in der alles voneinander unterschieden ist, getrennt und eigenständig. Mit der Frage nach dem Kampf verhält es sich wie mit Joshus *mu*: Wenn wir sie genau betrachten, kommen sich Frage und Fragender (wir) immer näher, wie zwei Ringkämpfer, die auf der Matte aufeinander zu schreiten. Nach einer Weile – wie in dem Moment, in dem die Ringer Arme und Beine umeinanderschlingen – verschwindet der Kampf dort drüben, am anderen Ufer des Flusses, aus unserem Sichtfeld. Wir erkennen, dass es dort keinen Kampf gibt und auch niemanden, der den Kampf beobachtet. Nur der Kampf an sich existiert! An dieser Stelle werden wir buchstäblich selbst der Kampf. Wenn das geschieht, nehmen wir die Perspektive des Nicht-Getrenntseins und des Einsseins ein. Wir erkennen, dass der andere so sehr von uns getrennt ist wie unsere linke Hand von unserer rechten. Und wann haben Sie es erlebt, dass eine Hand mit der anderen kämpft?

Zugegeben, es ist nicht leicht, diese Haltung im Eifer des Gefechts einzunehmen. Die hierfür erforderlichen Fähigkeiten müssen wir durch beständiges Üben aufbauen und so eine nicht urteilende und bewusste Sicht auf das Geschehen um uns herum und auf unsere Gefühle erlangen. Das ist mühsam, aber möglich.

Das nächste Koan, das wir uns ansehen wollen, richtet unsere Aufmerksamkeit auf Streitigkeiten und Meinungsverschiedenheiten – auch sie sind eine Folge von Verhalten, das von Ablehnung und Angst getrieben wird. Dieses Koan berichtet von einem Ereignis in dem Kloster, das der bedeutende Zen-Meister Nansen leitete (der im 8. Jahrhundert lebte und Joshus Lehrer war). Es erzählt, wie Mönche aus einem Teil des Klosters sich mit Mönchen aus einem anderen Teil des Klosters wegen einer Katze stritten. Das Koan erwähnt nicht, worum genau sich der Streit drehte, doch allein indem sich die Mönche auf einen Streit um eine Belanglosigkeit einließen, ließen sie es an Einsicht und Mitgefühl fehlen. Da kam Nansen hinzu, und wir können nur ahnen, was er empfunden hat, als er seine Mönche bei einem solchen Streit angetroffen hat. Er packte die Katze, zückte ein Messer und sagte: »Mönche! Wenn ihr ein Wort im Geiste von Zen sagt, werde ich die Katze verschonen. Falls nicht, werde ich sie töten.« Damit gab er ihnen die Gelegenheit zu zeigen, dass sie zumindest ein wenig von dem verstanden hatten, was er sie gelehrt hatte. Der Erzählung zufolge konnte niemand etwas entgegnen, und Nansen durchtrennte die Katze in zwei Teile.

Auf den ersten Blick mag das als eine grausame Art erscheinen, eine Botschaft zu vermitteln. Gut möglich, dass Nansen die Katze wirklich in der Mitte durchtrennt hat, aber die Geschichte kann auch metaphorisch oder symbolisch aufgefasst werden. Eine Auseinandersetzung entsteht, weil gegensätzliche Standpunkte aufeinandertreffen. Wir denken: »Ich habe recht, und du hast unrecht.« Dualistischer und trennender kann eine Sichtweise nicht sein. Nansen wollte seine Mönche dazu bringen, aus dieser Haltung auszubrechen und eine nicht-dualistische Perspektive einzunehmen, in der es keinen Begriff von Richtig und Falsch und von Du und Ich mehr gibt. Die Beschäftigung mit dem Koan soll uns dazu anregen, genau das zu tun.

In einem Kommentar zu dieser Anekdote schreibt der japanische Zen-Meister Dogen, der im 12. Jahrhundert lebte, dass er, wäre er einer der streitenden Mönche gewesen, vielleicht gesagt hätte: »Du weißt, wie man die Katze mit einem Schwert in zwei Teile schneidet, aber du weißt nicht, wie man die Katze mit einem Schwert in einen Teil schneidet.«[1] Das Töten der Katze steht allegorisch für das Durchtrennen der dualistischen Geisteshaltung – in der die Katze zwei Hälften hat, »Ich« sich von »Du« getrennt fühlt und denkt, seine An-

[1] Aus dem *Shobogenzo* von Dogen.

sicht sei »zutreffender« –, das uns zu einer nicht-dualistischen Sichtweise führt. Dann ist die Katze in einen Teil geschnitten. Squiek!

Im nächsten Abschnitt des Koans begegnet Nansen nach der Rückkehr von einer Einkaufsreise seinem fortgeschrittenen Schüler Joshu und berichtet ihm, was er erlebt hat. Zur Antwort sagt Joshu kein einziges Wort, sondern zieht nur eine Sandale aus, legt sie sich auf den Kopf und geht davon. Nansen sagt voller Bewunderung zu ihm: »Wärst du zugegen gewesen, dann wäre die Katze verschont geblieben!« Zugegeben, Joshus Reaktion wirkt bizarr. Entscheidend ist jedoch, dass Joshu sich nicht in den Streit um die Katze verwickeln lässt und sich auch nicht für oder gegen etwas ausspricht. Er bringt einfach nur – in seiner eigenwilligen Art – das Wesen von Zen zum Ausdruck, und zwar durch eine spontane, konkrete Handlung, die einem erwachten Geist entspringt. Eine solche Antwort hatte Nansen von den streitenden Mönchen hören oder sehen wollen, als er sie aufforderte, ein »Wort im Geiste von Zen« zu sagen.

Und durch dieses Koan fordert Nansen auch uns dazu auf. Wenn Sie mitten in einem Streit stecken, überdenken Sie Ihre Sicht auf die aktuelle Lage sowie Ihre Weltsicht. Wenn wir in der Haltung verharren, die sagt »Ich habe recht, und du hast unrecht«, wird der Konflikt unvermeidlich weiterbestehen, nur dass sich beide Positionen immer mehr verhärten werden, bis das Problem schließlich unlösbar wird. Unsere Aufgabe besteht darin, uns zu fragen, ob diese Sichtweise die einzig mögliche ist. Können wir die Situation nicht auch aus einer anderen Perspektive betrachten? Können wir erkennen, dass wir im selben Boot sitzen und beide dazu beitragen, dass Leid entsteht? Kann die rechte Hand aufhören, sich mit der linken zu streiten?

Ablehnung und Vermeidung

Manche Menschen entwickeln Verhaltensmuster, die auf Ablehnung basieren, doch anstatt sich über nervige Personen oder Situationen zu ärgern, greifen sie zur Strategie der Vermeidung. Hier sind ein paar Beispiele:

- Henry empfindet ein Mitglied seines Freundeskreises als problematisch. Deshalb findet er immer eine Ausrede für Treffen, wenn er weiß, dass die betreffende Person auch dabei sein wird.
- Wenn Ella einkaufen geht, begegnet sie immer einem Menschen, der sie aufhält und ihr sein Leid klagt. Daher ändert sie irgendwann die Route, die sie zum Supermarkt nimmt, obwohl sie dadurch länger braucht.
- Millie ist Lehrerin. Ihr fällt auf, dass sie Gespräche mit schwierigen Eltern häufig vermeidet, weil ihr das extrem unangenehm ist. Wenn sie einmal den Mut findet, zum Telefon zu greifen, und dann nur die Mailbox erreicht, ist sie erleichtert, wenn kein Rückruf kommt. Ihr ist bewusst, dass diese Vermeidungsstrategie dazu führt, dass die Probleme nicht ordentlich angegangen werden, doch sie fällt immer wieder in dieses Verhaltensmuster zurück.

Leider gibt es zahllose Arten, den Kontakt mit schwierigen Menschen zu vermeiden, weshalb solche Verhaltensmuster sich besonders leicht ausbilden. Weil Vermeidungsstrategien aber häufig unbewusst ablaufen, sind solche Muster auch schwer aufzubrechen. Wenn wir uns dieser Dinge nicht bewusst sind – woher sollen wir dann wissen, dass es hier etwas gibt, das wir angehen sollten? Hier können Freunde und Familie hilfreich sein, denn andere Menschen bemerken oft eher als wir, dass wir etwas vermeiden. Hören Sie also auf die anderen, wenn sie Sie darauf hinweisen, dass Sie auf ein Verhaltensmuster der Vermeidung zurückgreifen.

Leugnen

Lästige Menschen ganz und gar zu vermeiden, ist nur in bestimmten Situationen möglich. Als lästig empfinden wir solche Leute, die in uns unangenehme Empfindungen auslösen, die uns vor Herausforderungen stellen. Unser Unbewusstes drängt uns Menschen dazu, nach Lustgewinn zu streben und Schmerz zu vermeiden. Weil wir unangenehme Gefühle nicht mögen, hat unser Gehirn eine ganze Menge mehr Tricks auf Lager als nur Vermeidungsstrategien, um solches Unwohlsein von uns fernzuhalten.

Ein ganz simpler Mechanismus besteht darin, die Existenz solcher Gefühle zu leugnen. Was das heißt, sollen die folgenden einfachen Beispiele verdeutlichen.

* Amy entdeckt immer mehr Hinweise darauf, dass ihr Partner eine Affäre hat, aber sie will es einfach nicht wahrhaben. Ihr Unbewusstes glaubt, dass es zu schmerzlich wäre, diese Tatsache zu akzeptieren, und dass darauf Streit und noch

mehr Schmerz folgen würden. Daher »schützt« es sie, indem es die Wirklichkeit leugnet.

- Brendon hat von seinem Arzt gesagt bekommen, dass er krankhaft fettleibig ist, doch er glaubt weiterhin, er hätte einfach nur »schwere Knochen«, und versteht daher nicht, warum er seine Ernährungsweise umstellen soll.
- Tina wohnt in einer Fünfer-WG. Eine ihrer Mitbewohnerinnen kennt sie schon seit vielen Jahren. Mit dieser ist der Umgang immer schwieriger geworden, und weil Tina sie am besten kennt, bitten die anderen sie, ihr zu sagen, dass sie ausziehen soll. Wenn Tina über die schwierigen Seiten der Mitbewohnerin nachdenkt, sieht sie nicht, wo das Problem liegen soll.

Als ich damit anfing, verstärkt auf mein Inneres zu achten, stellte ich fest, dass ich in problematischen Situationen gerne eine Strategie der Leugnung anwandte: Ich stellte mich taub für meine Gefühle. Nach den traumatischen Erfahrungen meiner Kindheit hatte mein Unbewusstes sich angewöhnt, ganze Landstriche meiner inneren Welt der bewussten Wahrnehmung zu entziehen und so das Gefühl von Schmerz zu unterdrücken. Als Heranwachsenden zog es mich zum Studium der Mathematik und der Physik – zwei Gebiete, die keine Ansprüche an das eigene emotionale Vermögen stellen –, und ich dachte, ich könnte problemlos weiterhin in meiner Welt leben, die so arm an Gefühlen und Empfindungen war. Doch das ging nicht lange gut. Mit fünfundzwanzig hatte ich noch nie eine Beziehung gehabt, und das Verhältnis zu meiner Familie war in äußerlicher Hinsicht zwar in bester Ordnung, bisweilen jedoch auch schmerzhaft. Als ich zu Ostern einmal auf Besuch zu Hause war und die Dinge sich zuspitzten, legte meine Mutter mir nahe, mir professionelle Hilfe zu suchen. Dieser Rat war Gold wert, auch wenn er nicht leicht zu akzeptieren war. Mithilfe der reflektierenden Sichtweise der Psychotherapie erkannte ich, dass mein Unbewusstes eine Strategie des Leugnens entwickelt hatte, um den Schmerz zu unterdrücken, der aus Trennung und Verlust erwuchs – erst hatte mein Vater Kontaktverbot erhalten, nachdem herausgekommen war, dass er mich missbraucht hatte, und dann war bei einem Autounfall mein Stiefvater ums Leben gekommen und meine Mutter schwer verletzt worden. Diese Reaktion verfestigte sich im Lauf der Zeit zu einer Gewohnheit; das ging so weit, dass ich Situationen vermied, in denen mir andere Menschen möglicherweise emotional hätten nahekommen können, und ich mich taub stellte für jedes Gefühl der emotionalen Verbundenheit, das sich bemerkbar machte.

Ich will Ihnen noch ein weiteres Beispiel geben, das ein wenig komplexer ist. Die betroffene Person wollen wir Maurice nennen. Vor einiger Zeit verliebte sich Maurice in eine Kollegin und hatte in der Folge immer wieder sexuelle Fantasien in Bezug auf diese Kollegin. Er sagte sich, dass das völlig unangemessen sei, und bemühte sich verbissen, die Bilder aus seinem Denken zu verbannen. Etliche Jahre später tauchen diese Fantasien noch immer auf, doch wenn das passiert, verdrängt Maurice sie und redet sich ein, sie seien nie da gewesen. Weil diese Selbsttäuschung zu einem Automatismus geworden ist, hat er nun nicht mehr die Möglichkeit, mit seinen sexuellen Gedanken in Bezug auf die Kollegin in bewusster Manier umzugehen. Ohne diesen bewussten Umgang besteht eine gewisse Wahrscheinlichkeit, dass er irgendwann aus einem Impuls heraus handelt und sich missbräuchlich verhält. Daher ist es von entscheidender Bedeutung, dass wir, so sehr wir es eben können, unsere Gedanken und Gefühle wahrnehmen und akzeptieren, so gut, schlecht oder abscheulich sie auch sein mögen, und dabei mit Güte und Offenheit ans Werk gehen. Gedanken führen von sich aus nicht zu Handlungen. Und nur wenn wir unsere Gedanken und Gefühle kennen und in vollem Umfang akzeptieren, können wir angemessen mit ihnen umgehen.

Ablenkung

Ein anderer Trick, den das Unbewusste gern anwendet, ist Ablenkung. Wir alle wissen, dass starke Empfindungen schwächere überlagern können. Ablenkung heißt hier, dass ein Gefühl des Schmerzes von einem gleich starken oder stärkeren, angenehmen Gefühl überlagert wird. Eine Freundin von mir etwa musste in ihrem Job regelmäßig an Besprechungen der Führungskräfte teilnehmen, die von ihrem Chef geleitet wurden, dessen Verhalten sie als arrogant und herablassend empfand. Sie fürchtete sich vor diesen Treffen, und irgendwann fiel ihr auf, dass sie in der Stunde davor immer eine ganze Tafel Schokolade aß. Der wohltuende Geschmack überdeckte oder überspielte (in gewissem Maß) die Angst und die Beklemmung. Als ein weiteres Beispiel sei hier noch eine Person erwähnt, die Schwierigkeiten in ihrer Beziehung hat und daher jede freie Minute auf dem Golfplatz verbringt, anstatt sich mit der Situation auseinanderzusetzen.

Wenn Sie wissen, dass Sie zum Vermeiden neigen, können Sie diesem Verhaltensmuster begegnen, indem Sie sich darin üben, sich bewusst Dingen zuzuwenden, gegen die Sie eine Abneigung verspüren. Fangen Sie mit etwas Leichtem an – zum Beispiel im Haushalt. Wenn Sie etwa den Abwasch hassen und immer einen Weg finden, ihn zu vermeiden, dann achten Sie darauf, ob diese Abneigung sich auch körperlich äußert, etwa durch ein Gefühl der Trägheit oder der Schwere, sobald Sie sich dem Spülbecken nähern. Versuchen Sie, diesen Empfindungen bis in die Tiefe nachzuspüren, ohne sie auf die eine oder andere Art zu beurteilen. Was genau stößt Sie so ab? Wenn Sie den Abwasch dann machen, bleiben Sie in Kontakt mit Ihren Gefühlen und beobachten Sie, wie sie sich abwechseln und verändern. Vielleicht wird es nie so weit kommen, dass Sie den Abwasch wirklich mögen, aber Sie können lernen, mit der Tatsache, dass Sie ihn nicht mögen, Ihren Frieden zu machen. Wenn Sie gelernt haben, bei etwas so Simplem und Unbedrohlichem wie dem Abwasch bewusst mit dem gewohnheitsmäßigen Vermeiden umzugehen, können Sie sich Schritt für Schritt an Menschen und Situationen heranarbeiten, die Sie bislang vermieden haben. Allein wenn Sie sich bewusst machen, dass Sie etwas vermeiden, ist schon die Hälfte geschafft. Sobald Sie sich dieses Gefühls bewusst sind, können Sie sich dafür entscheiden, klug darauf zu reagieren.

In mancher Hinsicht können Vermeidungsstrategien auch hilfreich sein. So kann es etwa gesünder sein, bestimmte schwierige Menschen eine Zeit lang zu meiden, wenn man sich besonders verletzlich oder ungeschützt fühlt – etwa nach einer Trennung oder einem Konfliktgespräch in der Arbeit. Doch wenn dies auf lange Sicht die Standardreaktion auf problematische Menschen wird, dann verschieben wir im besten Fall das Problem nur auf später, und im schlimmsten Fall berauben wir uns eines Großteils des Reichtums, den das Leben zu bieten hat.

Verblendung

Verblendung gilt im Buddhismus als eine der Hauptursachen für Leid. Gemeint ist damit das Ignorieren oder eine tief sitzende Falschwahrnehmung der Wirklichkeit, oder dass man ein Trugbild für die Wirklichkeit hält. Stellen wir uns etwa jemanden vor, der gern unter Leute geht und im Kontakt mit anderen selbstsicher ist. Wenn jemand anders ihn nervt oder umgekehrt, pflügt er einfach rücksichtslos weiter, lässt es in jeder Hinsicht an Bewusstheit fehlen und ist völlig blind für die Folgen seines Tuns. Wenn jemand ihn auf dieses Verhalten anspricht, ignoriert er das einfach oder geht mit einem Lachen darüber hinweg.

Es ist ziemlich knifflig zu erkennen, dass das eigene Handeln von Verblendung geprägt ist, denn solange wir eine verblendete Sichtweise haben, halten wir sie für absolut realitätsgemäß. Dazu sind tiefgehende Selbsterforschung und Aufrichtigkeit nötig, und man muss sich ernsthaft bemühen, wirklich auf die Sichtweisen und Bemerkungen von anderen Menschen zu hören, die erkennen, was vor sich geht. Unter Umständen dauert es Jahre, bis man erkennt und dazu stehen kann, dass man in einem Verhaltensmuster gefangen war; manchmal aber, wie im folgenden Beispiel, zerspringt es auch innerhalb eines Augenblicks.

Ein Freund von mir erzählte mir neulich, wie seine Frau eines Abends, kurz nachdem sie zusammengezogen waren, für kurze Zeit zu einer problematischen Person für ihn wurde. Das Wochenende zuvor hatte sie mit ein paar Freundinnen verbracht, und jetzt saßen die beiden beisammen und sie erzählte von ihren Erlebnissen. Am Samstagabend war die Gruppe in einem Club gewesen, und dort hatte ihr jemand, wie sie jetzt berichtete, Drogen angeboten, und sie hatte angenommen. Als er dieses

Bekenntnis hörte, wurde mein Freund ausnehmend wütend und fing an zu zittern. Nachdem diese anfängliche Reaktion wieder abgeflaut war, konnten sie weiter darüber sprechen. Nach einigen Wochen des Nachdenkens verstand er, was geschehen war. Er hatte seine Frau zu einer Sache gemacht. Er hatte sich ein verklärtes Bild von ihr zurechtgelegt – das seinen Vorstellungen von ihr entsprach und sich so verhielt, wie er es von ihr glaubte – und war fest davon überzeugt, dass sie genau so sei. Als sie ihm dann von einer Handlung erzählte, die sein Fantasiebild von ihr niemals unternommen hätte, wurde seine verblendete Sichtweise erschüttert – und deshalb war er so wütend geworden. Sie war nicht so, wie er geglaubt hatte – und das stimmt ja auch! In seiner Verblendung hatte er sie festgelegt, hatte sie im Geiste zu einem Objekt gemacht, doch in Wahrheit ist sie ein dynamischer Prozess, der sich nicht verdinglichen lässt, ständig in Veränderung begriffen und mit der Welt in Kontakt. Wie er mir erzählte, ist er erleichtert, dass er das in einem frühen Stadium ihrer Beziehung erkannt hat. Bei vielen Menschen geschieht das erst, nachdem sie schon viele Jahre zusammen sind. Im Lauf der Zeit wächst in uns die Gewissheit, alles über unseren Partner zu wissen. Aber wie soll das möglich sein? Die Wissenschaft kann noch immer nicht behaupten, alles über die einfachsten Materialien zu wissen, wie sollte es dann möglich sein, jemals alles über einen anderen Menschen zu wissen?

Wenn man sich mit eigenen möglichen Verblendungen beschäftigt, muss man immer im Hinterkopf behalten, dass man vielleicht falschliegt. Versuchen Sie bei allem, was Sie tun, so weit wie möglich eine offene Haltung zu bewahren sowie die Bereitschaft, Ihre Annahmen und Ansichten zu überprüfen. Auch wenn Sie davon überzeugt sind, dass etwas, worum jemand sie gebeten hat, nicht funktionieren wird, geben Sie dem anderen einen Vertrauensvorschuss. Sie selbst könnten falschliegen. Ein anderer hilfreicher Ansatz ist die langfristige Betrachtung. Versuchen Sie, in Ihren Beziehungen zu anderen Menschen wiederkehrende Verhaltensmuster zu identifizieren. Vielleicht stellen Sie dann fest, dass neue Bekanntschaften Ihnen nach einer Weile aus dem Weg gehen, oder dass Sie das Gefühl haben, dass immer Sie es sind, der eine Beziehung beendet, oder dass kleinere Konflikte häufig in krachende Streitereien ausufern. Solche Muster können Anzeichen für Sichtweisen oder Überzeugungen sein, die Ihnen nicht bewusst sind, aber Ihr Verhalten steuern.

Welchem Gegenstand wir unsere achtsame Aufmerksamkeit auch zuwenden, es geht nicht darum, ihn zu beurteilen oder zu kritisieren. Vielmehr sollten wir uns bemühen, das anzuerkennen, worauf wir stoßen, wenn wir unser Inneres mit so viel Offenheit und Aufrichtigkeit wie möglich erforschen. Das zu akzeptieren, was wir dabei entdecken, kann oft schwer oder unangenehm sein. Dass wir eine Verblendung nicht erkennen, liegt häufig daran, dass es angenehmer ist, in der Verblendung zu verharren, als sich der Tatsache zu stellen, dass wir möglicherweise einer Verblendung unterliegen.

Gehen Sie es langsam an und seien Sie gewiss, dass die Überzeugungen und Ansichten, auf die Sie in Ihrem Inneren stoßen, fast immer aus Ihrem Bemühen entstanden sind, Ihr Bestes zu tun.

4

Durch Mitgefühl zu mehr Milde

Wenn wir es mit einem schwierigen Menschen zu tun haben, nehmen wir rasch eine defensive Haltung ein. Wir verhärten, um unseren Körper oder unser empfindliches Selbstwertgefühl vor Verletzungen zu schützen. Wir bekräftigen uns selbst gegenüber, dass wir moralisch auf der richtigen Seite stehen, und weisen dem anderen die Schuld zu, weil wir glauben, dass allein sein Verhalten zu der aktuellen Situation geführt hat, dass er es ist, der sein Verhalten ändern muss, und dass es an ihm liegt, dass wir uns so fühlen, wie wir uns fühlen. Dabei geschieht es rasch, dass wir nicht mehr wirklich zuhören und unser Denken von vorgefassten Annahmen und Meinungen beherrscht wird.

All das festigt die vermeintliche Kluft zwischen »diese problematische Person« und »ich«. Wie oben erwähnt, ist unser Denken, wenn es so weit gekommen ist, fest in der

Vorstellung von Dualität und Trennung verankert, was unweigerlich zu Leid führt. Allein schon die Möglichkeit in Erwägung zu ziehen, dass auch wir unseren Anteil an der Entstehung dieser unangenehmen Gefühle haben, verschafft uns Unwohlsein.

Wenn wir das Geschehen jedoch aufrichtig, bewusst und unvoreingenommen betrachten, verändert sich unsere anfängliche, verhärtete Haltung, und wir werden milder und finden zu einer breiteren und ganzheitlicheren Sichtweise. Dann erkennen wir, dass unsere Erfahrungen aus der Vergangenheit sowie zurückliegendes Leid die Grundlage bilden, auf der sich die Verhaltensmuster und Ansichten entwickelt haben, die heute unsere Reaktionen bestimmen – und genauso ist es der Fall bei der Person, die uns auf die Nerven geht.

Gewohnheiten und Überzeugungen führen zu festen Verhaltensmustern und eingefahrenen Denkweisen. Wenn wir an ihnen festhalten, auch nachdem sie ihren Zweck erfüllt haben, engen sie uns ein und behindern uns. Dann wirken sie nur noch beschränkend. Um ganz in der Gegenwart zu leben und dabei beweglich und anpassungsfähig zu bleiben, müssen wir lernen, zum richtigen Zeitpunkt loszulassen. Eine alte Zen-Parabel bringt dies anschaulich zum Ausdruck.

Ein älterer Mönch und ein Novize brachen gemeinsam zu einer Reise auf. Eines Tages kamen sie an einen Fluss, in dem eine starke Strömung herrschte. Gerade als sich die Mönche anschickten, durch den Fluss zu waten, kam eine junge Frau und bat sie, ihr gleichfalls hinüberzuhelfen. Ohne nachzudenken, nahm der ältere Mönch die Frau auf die Schultern, trug sie über den Fluss und setzte sie am anderen Ufer ab. Der junge

Mönch war verärgert, sagte aber nichts. Nach einer Weile, als sie ihren Weg fortgesetzt hatten, bemerkte der ältere Mönch, dass der junge Mönch ganz still war, und fragte ihn, ob irgendetwas nicht in Ordnung sei. Der junge Mönch antwortete: »Als Mönchen ist es uns verboten, Frauen zu berühren. Wie konntest du diese Frau nur auf deine Schultern nehmen?« Der ältere Mönch sah ihn an und erwiderte: »Mein Bruder, ich habe sie schon vor langer Zeit dort am Ufer zurückgelassen, du aber trägst sie noch immer!«

Der ältere Mönch war in der Lage, sich an die Situation anzupassen und, während er die Reise fortsetzte, ganz in der Gegenwart zu sein (ob sein Verhalten richtig oder falsch war, ist eine Frage der Interpretation). Das Denken des jungen Mönchs dagegen war durch bestimmte Überzeugungen eingeschränkt, durch Regeln und durch Vorstellungen von dem, was man tun und was man nicht tun sollte, er schäumte die ganze Zeit vor Kritik am Verhalten des älteren Mönchs, ohne ein Wort zu sagen, und übersah dadurch vermutlich die prächtigen Gärten entlang des Flusses.

Wenn wir erkennen und anerkennen, wie wir uns gegenüber Menschen verhalten, die uns irritieren (wodurch wir dann aufhören, die Dinge so oder so haben zu wollen), ist es entscheidend, dass wir uns selbst mit Mitgefühl begegnen. Das bedeutet, uns in die eigenen Empfindungen, insbesondere Schmerz, Unwohlsein und Leid, einzufühlen. Das loszulassen, was wir nicht mehr brauchen, ist ein Akt des Mitgefühls.

Mitgefühl ist eine der beiden Säulen der buddhistischen Praxis (die andere ist Einsicht oder Weisheit). Kurz nachdem ich angefangen hatte, mich mit Zen zu beschäftigen, begegnete mir folgendes Koan: »In wie viele Richtungen blickt das

Auge des Mitgefühls?« Zen ist in der Regel nicht dafür bekannt, das Mitgefühl zu betonen, doch das ist eine irrtümliche Vorstellung. Zwar ist im Zen nicht immer so ausdrücklich von Mitgefühl die Rede wie in anderen Richtungen des Buddhismus, aber das heißt nicht, dass es eine geringere Rolle spielt. Das »Auge des Mitgefühls« ist eine Anspielung auf Avalokiteshvara, die Verkörperung des buddhistischen Ideals des Mitgefühls. Avalokiteshvara ist ein Sanskrit-Name, der so viel bedeutet wie »der die Geräusche/Schreie der Welt hört«. Die japanische Entsprechung lautet Kannon (die chinesische Guanyin). Kannon wird in Japan oft als Frauengestalt dargestellt, die mit ihren elf Köpfen alles Leid auf der Welt sieht und hört. Doch die Verkörperung des Mitgefühls zeichnet mehr aus als bloßes Hören; zu ihr gehört auch das Bestreben, dieses Leid zu mildern. Daher wird Kannon oft auch mit tausend Armen gezeigt, mit denen sie all jenen Wesen hilft, die in Not sind.

In wie viele Richtungen sind Kannons Augen und Ohren nun gerichtet? In alle Richtungen, möchte man meinen. Ich weiß noch, wie ich meinem Lehrer diese Antwort gab. Er erwiderte: »Zeig es mir.« Ich wies mit einer Geste in alle Ecken des Raumes, auch nach oben und unten. »So ist es«, sagte mein Lehrer, »aber es fehlt noch etwas.« Anschließend saß ich eine Weile in Stille und dachte darüber nach, welche andere Richtung es noch geben könnte. Menschen, die in einem Pflegeberuf arbeiten, sind oft ebenfalls blind für diesen Aspekt. Viele von ihnen bringen enorm viel Mitgefühl für ihre Patienten und Klienten auf und stellen nach einer gewissen Zeit fest, dass sie ausgebrannt sind. Dann liegen sie völlig erschöpft und krank im Bett und denken dabei fortwährend an die Menschen, die sie im Stich lassen, sowie daran, wann sie wieder bei ihnen sein können. Welche ist also die fehlende Richtung? Nach einer Weile begriff ich es. Ich deutete auf mich selbst, und mein Lehrer lächelte. Es ist von entscheidender Bedeutung, dass unser Auge des Mitgefühls nicht nur in jede Richtung nach außen blickt, sondern auch nach innen. Denn wie können wir in dieser Welt anderen Wesen wirklich helfen, wenn wir nicht für uns selbst, unsere Gesundheit und unser Wohlbefinden sorgen?

Wenn wir zulassen, dass nervige und schwierige Menschen uns als Lehrmeister dienen, können wir im Umgang mit ihnen lernen, wo in unserem Inneren Blockaden sind, wo wir uns an etwas festklammern und wo wir der Wirklichkeit aus dem Weg gehen. Wenn wir das, was sie uns lehren, mit Unvoreingenommenheit, Mitgefühl für uns selbst und vielleicht sogar Humor betrachten, schaffen wir damit die bestmöglichen Voraussetzungen dafür, loszulassen und in jeder Situation so klug und umsichtig wie möglich zu reagieren.

Im zweiten Teil dieses Buches werfen wir einen etwas genaueren Blick auf einige der wichtigsten Schauplätze des Lebens, in denen uns nervige Menschen begegnen können, etwa im Alltag, am Arbeitsplatz oder zu Hause. Von jedem Schauplatz werden wir einige wahre Geschichten hören, wie Leute auf problematische Menschen reagiert und aus diesen Begegnungen tiefgreifende Dinge gelernt haben. Diese Geschichten stammen von Mitgliedern der Zen-Gemeinschaft, der auch ich angehöre (auch meine eigenen Erfahrungen sind darunter); die meisten der Betroffenen leben in Großbritannien, einige aber auch in anderen Ländern. Um die Anonymität meiner Gesprächspartner zu gewährleisten, habe ich ihre

Namen und einige Details geändert. Wenn wir die Erlebnisse anderer hören, erfahren wir, was alles möglich ist, und wir lernen, dass erstaunliche Dinge geschehen können, wenn wir uns aufrichtig dem stellen, was eigentlich passiert. Ich wünsche mir, dass Sie in dem ein oder anderen Beispiel sich selbst und Ihre Lebenslage wiedererkennen.

Zweiter Teil

Schauplätze problematischer Begegnungen

5

Mitreisende als Buddhas

Erlebnisse mit nervigen Mitreisenden sind meistens einmalige Begegnungen mit Menschen, die man nie zuvor gesehen hat und auch nie wieder sehen wird. Manchmal wird
der lästige Buddha nicht von einem Individuum verkörpert,
sondern von einem bestimmten Typus Mensch oder einer
Gruppe, wie etwa von den Leuten, die in die U-Bahn einsteigen, bevor die anderen ausgestiegen sind. Vielleicht erleben wir auch ein ärgerliches Verhalten immer wieder, nur
mit unterschiedlichen Übeltätern (wie etwa Autofahrer, die
abbiegen, ohne zu blinken). Wahrscheinlich können wir alle,
wenn wir ein paar Minuten nachdenken, eine ganze Liste von
Verhaltensweisen aufzählen, die uns an Mitreisenden auf die
Palme bringen.

Wenn wir es mit einer Person zu tun haben, die uns auf die
Nerven fällt, geben wir ihr rasch die Schuld für die Probleme,

die sie uns verursacht. Entweder glauben wir, sie handelt mit Absicht – um uns zu ärgern oder zu verletzen (weshalb wir ihr Verhalten persönlich nehmen) –, oder wir halten sie für egoistisch und finden, sie sollte es besser wissen. In beiden Fällen gehen wir davon aus, dass sie in gewisser Weise die Fäden in der Hand hält oder sich zumindest dessen, was sie tut, vollauf bewusst ist.

Der chinesische Philosoph Zhuangzi (Zhuang Zhou), ein daoistischer Gelehrter, der im 4. Jahrhundert v. Chr. lebte, trat für eine Haltung ein, die besonders im Umgang mit lästigen Mitreisenden hilfreich ist. Wenn wir auf einem Fluss mit einem leeren Boot kollidieren, so Zhuangzi, verspüren wir keine Wut auf das Boot. Doch wenn ein bemanntes Boot mit unserem zu kollidieren droht, dann rufen wir dem anderen zu, er solle ausweichen. Wenn der andere uns nicht hört, rufen wir lauter und fangen an zu fluchen, und all das nur, weil ein Mensch in dem Boot sitzt. Wäre das Boot leer, würden wir uns nicht aufregen.[1]

Mit diesem Bild will Zhuangzi uns dazu auffordern, Menschen, die uns lästig fallen, wie dieses leere Boot zu betrachten. Ein leeres Boot kollidiert nicht absichtlich mit uns; das Aufeinandertreffen ist die Folge einer zufälligen Verkettung von Ereignissen und Vorbedingungen. In vergleichbarer Weise sind Menschen nicht unbedingt absichtlich problematisch, nur um uns zu ärgern; wir können ihr Verhalten also in einem anderen Licht sehen: als zwanghaft, frei von einer bestimmten Absicht und getrieben von unbewussten Kräften, die entstanden sind, weil Verletzungen und Erfahrungen der Vergangenheit nicht

[1] Nach: *The Way of Chuang Tzu*. New Directions, New York, 1965.

Schauplätze problematischer Begegnungen

aufgearbeitet wurden. Der andere versucht nur sein Bestes (soweit die Umstände es zulassen) oder ist sich im schlimmsten Fall der möglichen Folgen seines Verhaltens einfach nicht bewusst. Überdenken Sie nun einmal Ihre Reaktionen: Wie könnten sie sich verändern, wenn Sie schwieriges Verhalten durch diese Brille sehen?

Die folgenden Beispiele berichten von Begegnungen mit den verschiedensten Arten von nervigen Mitreisenden in alltäglichen Situationen sowie davon, wie sie in der betroffenen Person bestimmte festgefahrene Haltungen oder Vorurteile zum Vorschein gebracht haben. Die erste Anekdote spielt auf einer überfüllten Treppe, die zweite und die dritte im Zug, und die vierte im Auto.

Passanten als zerbrechliche Vasen

Eines Tages ging Gloria eine volle Londoner Einkaufsstraße entlang. Sie war gereizt und fand, »dass sich die anderen unmöglich benahmen, alle wollten nur in die Geschäfte rennen«. Nach einer Weile stellte sie fest, dass sie die Ellbogen zu Hilfe nahm, um sich einen Weg durch die Menge zu bahnen. Auf der schmalen Treppe einer U-Bahn-Station hastete sie an einer Frau vorüber und drängte sie dabei zur Seite. Die so angegangene Frau rief ihr spöttisch hinterher: »Ich will auch nach unten, wissen Sie!«

Gloria berichtet: »In diesem Moment und durch diese Worte wurde das Hindernis, das mir im Weg war, zu einem Menschen.« Doch im selben Moment wurde dieser Mensch wieder »eine blöde Kuh, die überhaupt nirgendwohin wollte und es daher nicht anders verdient hatte, als aus dem Weg geschubst zu werden«. Als sie sich dieser bösartigen, impulsiven und verurteilenden Gedanken bewusst wurde, musste Gloria über sich selbst lachen und ließ die Frau vorausgehen. In den folgenden Augenblicken wurde ihr auf schlagende Weise klar, dass sie selbst diejenige war, die sich unmöglich benommen hatte, und dass von den Menschen um sie herum »jeder seine eigenen Gefühle und Ziele hatte«. Keineswegs wollten sie ihr allesamt absichtlich im Weg sein. »Das vergisst man so leicht!«, so Glorias Erkenntnis.

Als sie nach dieser kurzen Begegnung ihren Weg fortsetzte, stellte sie sich vor, »dass die anderen Passanten zerbrechliche Vasen sind, die leicht zerspringen oder Schaden nehmen«. Kurz darauf verspürte sie tief in ihrem Inneren Güte und Langmut. »Es macht nichts, wenn man länger braucht, solange man die anderen als Menschen respektiert und in ihnen nicht nur Hindernisse sieht, die einem den Weg versperren.« Rückblickend kommt sie zu dem Schluss: »Wir glauben oft, wir hätten nicht die Kraft, freundlich zu sein, aber das stimmt nicht. Zum Freundlichsein haben wir immer Kraft.« Indem sie übte, auf dem Gehweg freundlich zu sein, hat Gloria Respekt für die anderen Passanten entwickelt sowie das tief sitzende Gefühl, ein Mensch unter Menschen zu sein. »Dieses Erlebnis hat mich wieder einmal daran erinnert, dass wir auf dieser Welt alle miteinander verbunden sind.«

Geräusche im Zug

Immer mehr Menschen, die ihr Vermögen zur Achtsamkeit weiterentwickeln wollen, nutzen Fahrzeiten, insbesondere den Weg von und zur Arbeit, zur Meditation. Im Zug und im Bus entdecke ich immer wieder Leute, die diesen Eindruck erwecken: Sie tragen Kopfhörer, sitzen bewusst aufrecht und halten die Augen ein paar Minuten lang geschlossen. Wenn man in einem Umfeld zu meditieren versucht, das alles andere als ideal ist, wie etwa in Bus und Bahn, können sich Geräusche sehr schnell als störend erweisen.

Einmal saß ich im Zug, meditierte (ohne Kopfhörer) und konzentrierte mich auf meinen Atem, als ein paar Sitzreihen vor mir jemand anfing, auf dem Handy zu spielen – mit aufgedrehtem Ton. Wieder und wieder waren dieselben Töne und Soundeffekte zu hören, und ich merkte, wie ich zunehmend verärgerter wurde. Ich dachte: »Merkt der denn nicht, dass der Ton an ist? Kapiert er nicht, dass er damit allen anderen auf die Nerven fällt?« Nachdem ich diese ersten, impulsiven Gedanken registriert hatte, wurde mir klar, dass nicht die Geräusche das Problem waren, sondern meine Abneigung dagegen. Mein Unwohlsein wurde nicht durch das ständige Piepen ausgelöst, sondern dadurch, dass die Wirklichkeit nicht so war, wie ich sie haben wollte (nämlich still). Als ich meinen Frust und meinen Ärger erkannte und sie einfach da sein ließ, wurden sie allmählich schwächer.

Vor dieser Begebenheit hatte ich zu dem Thema, wie man mit Ablenkung während der Meditation umgehen kann, einen oder zwei Artikel gelesen und ein paar Vorträge gehört. Ich dachte an die Ratschläge zurück und versuchte, die Gedanken beiseitezuschieben, in denen ich dem anderen die Schuld gab, oder die Frage, wie lange die Geräusche noch andauern würden. Ich richtete meine Aufmerksamkeit vielmehr gezielt auf die Geräusche des Spiels, ja, sogar auf die gesamte Geräuschkulisse des Zuges, die mich umgab. Auf diese Weise gelang es mir, sämtliche Geräusche wohlwollend zu akzeptieren: das Piepen des Handyspiels, das Klacken der Räder, das gelegentliche Klappen der Toilettentür, das leise Quietschen der Faltenbalge zwischen den Waggons und das Gerede der anderen Fahrgäste hinter mir. Ich war geradezu gefesselt von der riesigen Bandbreite an Klängen und Geräuschen, die aus allen Richtungen auf mich eindrangen.

Jetzt waren die Geräusche keine von mir getrennten Phänomene mehr, die mich in der Meditation störten und mich ärgerten, sondern sie waren Teil der Meditation geworden. Mehr noch: Ich selbst war Teil der Gegenwart geworden. Als mir das bewusst wurde, dankte ich insgeheim dem Menschen ein paar Reihen vor mir, der noch immer selbstvergessen auf seinem Handy spielte.

Im Flow: eins werden mit der Pendelei

Patricia hatte einen langen Arbeitsweg ins Zentrum von London, für den sie mit Zug und U-Bahn mindestens eine Stunde und vierzig Minuten brauchte. Der Abschnitt mit der U-Bahn stresste sie besonders, weil die Züge damals andauernd überfüllt waren. Manchmal musste sie fünf oder sechs Züge abwarten, bis sie einsteigen konnte, und im Waggon wurde sie dann hin und her geschubst. Manche der anderen Fahrgäste, gegen die sie gedrückt wurde, empfand sie als »äußerst seltsam«. »Die Luft war oft stickig, und es war heiß«, erinnert sie sich, »und manchmal musste ich auf den Bahnsteigen und in den Zügen ewig lange stehen, was ziemlich anstrengend war. Oft ging es lange Zeit nicht weiter, weil das Signal auf Rot stand, und das war meistens ausgesprochen unangenehm.«

Für Patricia erwiesen sich diese Fahrten als ideale Gelegenheit, um sich in Zen zu üben. Sie berichtet: »Ich versuchte immer, in der Situation aufzugehen und eins mit dem Augenblick zu werden, ganz im Geiste von *nari kiru*.« (*Nari kiru* ist ein japanischer Ausdruck, den unser Zen-Lehrer gern verwendet und der so viel bedeutet wie »mit etwas eins werden«). Nach einer Weile erlebte sie »den gesamten Arbeitsweg als einen Flow: das Warten, das Ein- und Aussteigen, das Herumgeschubstwerden, das Gefühl, Teil einer großen Menge zu sein«. Schon bald fiel ihr auf, dass sie keine Ansprüche mehr stellte. Während der Pendelei fühlte sie sich »transparent und leer«. Die Erfahrung war zwar noch immer unangenehm, doch weil Patricia ihre Haltung geändert hatte, litt sie nicht mehr darunter. Während dieser langen Stunden auf dem Arbeitsweg lernte sie eine Menge darüber, wie sie Zen in ihren Alltag einfließen lassen konnte.

Dank an schlechte Autofahrer für den Hinweis auf das eigene Festklammern

Bill hatte sich stets bemüht, sich im Straßenverkehr zuvorkommend zu verhalten, doch irgendwann stellte er fest, dass eine bestimmte Situation ihn regelmäßig auf die Palme brachte:

wenn auf einer mehrspurigen, vielbefahrenen Straße die äußere Spur endete. »Vor allem die Fahrer, die unbedingt noch an mir vorbei wollten, bevor die Spur endete, gingen mir auf die Nerven.« Diejenigen, »die nur noch ein Auto überholen wollen und dann stark bremsen müssen und in letzter Sekunde die Spur wechseln«. Das war in Bills Augen nicht nur gefährlich, sondern er kam dadurch auch langsamer voran.

Lange Zeit hielt er dieses Verhalten für »unfair«. Er betrachtete es »als Heldentat, wenn ein größeres Fahrzeug die eigene Spur verließ und beide äußere Spuren blockierte, um zu verhindern, dass diese Idioten vorbeirasten und die Kolonne übersprangen«. Irgendwann wurde ihm klar: »Ich wollte nicht, dass andere in der Kolonne sich vor mich setzten oder mich aus dem Feld schlugen.«

Dann sah er einen Dokumentarfilm über den Verkehrsfluss auf stark befahrenen Straßen. Darin wurden Forschungsergebnisse zitiert, die belegen, dass Fahrzeuge, die zwei Spuren beanspruchen, mehr Probleme schaffen als beseitigen. Bei starkem Verkehr sei es für den Verkehrsfluss am besten, so der Film, wenn so lange wie möglich beide Spuren benutzt würden. Überrascht stellte Bill fest, wie diese Information seine Sicht auf die Dinge grundlegend veränderte. Jetzt hielt er »diese Leute, die zwei Spuren beanspruchen oder eine Spur blockieren, für Idioten« und fragte sich: »Wissen die nicht, was sie damit bewirken?«

Sein Verstand sagte ihm, dass es am sichersten und am sinnvollsten war, die Leute, die nach vorn drängelten, einfach überholen zu lassen. »Solange ihre Fahrweise nicht gefährlich ist, ist ihr Verhalten für mich völlig ohne Bedeutung, und warum sie sich so verhalten, braucht nicht meine Sorge zu sein.« Doch obwohl er wusste, dass es für den Verkehrsfluss besser war, verspürte er noch immer einen halbbewussten, plötzlichen Widerwillen dagegen, andere vorbeiziehen zu lassen. »Ich wollte dann auf der Stelle Gas geben und die Lücke zu meinem Vordermann schließen, sodass er nicht mehr auf meine Spur einbiegen konnte.« Im Grunde wollte er die anderen für ihr Verhalten bestrafen. Er fragte sich: »Warum will etwas in mir das tun, wenn es nichts ist, was ich bewusst tun will?«

Den Grund hierfür sah er in dem »karmischen Samen, der entsteht, wenn man einen Gedanken so oft denkt, dass er zu einer gewohnheitsmäßigen und unvermittelten Reaktion führt«. Er erklärt es sich so: »Der Impuls äußert sich ganz plötzlich, und erst im Nachhinein meldet sich das kognitive Denken mit dem Wunsch, man hätte das Gegenteil getan.« Und er fügt hinzu: »Heute muss ich darüber lachen, wie schnell ich mich darüber aufgeregt und wie sehr ich mich damit gequält habe!«

Nachdem er seine Gedanken und seine gewohnheitsmäßigen Reaktionen eine Zeit lang beobachtet und analysiert hat, ist Bill heute dankbar für diese Erlebnisse. »Wenn diese Leute mich nicht andauernd geschnitten hätten, wie hätte ich dann erkennen sollen, dass es in meiner Natur liegt, mich an etwas festzuklammern? Ich habe mich an meine Position in der Kolonne geklammert und wollte von den anderen nicht zurückgedrängt werden.«

Rückblickend sagt er: »Wenn ich heute in so eine Situation gerate, verspüre ich noch immer diesen Impuls, aber schwächer. Wenn er sich meldet, erkenne ich ihn früher und kann ihn wie eine Seifenblase platzen lassen.« Er lässt das andere Auto vorbeiziehen (oder vor sich einfädeln). »Dann bedanke ich mich mit laut ausgesprochenen Worten dafür, dass der andere Fahrer mir gezeigt hat, wie sehr ich mit der Welt verhaftet bin.« Allerdings gesteht er: »Ich bemerke dann oft, wie gut ich mich dabei fühle, und ahne eine gewisse Selbstgefälligkeit. Dann versuche ich, das anzunehmen, und mich nicht auch noch damit zu quälen!«

Noch immer erstaunt es Bill, wie sehr seine Wahrnehmung des Straßenverkehrs und seine Haltung dazu sich durch sorgfältige Beobachtung und Nachforschung verändert haben, und immer wieder lächelt er in vergleichbaren Situationen, wenn er sich seine Entdeckungen und Erkenntnisse bewusst macht.

6

Buddhas am Arbeitsplatz

Die meisten von uns verbringen den Großteil ihrer Zeit mit dem Beruf. Ob im Büro, auf einem Bauernhof, in einer Fabrik oder in Online-Sitzungen – überall müssen wir berufliche Beziehungen zu Menschen unterhalten, deren Nähe wir ansonsten nicht unbedingt in diesem Umfang suchen würden. Hinzu kommen die vielfältigen finanziellen Zwänge sowie die Ungleichheiten und die Dynamik des Machtgefüges, das sich kreuz und quer durch alle Hierarchieebenen zieht, sodass ein Arbeitsplatz leicht zu einem Schlangennest voller Leute wird, mit denen wir so unsere Schwierigkeiten haben.

Klassischerweise unterteilt der Buddhismus die Welt in sechs Daseinsbereiche. Zwei davon sind uns vertraut: der Bereich der Menschen und jener der Tiere. Dann gibt es noch den Bereich der Götter (in dem Wesen leben, die nur Lust und Glückseligkeit kennen), das Reich der Hungergeister (bevölkert von Wesen, die in einem Zustand der Bedürftigkeit, der Abhängigkeit und des Mangels feststecken), den Bereich der *asuras* (*asuras* sind in der buddhistischen Kosmologie eine Art zornerfüllte Halbgötter, Wesen, die von Wut, Neid und Streitsucht getrieben werden) sowie den Bereich der Hölle (der verschiedene Formen entsetzlicher Qualen bereithält).

Im Zen gelten diese Bereiche als Metaphern für verschiedene Daseinszustände, in die wir im Lauf unseres Lebens geraten können. Und im Zusammenhang mit unserem Thema können etliche Arbeitsplätze als Bereich der *asuras* angesehen werden – Orte voller Leute, die von Wut, Neid und Ehrgeiz getrieben werden, wo Konflikte, emotionale Gewalt, Konkurrenzkampf und Verrat an der Tagesordnung sind, wo soziopathische Chefs mit eiserner Hand regieren und die Menschen sich auf unverzeihliche Art benehmen, nur um voranzukommen. Die herrschende Atmosphäre eines Kampfes ums Überleben versetzt den Körper in einen dauerhaften Alarmzustand, und je stärker Stress und Angst zunehmen, desto schwieriger wird es, einen klaren Blick zu bewahren und anderen empathisch zu begegnen. Leider ist dieser von Wut, Konkurrenzkampf und Angst geprägte Zustand in vielen Schichten unserer Gesellschaft und in zahlreichen Firmen die Regel geworden.

Natürlich herrscht nicht an allen Arbeitsplätzen eine solche Atmosphäre, zumindest nicht andauernd. Das wird in den folgenden Beispielen deutlich werden. Doch auch in Firmen oder Abteilungen, in denen ein ausgesprochen wohlwollendes Klima herrscht, kann sich die *asura*-Mentalität hin und wieder breitmachen. Welchen besseren Ort gäbe es also, um Bewusst-

heit, Mitgefühl und Aufrichtigkeit anzuwenden und herauszufinden, was wir von lästigen Menschen – Kolleginnen und
Kunden – lernen können und welche Wirkung sie auf uns haben? Im Folgenden hören wir einige Beispiele für schwierige
Menschen in den verschiedensten Arbeitsumfeldern, von der
oben beschriebenen typischen *asura*-Atmosphäre bis zu Set-
tings, die sich durch mehr Unterstützung und Fürsorge aus-
zeichnen.

Die Wirklichkeit und unsere Wahrnehmung sind nicht dasselbe

Pierre hatte jahrelang Probleme mit einer Kollegin, die seiner
Ansicht nach »faul war und ihre Arbeit nicht gut machte«. Jedes Mal, wenn sie ihn um etwas bat, sah er in ihrer Bitte »nur
einen weiteren Beweis für ihre Faulheit«. Es fiel ihm schwer,
nicht ablehnend zu reagieren, und irgendwann war er »nur
noch frustriert, genervt, wütend und angespannt«. »Mein Kopf
brummte nur so von allen möglichen Gedanken rund um ihre
Trägheit und ihre fehlende Bereitschaft, hart zu arbeiten.« Die
Angewohnheit, über dieses Thema nachzugrübeln, vermehrte
nur noch den Stress, den er verspürte.

Zu dieser Zeit fing Pierre an, sich in Achtsamkeit zu üben
und zu meditieren, und dadurch verstand er immer mehr von
dem, was in seinem Geist vor sich ging. »Mit der Zeit wurde
mir immer klarer, dass die innere Erregung, die das vermeintliche Verhalten meiner Kollegin in mir auslöste, und die tat-
sächliche Sachlage zwei völlig verschiedene Dinge waren.«
Er erinnert sich: »All die Gedanken, die ich mir über die

Faulheit meiner Kollegin machte, schwirrten weiter durch meinen Geist, doch Schritt für Schritt lernte ich, mich mit ihnen nicht mehr unwohl zu fühlen, weil ich wusste, dass es nur Gedanken waren.« Er erkannte, dass er durch Vorurteile, starre Sichtweisen und Meinungen verblendet war, und entwickelte diesbezüglich Mitgefühl mit sich selbst. Heute ist Pierre in der Lage, seinen Wunsch, dass alles so läuft, wie er es will, zu beobachten und anzuerkennen und dabei die Aufgabe zu erledigen, die gerade ansteht. Er beschreibt es so: »Ich versuche, an jede Situation und jede Interaktion unvoreingenommen heranzugehen, und bemühe mich dabei, meine vorgefassten Meinungen und Vorurteile außen vor zu lassen.« Außerdem fällt es ihm leichter, die Gedanken, die er sich über ein Ereignis macht, wieder loszulassen, sobald die Sache erledigt ist.

Vor kurzer Zeit hat Pierre festgestellt, dass er gegenüber der Kollegin immer häufiger Dankbarkeit verspürt. Er kann klar benennen, dass die Interaktion mit ihr seine Verblendung, seine festgefahrenen Denkmuster und seine Gewohnheiten zu Tage gefördert hat, und dass sie ihm gezeigt hat, wo er an etwas festhielt und wo er nicht mehr weiter kam, sowie sein Gefühl, von der Kollegin und der Welt getrennt zu sein. Er sagt sogar: »Sie ist mir noch immer eine wichtige Lehrerin. Jede Begegnung mit ihr wirft mich auf die Stellen zurück, an denen ich noch immer an etwas festhalte und wo ich wachsen und mich entwickeln kann.«

Pierres Beispiel beinhaltet eine wichtige Erkenntnis, die vielleicht sogar die wichtigste ist, wenn man lernen will, mit problematischen Kollegen und ganz allgemein mit schwierigen

Menschen umzugehen: dass die Wirklichkeit und unsere Wahrnehmung nicht dasselbe sind. Diese Einsicht ermöglichte es Pierre, sich nicht mehr mit seinen Gedanken zu identifizieren und sie als eine Form der Verblendung zu erkennen, was ihm wiederum ermöglichte, loszulassen und in der Auseinandersetzung mit seiner Kollegin präsenter zu sein und sie in einem anderen Licht zu sehen. Wenn wir diesen Unterschied einmal erkannt oder intellektuell erfasst haben, bedeutet das jedoch nicht, dass wir uns nie wieder in unserer Wahrnehmung oder unseren Vorstellungen verstricken. Man kann sich aber darin üben, es frühzeitig zu erkennen, wenn die Vorurteile das Ruder übernehmen. Dabei kommt dem genauen Hinhören auf bestimmte körperliche Regungen (wie Unwohlsein oder einem Hitzegefühl) eine entscheidende Rolle zu, da diese oft sensible Indikatoren dafür sind, dass etwas vor sich geht. Das folgende Beispiel wird dies verdeutlichen.

Der innere Widerstand dagegen, immer ganz präsent zu sein

Nadia arbeitet als Pflegekraft in einer Einrichtung für Erwachsene mit Lernschwierigkeiten. Diese Menschen sind ihre lästigen Buddhas. Sie beschreibt ihre Situation so: »Alles hat riesige Ausmaße, auch Gefühle, Forderungen und körperliche Betätigungen. Nicht alle dieser Menschen haben einen Filter im Umgang mit anderen, und viele stellen immer wieder dieselben Fragen, Tag für Tag.« Lange Zeit fragte Nadia sich, wie sie am besten auf diese wiederholten Fragen reagieren sollte. Anfangs versuchte sie noch, sie jedes Mal zu beantworten, aber schon bald erschöpfte und nervte es sie, ständig dieselben Antworten zu wiederholen.

Nadia hatte Erfahrung in Meditation, und nun hörte sie regelmäßig auf die Regungen in ihrem Körper. Wenn sie dieselbe Frage wieder und wieder beantwortete, verursachte das »eine sich ausbreitende Müdigkeit und Erschöpfung, die körperliches Unwohlsein zur Folge hatte«. Sie stellte fest, dass ihr unbewusster Wunsch, dieses Unwohlsein zu vermeiden, dazu führte, dass sie der Interaktion mit den Klienten immer weniger Aufmerksamkeit schenkte. Sie »blendete aus, was sie sagten«, und versuchte, »den Blickkontakt zu vermeiden, um sie davon abzuhalten, weiter zu fragen«. Doch sie erkannte auch etwas anderes: »In meinem Herzen wusste ich, dass das der falsche Weg war.« Sie stellte fest, dass mangelnde Aufmerksamkeit von ihrer Seite oft dazu führte, dass der Fragende unruhig wurde und seine Frage noch entschlossener vorbrachte. Die körperlichen Empfindungen, ausgelöst von Frust und Erschöpfung, wurden zu sensiblen Indikatoren.

Zwar wusste Nadia schon seit Langem, wie wichtig es ist, im Austausch mit anderen voll und ganz wach und präsent zu sein, doch nun erinnerte jede Interaktion mit den Bewohnern der Einrichtung sie wieder daran, und zwar durch tief sitzende körperliche Regungen. »Je aufmerksamer ich auf meinen Körper hörte, desto deutlicher bemerkte ich es, wenn ich insgeheim versuchte, den Kontakt zu vermeiden oder den Klienten loszuwerden. Die wiederholten Fragen gaben mir die Möglichkeit, meine Fähigkeit zu schärfen, präsent zu bleiben.« Sie achtete auf frühe Anzeichen von Unwohlsein bei sich selbst und dem Fragenden, die ihr signalisierten, dass sie wieder in ihre Gewohnheit verfiel, geistig abzuschalten. »Innerhalb kürzester Zeit«, so berichtet sie, »konnte ich beobachten, wie meine ausgeprägte Präsenz und meine Aufmerksamkeit die Beziehung verbesserten und die Antworten und Wiederholungen weniger wurden.«

»Eine kleine Änderung meines Verhaltens hat sich hundertfach ausgezahlt«, so Nadia. »Da war zum Beispiel dieser eine Bewohner; er war immer schwierig gewesen und kam irgendwann zu den Meditationen zur liebevollen Güte, die ich anbot. Anfangs zeigte er eine ablehnende Haltung, doch mit der Zeit war er mit immer mehr Ernst bei der Sache, und heute spricht er mich häufig an, lächelt und erzählt mir voller Freude, dass er gerade meditiert hat.« Eine andere Bewohnerin, die Nadia früher oft ignoriert hatte, sagte kürzlich zu ihr, sie sei »ein wundervoller Mensch«.

In diesem Kontext hat Nadia gelernt, wie wichtig es ist, keine Erwartungen zu haben, so offen wie möglich zu sein und in Beziehungen niemals aufzugeben. »Indem ich die Vorverurteilungen und den Wunsch nach Distanz, die ich zuvor gewohnheitsmäßig gepflegt hatte, zurückgestellt habe, habe ich gelernt, dass ich all diese Menschen lieben und ihnen helfen kann, ihre eigene Art zu finden, sich auszudrücken.« Das führte auch dazu, dass sie heute oft von der Klugheit und der Schönheit ihrer Klienten überrascht wird, »auch wenn sie nur für den Bruchteil einer Sekunde sichtbar wird«.

Nadias Erfahrung ist ein treffliches Beispiel für eine Situation, in der wir mit Menschen, die wir als problematisch erleben, ein gutes Verhältnis haben wollen. Nadia stellte fest, dass ihr Körper deutliche Signale sendete, wenn sie versuchte, einem lästigen Menschen aus dem Weg zu gehen oder ihn abzuschütteln – dann verspürte sie körperliches Unwohlsein und Erschöpfung. Und ihr wurde klar, dass ihr unbewusster Wunsch, dieses Unwohlsein zu vermeiden, die Qualität ihrer Beziehungen nachhaltig beeinflusste. Wie bereits erwähnt, sind diese Sensibilität sowie eine auf den Körper gerichtete Achtsamkeit entscheidend, wenn wir lernen wollen, mit schwierigen Menschen klüger umzugehen. Doch wie Nadias Geschichte zeigt, sind die Voraussetzungen dafür, diese subtilen Regungen zu registrieren, eine ernsthafte tägliche Übungspraxis sowie der feste Wille, in bedrückenden Situationen wach und präsent zu bleiben.

Die nächsten drei Beispiele illustrieren einen etwas anders gelagerten Ansatz zum Umgang mit problematischen Menschen, der mehr auf Introspektion und Selbstreflexion beruht. Sie zeigen, was passieren kann, wenn wir tiefe Einblicke in uns selbst gewinnen (oder, wie man im Buddhismus sagt, »das Licht der Lampe umdrehen«). Das erste erzählt von zwei Menschen, die sich gegenseitig auf die Nerven fallen, und dem Durcheinander von Gefühlen, das daraus entsteht. Das zweite veranschaulicht, was passiert, wenn wir in unserer Aufmerksamkeit einen blinden Fleck entdecken und es durch gezielte Übung schaffen, dass sich das Licht unseres Bewusstseins weiter ausbreitet. Das dritte Beispiel berichtet von einer Frau, die feststellt, wie sehr sie unter der Belastung durch ihren Beruf leidet, und daraufhin erkennt, wie wichtig es ist, zu entspannen, die eigene Mitte zu finden und die eigene Haltung zur Arbeit zu überdenken.

Die Erkenntnis, dass der Kollege kein Monster ist

Ed arbeitete in einer Großstadt in einer Anwaltskanzlei und leitete dort etliche Jahre lang eine Abteilung. Als er den Posten aufgab, wurde ein Kollege auf die Stelle befördert. Obwohl Ed diesen Kollegen nicht besonders gut kannte, hatte er Vorurteile gegen ihn: »Ich hatte ein paar halbgare Meinungen über ihn und hielt ihn für dickköpfig und für jemanden, der viel herumschreit und sich andauernd beschwert.« Rückblickend erkennt Ed, dass der Same ihrer bevorstehenden belasteten Beziehung zu diesem Zeitpunkt schon gesät war. Ed war voreingenommen. »Als ich die Abteilung geleitet hatte, hatte ich mir nie die Zeit genommen, ihm einmal zuzuhören. Als er dann die Leitung übernahm, sah er in mir vermutlich eine Bedrohung und versuchte gezielt, mich von den anderen zu isolieren.« In der Folge fühlte Ed sich schikaniert und wurde immer wütender. Irgendwann wurde es so schlimm, dass er mit dem Gedanken spielte, die Kanzlei zu verlassen, doch die damalige wirtschaftliche Lage ließ ihn zögern. »Ich war also nicht nur sauer, sondern fühlte mich auch noch gefangen.«

Zu dieser Zeit fing Ed an, sich in Zen zu üben, richtete seine Aufmerksamkeit mehr und mehr auf sich selbst und entwickelte ein immer feineres Gespür für seine Empfindungen. Durch die Zen-Praxis lernte er, das »Wirrwarr aus Gefühlen«, wie er es nennt, zu sehen und anzuerkennen. »Mir wurde bewusst, dass ich regelrecht empört darüber war, dass ich mich in dieser Lage befand, und dass ich es bedauerte, die Firma nicht verlassen zu haben, als das noch leicht möglich gewesen wäre. Ich ging damals hart mit mir ins Gericht.« Allmählich verstand er, dass sowohl er als auch sein Kollege jeweils aus ihrer eigenen emotionalen Verwirrung heraus in die Interaktion gingen. »Wir fungierten füreinander als Auslöser und brachten die schlechtesten Seiten an uns hervor«, berichtet er. »Wahrscheinlich ging ich meinem Kollegen genauso auf die Nerven wie er mir!«

Je mehr Ed erkannte und bereitwillig akzeptierte, was in seinem Inneren aufstieg, desto mehr lockerte sich die emotionale Verwirrung. »Es fühlte sich an, als würde sich in einem Krug mit Wasser der Schlamm absetzen.« Langsam legten sich seine Emotionen und beruhigten sich. Über mehrere Monate hinweg hinterfragte er seine »Ansichten« und seine »moralische Entrüstung« und versuchte, die Dinge aus verschiedenen Perspektiven zu sehen. »Je länger ich meditierte und nachdachte«, so berichtet er, »desto klarer sah ich, dass diese Sache uns beide betraf, mich und meinen Kollegen. Und er ist kein Monster; auch er hat eine Familie und eine Frau, die ihn liebt, und er hat immer sein Bestes versucht.«

Als sich das Knäuel langsam entwirrte und Ed das Geschehen immer mehr annehmen konnte, wurde auch der Umgang mit seinem Kollegen unbeschwerter und weniger konfrontativ. Ed akzeptierte seine Rolle in ihrer Beziehung und gelangte zu einer differenzierteren Sichtweise auf das, was sich zwischen ihnen abspielte. »Dafür musste ich mich meiner Wut und meinem Frust zuwenden und einen Raum schaffen, in dem ich mich mit diesen Gefühlen auseinandersetzen konnte.« Dieser Prozess war ziemlich schmerzvoll. Ed erzählte mir: »Mit der Zeit gestand ich mir ein, dass ich es in schwerwiegender Weise an Achtsamkeit hatte fehlen lassen und mich unflexibel gezeigt hatte, und ich übernahm die Verantwortung für meinen Anteil an dieser problematischen Beziehung.«

Gute Freunde wurden die beiden nie, doch durch diesen Erkenntnisprozess lernte Ed, wie wichtig es für ihn war, zu vergeben – sowohl sich selbst als auch seinem Kollegen. »Vergeben«, so erklärt er, »bedeutet nicht, das Verhalten des anderen zu entschuldigen oder sich mit ihm zu versöhnen. Vielmehr geht es darum, die schlechten Gefühle und die Schwierigkeiten als dazugehörig zu akzeptieren und sich selbst und den anderen so anzunehmen, wie er ist.« Ed erkannte auch, dass das heißt, dass sie beide »zusammen auf dieser Welt sind, tief miteinander verbunden und verflochten – so wie mit allen anderen Menschen.«

Letztlich hat diese Erfahrung dazu geführt, dass Ed sich »mit allem und jedem« in seiner Umgebung »tief verbunden« fühlt, auch mit jenen Menschen, »die uns als die allerschwierigsten erscheinen«.

Das Problem liegt nicht dort, wo man es vermutet

Julia hatte als Selbstständige viele Jahre lang für verschiedene Firmen gearbeitet und ihre Arbeitsumgebungen immer als besonders herausfordernd erlebt. »Ich kann ein Lied davon singen, wie es ist, für Tyrannen zu arbeiten«, sagt sie. Daher hatte es immer wieder Phasen gegeben, in denen sie so viel Stress verspürte, dass sie völlig blockiert und gehemmt war. »Das endete damit, dass ich mir eine Auszeit nahm und Antidepressiva verschrieben bekam«, berichtet sie. »Ich hatte andauernd Schlafstörungen, mein kognitives Denken geriet immer mehr in Verwirrung, und ich konnte mich kaum noch konzentrieren.«

Nachdem sie angefangen hatte, Zen zu praktizieren und sich ihrem Denken mit Achtsamkeit und Aufmerksamkeit zuzuwenden, erkannte Julia bestimmte Muster: »Ich ahnte, dass vieles von dem, was ich empfunden hatte, mit meinen Haltungen und Überzeugungen zu tun haben musste.« Ihr wurde klar, dass sie sich selbst als unbedeutend ansah und daher in Besprechungen oft nichts sagte oder bei Projekten in die hintere Reihe trat. Das hatte Auswirkungen: »Wenn andere mich ignorierten oder ich bestimmte Dinge nicht mitbekam, frustrierte mich das.« Den Ehrgeiz und den Elan, den einige ihrer Kollegen im Gegensatz zu ihr an den Tag legten, interpretierte sie dahingehend, dass sie oft Entscheidungen an ihrer Stelle trafen, und das frustrierte sie noch mehr.

Indem sie sich darin übte, »das Licht der Lampe nach innen zu richten« (also sich selbst zu erforschen), entdeckte sie, wie sie sagt, »eine Art blinden Fleck«, etwas, das sie spürte, aber nicht erkennen konnte. Das fühlte sich an, »als würde man etwas suchen, das man verloren hat, und als könnte man aber nur dort suchen, wo die Lampe hinleuchtet«; das Problem lag also nicht dort, wo sie es vermutete. Also fing sie mit dem an, was ihr möglich war, indem sie sich eingestand, dass sie sich als Opfer fühlte. »Wenn etwas Störendes geschah und etwa jemand in meinen Zuständigkeitsbereich eindrang, dann hatte ich, wie ich jetzt feststellte, nur Augen für mein eigenes Leid.« Ihr wurde klar, dass sie mit dieser Weltsicht eines Opfers das Problem immer bei den anderen sehen und von diesen erwarten würde, dass sie ihr Verhalten änderten. Rückblickend erkennt sie, dass sie für ihre Kollegen wohl auch oft ein problematischer Mensch war.

Allmählich verstand Julia, dass die Probleme entstanden, weil sie sich zu sehr auf sich selbst und ihre eigenen Anliegen konzentrierte, sich bemitleidete und die Bedürfnisse ihres Gegenübers völlig ausblendete. »Ich wusste, dass ich die Aufmerksamkeit weg von mir selbst lenken und eine breitere Perspektive einnehmen musste.« Den Blick auf dieses erweiterte Feld der Aufmerksamkeit gerichtet, »begriff ich mit der Zeit, dass jede meiner Kolleginnen ihr eigenes Leben, ihre eigenen Wünsche und ihre eigenen Ziele hatte, und dass manche der besonders problematischen Auseinandersetzungen vielleicht gar nichts mit mir persönlich zu tun gehabt hatten.« Zu dieser Zeit veränderte sich Julias Zen-Praxis in grundlegender Weise. »Ich erkannte meine wahre Natur – dass ich nämlich keineswegs vom Universum getrennt bin.« Diese neue Perspektive empfand sie als äußerst hilfreich.

»Wenn ich heute einmal besonders unter Stress stehe, rutsche ich leicht in meine alten Muster zurück und fühle mich wertlos und als Opfer; dann sitze ich etwa in einer Besprechung und sehe davon ab, eine Frage zu stellen, weil ich glaube, das Thema interessiert niemanden.« Doch anders als früher erkennt sie jetzt weitaus schneller die unangenehmen verräterischen Gefühle, die diese Haltung verursacht. Und sie bemerkt, wie diese Gefühle sich negativ auf ihre Kreativität und ihr Denkvermögen auswirken. »Obwohl es mir noch immer schwerfällt, den Verlauf des Verhaltensmusters zu durchkreuzen, während ich darin gefangen bin, bin ich mir meiner Gefühle und Gedanken weitaus deutlicher bewusst. Wenn ich so etwas rechtzeitig bemerke, kann ich meine Aufmerksamkeit bewusst von diesem elenden Gefühl des Selbstmitleids in meinem Inneren weg lenken und auf die ganze Breite meines Umfelds richten sowie darauf, was die Menschen um mich herum wollen, brauchen oder empfinden.« Das verleiht ihr ein Gefühl größerer Freiheit sowie das Gefühl, das Heft in der Hand zu haben. »Auch wenn die anderen sich unverantwortlich oder unmoralisch verhalten, sehe ich jetzt klarer und befreiter, was genau vor sich geht, und kann damit umgehen.« Ihr Arbeitsumfeld ist für sie weiterhin ein ideales Übungsfeld, weil sie dort immer wieder gezwungen wird, sich mit ihren Verhaltensmustern auseinanderzusetzen. Zwar macht sich bisweilen noch immer Leid in ihrem Inneren breit, doch sie ist entschlossen, in ihrem Beruf zu bleiben. »Es gibt noch so viel zu lernen.«

Überlastung durch fordernde E-Mails

Zarina unterrichtet an einer angesehenen städtischen Musikschule und hat in ihren Klassen Schüler und Schülerinnen aus allen Altersgruppen und sozialen Schichten. Schon immer gehörte es zu ihrer Tätigkeit, E-Mails zu heiklen und sensiblen Themen zu verschicken, etwa zur Leistung oder zu möglichen Plagiats- oder Betrugsfällen. Als in ihrem Fachbereich jedoch auch Universitätsstudenten zu den Kursen zugelassen wurden, nahm die Anzahl der problematischen und fordernden E-Mails seitens der Schüler zu. »Manche fragen mich um Rat und breiten dabei alle möglichen persönlichen Probleme vor mir aus, auch psychische Schwierigkeiten.«

Nachdem einige Jahre zuvor eine Schülerin aus ihrem Fachbereich, die unter besonders hohem Stress gestanden hatte und besonders instabil war, versucht hatte, sich umzubringen, übte die Schule großen Druck auf Zarina aus: Sie sollte beim Verfassen ihrer Mails äußerst vorsichtig sein und insbesondere nur positive und ermutigende Formulierungen verwenden. Weil die Studenten weiterhin Persönliches von sich preisgaben und sie um Hilfe baten, die ihr einiges abverlangte, hatte sie das Gefühl, »neben einer Bombe zu sitzen, die jeden Augenblick in die Luft fliegen konnte«.

»Ich war mir bewusst, dass jeder Schüler einen anderen Hintergrund hatte und mit anderen Problemen kämpfte, und ich wollte sie alle mit meinen Worten unterstützen, aber ich bin weder Coach noch Psychologin, das ist einfach nicht mein Job.« Sie wusste, dass sie sich nicht zu sehr hineinziehen lassen durfte. »Ich konnte nicht mehr tun, als E-Mails zu schreiben, aber hier die Waage zu halten, war schwierig. Immer mehr wurde mir klar, dass Geschriebenes leicht missverstanden werden kann, vor allem, wenn es um heikle Themen geht.«

Mit der Zeit fühlte Zarina sich immer erschöpfter und nahm sich immer weniger Zeit, um für ihr eigenes Wohlbefinden zu sorgen. »Ich stellte fest, dass ich angesichts der Situation immer verärgerter und wütender wurde, und dachte darüber nach, die Stelle aufzugeben.« Weil sie in der Vergangenheit schon einmal etwas Ähnliches erlebt hatte, war sie in der Lage zu erkennen, dass dies erste Alarmzeichen waren, die auf Überlastung hinwiesen. »Zehn Jahre zuvor hatte ich eine Stelle angetreten, in der ich glaubte, nicht Nein sagen zu können, was dazu führte, dass ich enorm unter Stress stand. Damals hatte mein Körper, obwohl mein Geist Ja gesagt hatte, ein klares Nein signalisiert. Er zeigte heftige Reaktionen; ich verlor die Hälfte meiner Haare und musste eine Perücke tragen.« Sie erkannte, dass ihr Wunsch zu kündigen aus dem Wunsch erwuchs, sich der aktuellen Situation zu entziehen oder sie zu vermeiden. »Das war mir eine Warnung. Jetzt wusste ich, dass ich vorsichtig sein musste.«

In den zehn Jahren, die seitdem vergangen waren, hatte Zarina intensiv meditiert und Yoga praktiziert. Ihr Morgenprogramm half ihr nun, sich auf sich selbst einzuschwingen, ihre Mitte zu finden und ihre Wut loszulassen. »Anstatt nachzudenken, spürte ich in mich hinein und kehrte so zu meiner eigenen Wahrheit, zu meinem Innersten zurück.« Auch die Yogaübungen hatten ihre Wirkung: »Sie halfen mir zu entspannen und meine Muskeln und meine Haltung in einen neutralen Zustand zu bringen. Das fühlte sich wie eine Massage an.«

Sie erkannte, dass die Welle problematischer E-Mails mit Bitten und Fragen, auf die sie sorgfältig und einfühlsam antworten musste, ihr die Energie raubte. »Das erforderte wirklich Stehvermögen.« Durch ihre Meditations- und Yogapraxis war sie in der Lage, ihre Empfindungen ganz genau zu beobachten, und sie stellte fest, wie negativ ihre Selbstwahrnehmung war. »Ich fühlte mich schwach, während ich glaubte, meine Übungspraxis hätte mich stark und widerstandsfähig machen sollen.« Außerdem verspürte sie das Bedürfnis nach Feedback oder Anerkennung, wenn sie sich besonders Mühe gegeben hatte, und war enttäuscht, wenn es ausblieb. Sie sah voraus, dass sie das noch mehr Energie kosten würde.

»Durch diese Aufmerksamkeit auf den Moment, durch das Nachforschen und die Selbstfürsorge wurde mir das ständige Kommen und Gehen der Energie bewusst, sowohl was das Energieniveau in meinem Inneren anging als auch den Energiefluss zwischen mir und meinen Schülerinnen und Schülern.« Ihr wurde deutlich, dass sie ihren Schülern mit Fürsorge und Mitgefühl begegnen wollte, und wie schwer es war, diese Fürsorge und dieses Mitgefühl für sich selbst aufzubringen. Dieser Erkenntnisprozess führte dazu, dass sie gründlich über ihre Lebensweise nachdachte sowie über die Frage, was sie vom Leben will. »Ich bin dankbar für die große Wolke aus Fragen und kritischen Gedanken, die dadurch entstanden ist!«

Wenn wir unsere Haltungen, Gewohnheiten und Gedanken unter die Lupe nehmen und feststellen, dass die Wahrnehmung in unserem Inneren und die Wirklichkeit außerhalb von uns sich unterscheiden, kann das dazu führen, dass wir unsere Anschauungen radikal hinterfragen. Das folgende Beispiel zeigt sehr deutlich, wie sich dadurch die Fundamente einer Beziehung in dramatischer Weise ändern und wir daraus Lehren ziehen können, die in anderen problematischen Situationen von unschätzbarem Wert sein können.

Halte deine Freunde nahe bei dir und deine Feinde näher

James arbeitet in einer kleinen Firma. Eines Tages fiel ihm auf, dass er seine Chefin regelmäßig anschnauzte. Er schildert es so: »Als würde sie es riechen, kam sie oft genau dann in mein Büro, wenn ich besonders gestresst war, etwa wenn ich gerade ein Telefonat beendet hatte oder aus einer Besprechung kam, und fragte mich etwas, das überhaupt nicht dringend war und das sie mir genauso gut in einer Mail hätte schreiben können.« Wenn James in so einem empfindlichen und leicht aufgewühlten Zustand war, ließen diese Fragen oft eine plötzliche Wut in ihm aufsteigen. »Dann fuhr ich sie impulsiv an und sagte irgendetwas Kindisches und Undurchdachtes.« War das Gefühl dann einmal draußen, versuchte er manchmal, zurückzurudern und freundlicher zu sein.

James hatte mitbekommen, »dass viele andere im Büro meine Chefin ebenfalls als schwierig empfanden, was in meinen Augen meine impulsive Reaktion in gewisser Weise rechtfertigte«. Und er erkannte, dass dieses Wissen seine explosiven Reaktionen noch einmal verstärkte. James spürte den Drang miteinzustimmen, wenn über seine Chefin hergezogen wurde, scheute aber gleichzeitig davor zurück, weil er wusste, dass er sich an solchen Gesprächen nicht beteiligen sollte, und diese Spannung machte die Situation für ihn noch belastender.

Schon sein ganzes Leben lang hatte James Schwierigkeiten, sich angemessen auszudrücken, und er hatte sich angewöhnt, seine Gefühlsregungen für sich zu behalten. »Ich hatte viel Erfahrung mit Psychotherapie, und mittels der Zen-Praxis hatte ich versucht, meine Gefühle voll und ganz anzuerkennen und Wege zu finden, sie auszudrücken.« Nun stellte er jedoch fest, dass er erst wenig Erfahrung darin hatte, mit starken Emotionen umzugehen und seine Reaktionen zu steuern, vor allem, wenn er auch noch großem Stress ausgesetzt war. In seinen explosiven Ausbrüchen erkannte er die Stimme seines verletzten inneren Kindes, »das auf unbeholfene Weise versucht, seine Verärgerung zu artikulieren«.

In der Freizeit kreisten seine Gedanken oft um seine Chefin: »Dass sie die Mitarbeiter drangsalierte, dass sie nicht besonders nett war, und so weiter. Es war leicht, sich in dem Gedanken ›Sie ist bösartig‹ zu verrennen, und sobald sich diese Ansicht verfestigt hatte, verlieh sie meinem harschen Urteil eine gewisse Legitimität und mehr Wucht.«

Es half ihm, sich eine kurze Auszeit zu nehmen, sich im Park auf eine Bank zu setzen und eine umfassendere Sicht auf die Dinge einzunehmen. »Dadurch wuchs meine Bereitschaft, mich mit meinem Leid auseinanderzusetzen, sobald es sich bemerkbar machte, und nicht einfach nur das Büro zu verlassen und meine Gefühle zu unterdrücken, wie ich es zuvor getan hatte.« Er betrachtete seine Chefin jetzt aus einer Haltung des Mitgefühls heraus, sah in ihr eine Frau, die ihr Bestes gab und die, ihrem Wissensstand entsprechend, tat, was sie konnte. Nach einer Weile gelang es ihm, in diesen Augenblicken der umfassenderen Sicht auf die Dinge die Perspektive einzunehmen, die in allen Menschen ihre Buddha-Natur sieht: dass wir alle Teil desselben Universums sind, uns fortlaufend entwickeln und miteinander verbunden sind.

James fing an, gezielt in Interaktionen mit seiner Chefin zu treten, die nicht darin bestanden, »dass sie mich überfiel, wenn ich nicht darauf vorbereitet war. Der Satz ›Halte deine Freude nahe bei dir und deine Feinde näher‹ bringt genau das zum Ausdruck. Darin liegt so viel Wahrheit!« Schritt für Schritt suchte er auch etwas persönlicheren Kontakt und brachte das Gespräch nicht immer nur auf Büroangelegenheiten, sondern auch auf Themen wie Familie oder Urlaub.

Heute stellt er fest: »Ich bin noch immer weit davon entfernt, innerlich ausgeglichen zu sein. Aber ich habe gelernt, mich nicht von ihren Fragen hinreißen zu lassen, wenn ich gerade gestresst bin.« Stattdessen hat er sie gebeten, ihm einfache Anfragen, die nicht dringend sind, per Mail zu schicken, sodass er sich zu einem späteren Zeitpunkt damit befassen kann. »Aber manchmal habe ich mich nicht im Griff und schnauze sie an. Wenn die Wut in mir aufsteigt, fällt es mir noch immer schwer, umfassendes Mitgefühl und Güte zu entwickeln.«

Wenn die Emotionen hochkochten, hörte James »die Stimme seines verletzten inneren Kindes«. Viele von uns schämen sich oder es ist ihnen peinlich, wenn sie glauben, sich kindlich verhalten zu haben, und es ist ein Leichtes so zu tun, als gäbe es diesen Teil unseres Inneren nicht. Doch wie bereits erwähnt, sind Leugnen oder Verdrängen keine Lösung. Gleichermaßen schwierig kann es werden, wenn wir Charakterzüge, die wir an uns selbst nicht mögen, bei anderen entdecken, wie das folgende Beispiel zeigt.

Wenn Ihre Kollegin Sie an Ihre Mutter erinnert

Rose arbeitete im Vertrieb, und für sie wurde die Kollegin, die ihr gegenübersaß, eine problematische Person. Diese Frau besaß »extrem narzisstische Züge und sah ständig auf alle herab«. Auch auf Rose und ihrer Arbeit hackte sie regelmäßig herum. Ihre eigene Arbeit machte sie jedoch gut, und Rose vermutete, dass dies der Grund dafür war, dass ihr Chef das negative Verhalten der Kollegin nicht thematisierte. »Außerdem«, so berichtet Rose, »will ich es immer allen recht machen, weshalb ich es damals äußerst schwierig fand, meine Kollegin auf ihr Verhalten anzusprechen.« Zunächst versuchte Rose, in ihrer Kollegin einfach einen Menschen zu sehen, der wie jeder andere seine Schwächen und Eigenheiten hat, aber »das hat nichts gebracht. Ich war weiterhin verärgert und frustriert.« Es war eine schwierige Phase in ihrem Leben.

Sie begann eine Psychotherapie, und die Therapeutin schlug ihr vor, sie solle darum bitten, in ein anderes Büro umziehen zu dürfen. Der Bitte wurde stattgegeben, und obwohl Rose nur ein paar Schreibtischreihen weiter zog, verschaffte ihr die Distanz »Raum zum Atmen und damit die Möglichkeit, das, was vor sich ging, eingehender zu betrachten«. Das hatte schon bald Folgen: »Nach einer Weile stellte ich fest, dass das, was mich an meiner Kollegin am meisten ärgerte, genau die Charakterzüge waren, die ich an mir selbst am wenigsten mochte: andere schlecht zu machen, sich als etwas Besseres zu fühlen und so zu tun, als wisse man alles.« Je länger Rose nachdachte, desto deutlicher wurde ihr, dass dies jene Charakterzüge ihrer Mutter waren, mit denen sie als Heranwachsende Probleme gehabt hatte. Es erschütterte sie, dass sie sie übernommen hatte und ihre Kollegin ihr jetzt den Spiegel vorhielt. Doch indem sie das erkannte und anerkannte, lockerte sich ihre innere Haltung. Sie interpretierte das Verhalten ihrer Kollegin als Ausdruck ihres inneren Kindes; die Kollegin »verhielt sich wie ein verletztes siebenjähriges Kind«. Rose erinnert sich: »Ich ahnte, dass so nur jemand handelt, der in seinem Leben großes Leid ertragen musste.« Diese Einsicht löste in ihr ein Aufwallen von Mitgefühl aus.

Mit der Zeit gelang es Rose, auf ihre problematische Kollegin zuzugehen, sich ihr zu öffnen und ihr von sich selbst und ihrer Mutter zu erzählen. Im Gegenzug erzählte auch die Kollegin von sich selbst. Dass sie nun gleichsam nebeneinander gingen, »stellte unser Verhältnis auf vollkommen neue Füße. Leider änderte es nichts am Verhalten meiner Kollegin«, so Rose weiter, »aber ihr Verhalten setzte mir nicht mehr zu und ich konnte davon absehen.« In der Folge empfand sie große

Empathie und Traurigkeit, wenn sie sah, dass ihre Kollegin weiterhin auf die alte Weise mit anderen Kolleginnen umging und wie diese darauf reagierten. Zwar konnte Rose an der Situation nichts ändern, doch mithilfe ihrer Einsichten und ihres Mitgefühls konnte sie die anderen Mitglieder ihres Teams unterstützen.

Dass Rose das problematische Verhalten ihrer Kollegin als Ausdruck des inneren Kindes erkannte, erlaubte ihr, das innerste menschliche Wesen der Kollegin zu sehen – die grundlegende Natur, die uns allen gemein ist, jenseits aller Prägungen und des Leides und des Schmerzes, die wir im Lauf der Jahre erfahren.

Wenn wir einen klaren Blick auf die Dinge gewinnen und aufrichtig anerkennen und akzeptieren, was wir in unserem Inneren vorfinden, führt das ganz natürlich zu größerer Stabilität. Denn wenn wir lernen, die Dinge so zu akzeptieren, wie sie sind, werden wir nicht mehr von den Begierden und Abneigungen des Egos getrieben. Infolgedessen haben wir festen Boden unter den Füßen und einen sicheren Stand, sodass wir auch angesichts von Schwierigkeiten und emotionaler Aufgewühltheit unsere Mitte halten können, weil wir wissen, dass alles so, wie es ist, gut ist, auch wenn es sich unangenehm anfühlt.

Doch es ist nicht leicht, zu Gleichmut zu finden und Stabilität zu bewahren. Das folgende Beispiel zeigt, dass manche Ereignisse für so viel Unruhe sorgen können, dass wir aus der Balance geraten und die Stabilität verlieren, selbst wenn wir schon lange innerlich gefestigt sind.

Ruhe unterhalb des Tumults

Kumar hatte eine Führungsposition inne und musste zu einer bestimmten Zeit gehäuft unpopuläre Entscheidungen treffen. Manchmal, so erinnert er sich, »wurden diese Entscheidungen mit Verärgerung aufgenommen, manchmal kam es auch zu offenem Streit und verbalen Aggressionen«. Kumar verspürte immer mehr Stress und innere Unruhe und schlief zunehmend schlechter.

Indem er regelmäßig achtsames Verhalten pflegte und meditierte, konnte er der Situation mit Bewusstheit und Einfühlungsvermögen begegnen. »Als meine emotionalen Schwierigkeiten am größten gewesen waren, hatte ich meine Gefühle nur undeutlich gespürt und sie mir nicht so recht bewusst machen können.« Je länger er meditierte und Achtsamkeit übte, desto klarer wurde sein Blick auf die Dinge. »Der Zustand meines Inneren stand mir immer greifbarer vor Augen, die Konturen wurden schärfer und die Inhalte fassbarer.« Er spürte, wie sehr seine berufliche Situation ihn frustrierte und enttäuschte, doch »je klarer ich meine Empfindungen benennen konnte, desto stärker fühlte ich mich ihnen seltsamerweise verbunden«.

»Meine Gefühlslandschaft war lange Zeit stabil und ruhig gewesen, doch diese Situation fühlte sich wie eine gewaltige Explosion an, die eine große, schwarze Wolke hervorbrachte, die alles andere verdunkelte.« Doch dann bemerkte Kumar etwas: »Obwohl es zunächst so aussah, als gäbe es nur noch diese aufgewühlte, wabernde Wolke, war die ruhige, leere Landschaft im Hintergrund noch immer da.« Ihm wurde klar: »Ich konnte unter das Durcheinander von Emotionen tauchen und die ruhige Sicherheit wiederfinden, die dort immer gewesen war.«

Es erforderte zwar einiges an Zeit und viel Meditation und Achtsamkeit, doch schließlich gelangte Kumar in seinem beruflichen Umfeld wieder zur einstigen Sicherheit. Auch wenn die Emotionen weiterhin oftmals hochkochten, erlaubte es ihm die im Hintergrund liegende Stabilität, mit den Gegebenheiten umzugehen und seinen Mitarbeitern ausgeglichen und ruhig zu begegnen.

7

Freunde als Buddhas

Einmal hatte Buddha seine Freunde und seine Familie um sich versammelt. Da sagte sein Cousin und enger Begleiter Ananda, der neben ihm saß: »Dies ist das halbe heilige Leben, Herr: vorzügliche Freundschaft, vorzügliche Gefährtenschaft, vorzügliche Kameradschaft.« Buddha entgegnete: »Sagt das nicht, Ananda. Sagt das nicht. Vorzügliche Freundschaft, vorzügliche Gefährtenschaft, vorzügliche Kameradschaft sind tatsächlich das ganze heilige Leben. Wenn ein Bhikkhu [Mönch] vorzügliche Leute als Freunde, Gefährten und Kameraden hat, kann von ihm angenommen werden, dass er den Noblen Achtfachen Pfad entwickelt und weiterverfolgt.«[1] [2]

---

[1] Der edle (noble) achtfache Pfad ist der Lehre Buddhas zufolge ein wesentliches Element auf dem Weg zur Erleuchtung. Er besteht aus der rechten Einsicht, der rechten Gesinnung, der rechten Rede, dem rechten Tun, dem rechten Lebenserwerb, dem rechten Streben, der rechten Achtsamkeit und der rechten Konzentration.

[2] Upaddha Sutta, »Das Halbe (heilige Leben)« (Die gruppierten Lehrreden; SN 45.2); https://zugangzureinsicht.org/html/tipitaka/sn/sn45/sn45.002.than.html.

In dieser kurzen Antwort stellt Buddha die Bedeutung der *sangha* heraus, also der Gemeinschaft unserer Freunde, unserer Familie und der anderen Menschen, mit denen wir Zeit verbringen. Freundschaft und Kameradschaft bescheren uns Freude und Lachen, gemeinsame Erfahrungen und Unterstützung in harten Zeiten, und sie leiten uns und halten uns auf dem Pfad der Tugend. Doch selbst die besten Freunde können uns manchmal auf die Palme bringen. Das gehört zu ihrer Rolle als Freunde. Ihre Aufgabe ist es, uns in Frage zu stellen, wenn das erforderlich ist, und es liegt an uns, diese Gelegenheiten, bei denen wir dazulernen und uns entwickeln können, zu ergreifen.

Bisweilen haben wir auch selbst unseren Anteil an der Entstehung der Probleme, denen wir begegnen. Das anzuerkennen, kann schwierig sein. Ich weiß das aus eigener Erfahrung. So glauben wir möglicherweise, ein perfekter Freund zu sein, und denken, dass alles, was geschieht, nur die Schuld des anderen sein kann. Doch auch wenn Sie vollkommen blind für Ihre eigene Rolle in einer belasteten Partnerschaft sind, tragen Sie ganz gewiss etwas zu den Problemen bei. Zu einer Beziehung gehören immer zwei – ein Funke entsteht schließlich auch nur zwischen zwei Elektroden. Daher ist es von höchster Bedeutung, dass wir die Bereitschaft entwickeln, offen zu sein und unser Verhalten zu hinterfragen. Selbst wenn wir noch nicht wissen, wo genau das Problem liegt, können wir uns fragen, ob wir irgendetwas zu seiner Lösung beitragen können. Diese Aufrichtigkeit und diese Demut sind die Voraussetzung für tiefgreifende Veränderungen.

Im Folgenden werden wir ein paar Beispiele hören, in denen ein Freund oder eine Freundin zu einer problematischen Person wird. In der ersten Geschichte hören wir von Paula, die eine neue Bekannte gewann und deren betont freundliche Art anfangs anmaßend fand. Aufgrund der Enge der Situation, in der die beiden sich befanden, musste Paula sich ihren Problemen jedoch stellen, bis sie eines Tages erkannte, wie sehr sie sich gesträubt und sich festgeklammert hatte, und sich eingestehen konnte, dass es in Ordnung ist, seinen Schutzschild zu senken. Diese Erkenntnis stellte eine wichtige Lehre für sie dar, die sie auch in anderen Kontexten anwenden konnte. Sie führte auch dazu, dass Paula ihre Beziehung zu ihrer Mutter sowie ihr Pflichtgefühl und ihr Verantwortungsbewusstsein einer eingehenderen Prüfung unterzog. Dadurch kamen einige der Ursachen für die Verhaltensweisen, mit denen sie sich selbst schützte, ans Licht.

Zueinanderfinden – durch Milde, Geduld und Großmut

Paula lernte Erin vor etlichen Jahren während ihrer Yogalehrerausbildung kennen. Vom ersten Moment an war sie von Erins sanftem und behutsamem Auftreten genervt. Während der ersten Tage des Ausbildungsretreats bot Erin ihr, häufig durch non-verbale Signale, ihre Hilfe und ihre Freundschaft an. »Aber ich wollte keinen Kontakt«, so Paula. »Ich wollte in Ruhe gelassen werden. Andauernd lächelte sie mich an, und ich hatte das Gefühl, sie wollte mir ihre Güte geradezu aufdrängen.«

Nach einer Weile stellte Paula fest, dass sie von sich selbst genervt war, weil Erins Verhalten sie so ärgerte. »Die anderen fanden einen engen, freundschaftlichen Kontakt zu ihr; alle außer mir nahmen ihre Hilfe dankend an.« Doch noch immer verstand sie nicht, warum sie so genervt war. Einige Zeit später erkannte sie, dass diese genervte Stimmung mit einer Abwehrhaltung zu tun hatte sowie mit dem Widerwillen dagegen, ihren Selbstschutz aufzugeben.

Etwa in der Mitte des Kurses nahm die Sache eine Wendung. Eines Morgens kam Paula etwas zu früh zum Kurs und war mit Erin allein. »In diesem Moment fühlte ich mich anders als sonst, und das war eine Gelegenheit, mich darauf einzulassen.« Sie bot Erin an, ihr eine Tasse Tee zu machen. »Das fühlte sich gut an. An diesem Morgen war ich müde, und ich glaube, Müdigkeit trägt dazu bei, dass wir den Dingen leichter auf den Grund kommen. Ich hatte mein Visier hochgeklappt und fühlte mich sicher, weil niemand anders da war.«

Im Lauf der nächsten Tage gelang es Paula, ihren Schutzschild immer weiter zu senken. »Während der noch verbleibenden Zeit suchte ich verstärkt Erins Nähe, auch körperlich, und erwiderte ihr Lächeln.« Sie erkannte, dass Erin ihr überhaupt nichts aufdrängen wollte. »Sie war einfach nur ganz und gar präsent, wie ein offenes Buch, und mir wurde klar, dass es eine Ehre war, in jemandes Nähe zu sein, der so gütig, großzügig und selbstlos ist.« Die beiden blieben auch nach der Ausbildung in Kontakt und trafen sich regelmäßig. Erin hat Paula nachhaltig beeinflusst und ihr Orientierung verschafft (größtenteils wohl, ohne sich dessen bewusst zu sein, wie Paula meint). »Erin ist ein Faden im Geflecht meines Lebens geworden. Das ist das schönste Geschenk, das ich je bekommen habe.«

Seit damals hat Paula sich genau beobachtet. »Ich habe festgestellt, dass ich mich auch in anderen Situationen so verhalte, etwa in Kursen oder bei Retreats, die ich leite. Die Schülerinnen suchen meine Nähe, ich merke, wie sie bei mir Halt suchen – und dann verspüre ich den Impuls, mich diesem Druck zu entziehen. Ich bin dankbar und glücklich, dass es etwas in meinem Inneren gibt, dem sie nahe sein wollen, aber etwas hält mich davon ab, mich ihnen voll und ganz zu öffnen.«

Jahre der Zen-Praxis haben ihr die Augen für etliche Dinge geöffnet, die die Gründe für dieses Empfinden sein könnten. »Als Kind habe ich gelernt, selbstständig, selbstbewusst und tüchtig zu sein. Wenn ich mit irgendetwas nicht zurechtkam, drängten meine Eltern mich immer dazu, es weiter zu versuchen: ›Komm schon, du schaffst das.‹ Vermutlich habe ich infolgedessen Milde und Geduld als Schwächen angesehen.« Paula vermutet, dass sie sich hinter ihre Mauern zurückzieht, sobald Menschen ihr mit Güte begegnen, und dann von deren sanfter und freigiebiger Art genervt ist.

In den letzten Jahren ist sie diesem Muster noch einmal begegnet, und zwar in der Beziehung zu ihrer Mutter. »Meine Mutter hat sich immer als selbstständige und tatkräftige Frau gesehen. Das hat viel mit ihrer Kindheit zu tun. Und auch jetzt, wo sie älter und schwächer wird, hält sie sich für so leistungsfähig wie zuvor.« Diese Diskrepanz frustriert sie und macht sie nervös. »Außerdem entsteht dadurch eine Menge Angst. Ich muss die tatkräftige Figur sein, die ihr zur Seite steht, aber meine Angebote, ihr zu helfen, lehnt sie ab. Wenn ich ihr Vorschläge mache, ignoriert sie sie oder schmettert sie ab.« Wie Paula beobachtet hat, entstand daraus ein neues Verhaltensmuster. »Weil ich das Leben meiner Mutter nicht ändern kann und sie meine Hilfe ablehnt, biete ich meine Hilfe mit Nachdruck allen möglichen anderen Leuten an!«

Die Zen-Praxis hat Paula im Lauf der Jahre gelehrt, im Umgang mit ihren Emotionen, Gewohnheiten und Verhaltensmustern nachsichtiger mit sich selbst zu sein. »Anstatt mich mitreißen zu lassen, tue ich gut daran, einen Schritt zurückzutreten und hinzuhören, bevor ich irgendetwas unternehme. So verstricke ich mich immer weniger in meine Gefühle.« Auch für ihre weiterhin problematische Beziehung zu ihrer Mutter ist sie dankbar. »Im Grunde waren es meine Gefühle ihr gegenüber, die mich zum Zen gebracht haben.«

Während manche Menschen, so wie Paula, die Güte und die Unterstützung von Freunden gewohnheitsmäßig ablehnen, sehnen andere sich dort nach Freundschaft, wo sie nicht in Sicht ist. Das folgende Beispiel aus meinem Leben schildert das Leid, das ich erlebte, als ich in einem bereits bestehenden Freundeskreis Anschluss suchte, sowie die darauffolgende Erkenntnis, dass wir im Grunde unseres Wesens alle Menschen und damit von derselben Art sind.

Cliquenhaftes Verhalten

Vor nicht allzu langer Zeit habe ich mir ein neues Hobby gesucht und bin einem entsprechenden Verein beigetreten. Nach einer Weile überkam mich in Gegenwart der langjährigen Mitglieder das Gefühl, am Rande einer eingespielten Gruppe zu stehen, die gegenüber Neuankömmlingen nicht besonders offen war. Ich empfand das als cliquenhaftes Verhalten, und das unangenehme Gefühl des Außenseiters kannte ich bereits aus ähnlichen Situationen in der Vergangenheit.

Obwohl ich mich häufig darum bemühte, der Gruppe freundlich zu begegnen, fühlte ich mich nicht willkommen und hatte den Eindruck, dass ich ihnen egal war. Diese Handvoll Mitglieder ignorierten mich manchmal, wenn ich sie grüßte, und oft gingen sie nach den Treffen noch etwas trinken, ohne mich (oder irgendjemand anderen) zum Mitkommen aufzufordern. Sie machten oft Witze, die nur sie verstanden, ohne mir die Pointe zu erklären. Manchmal schien es mir, als sprächen sie eine Privatsprache, die sie nur unter sich verwendeten und die ich nicht verstand.

Ich bildete mir ein, sie interessierten sich nicht für mich, und ohne mir dessen bewusst zu sein, übernahm ich diese Vermutung als eine Gewissheit. Daher ging ich ihnen aus dem Weg, fühlte mich unwohl mit mir selbst und verspürte einen Widerwillen, noch weiter zu versuchen, mit einem von ihnen Kontakt aufzunehmen. Heute ist mir klar, dass dieses Verhalten ein Muster ist, das ich in solchen Situationen an den Tag lege. Ich erkannte, dass meine Gedanken darum kreisten, was für problematische Leute das waren und wie sehr ich mich als Außenseiter fühlte. Obwohl ich bereits viele Jahre lang Zen praktiziert hatte, dauerte es eine Weile, bis mir wieder einfiel, dass ich diese Gedanken als Auslöser oder Erinnerung verwenden konnte, um die Dinge aus einer umfassenderen Perspektive zu sehen und sie anzunehmen. Ich bemühte mich, voll und ganz anzuerkennen und zu akzeptieren, dass ich den anderen aus dem Weg ging, weil ich begriffen hatte, dass dies ein Mechanismus war, mit dem ich mich vor Verletzungen schützen wollte. Mir wurde klar, dass ein Teil von mir noch immer ehrlich akzeptiert werden und Teil der Clique sein wollte. Indem ich das Licht meiner Aufmerksamkeit auf dieses »Bedürfnis« richtete, es als das erkannte, was es war, und ihm Raum gab, konnte ich mich dazu entscheiden, mein Verhalten nicht von ihm diktieren zu lassen.

Allmählich konnte ich der Gruppe wieder mit Selbstsicherheit begegnen. Wenn ich jeweils nur mit einem von ihnen Kontakt hatte, ergaben sich Momente ehrlicher Verbundenheit und Freundschaft. Dadurch erkannte ich, dass das cliquenhafte Verhalten, das mir immer wieder entgegengeschlagen war, in keiner Weise auf Böswilligkeit beruhte. Und als ich noch weiter nachdachte, kamen mir Situationen aus der Vergangenheit in den Sinn, in denen ich selbst Teil einer eingespielten Gruppe gewesen war, einschließlich des süßen Giftes des Gefühls, dazuzugehören, während andere außen vor blieben.

Als ich mir auch dies ins Bewusstsein rückte und mich bemühte, nicht darüber zu urteilen, erkannte ich voller Dankbarkeit, dass die Mitglieder dieser Gruppe und ich im Grunde unseres Wesens allesamt Menschen und damit von derselben Art waren. Diese Erfahrung lehrte mich wieder einmal, dass wir zwar, bedingt durch Prägungen, Erfahrungen und Neigungen, nach außen hin die unterschiedlichsten Verhaltensweisen an den Tag legen, dass darunter jedoch etwas Gemeinsames liegt, das uns verbindet und das schon immer da war. Wir müssen uns nur die Chance geben, es zu sehen.

Probleme mit Freunden können im Handumdrehen entstehen oder lange Zeit unter der Oberfläche gären, vor allem in Beziehungen zu entfernten Freunden oder Bekannten. Das nächste Beispiel erzählt von einer dahinköchelnden Beziehung, die durch eine ungewöhnlich lange Phase der Nähe in Ärger und

Streit mündete und schließlich explodierte. Wie sich heraus-stellte, hatte dieser Ausbruch der Gefühle eine befreiende und heilende Wirkung auf die Beziehung. Die Geschichte führt vor Augen, wie wertvoll es sein kann, jenen Emotionen und Kränkungen Raum zu geben, die wir tief in unserem Inneren zurückhalten, auch wenn wir sie schon sehr lange unter Ver-schluss gehalten haben.

Eine unvermeidliche Explosion

Seit ihrer ersten Begegnung vor fünfzehn Jahren hat Simon zu Trudy, der besten Freundin seiner Frau, ein problematisches Verhältnis. Seine Frau und Trudy sind seit Kindertagen eng befreundet, und die Freundschaft bestand auch weiter, als beide heirateten und Kinder bekamen. Simon findet Trudy »absolut humorlos und launisch, und sie will immer, dass alles nach ihrer Nase läuft«. Wenn sie sich mit ihren Familien tra-fen, so Simon, »verhielt ich mich immer defensiv und ging mit einem Lachen über alles hinweg, nur um den Frieden zu wah-ren«. Doch im Lauf der Zeit ging Trudy ihm immer mehr auf die Nerven, und er nahm es ihr übel, dass sie ihn schikanierte und herablassend behandelte.

Kürzlich machten die beiden Familien gemeinsam Urlaub im Ferienhaus von Simons Familie. Bei der Ankunft von Trudy und ihrer Familie musste Simon an eine kurze Rei-berei während ihrer letzten Begegnung denken, weshalb er »vom ersten Moment an gereizt war«. Simon dachte so gut wie nie daran, zu Geburtstagen oder ähnlichen Anlässen Karten zu schreiben, und als Trudy mitbekam, dass er keine

Geburtstagskarte für seine Frau besorgt hatte, »fing sie an, mich zu piesacken. Ich spürte, dass sie einen Streit vom Zaun brechen wollte, und um des lieben Friedens willen tat ich, was ich nur konnte, damit es nicht dazu kam.« Trotz seiner Bemühungen »brachte sie das Fass zum Überlaufen, als sie mich mit ihrem Mann verglich und sagte, dass er zum Geburtstag immer eine Karte für sie hatte«. Da explodierten sie beide. Sie waren nur noch zwei Wutbündel, die jetzt all ihren Gefühlen, die sich in der Vergangenheit aufgestaut hatten, freien Lauf ließen. »Ich sagte ihr, dass ich sie als tyrannisch empfand und dass sie immer über alle Leute bestimmen wollte.« Sie entgegnete, er benehme sich, als wäre er etwas Besseres, und behandele die anderen, als wäre er ein Prinz. Nach dem Streit zitterte Simon am ganzen Körper und fühlte sich hundeelend. »Ich suchte meine Frau, um ihr zu sagen, dass wir abreisen würden.«

Seiner Frau gelang es, ihn zu beruhigen, und am nächsten Tag gingen Simon und Trudy sich aus dem Weg. Nachdem seine Aufregung sich im Lauf der folgenden Tage weiter gelegt hatte, suchte Simon das Gespräch mit Trudy und entschuldigte sich. »Ich konnte ihr darlegen, warum ich so wütend war, wie unfair ich es fand, das Gefühl zu haben, ich müsste sie mit Samthandschuhen anfassen, und dass ich mich von ihr respektlos behandelt fühlte.« Weiter berichtet Simon: »Ich fand, dass ich sehr wohl meinen Beitrag für die Gemeinschaft leistete und mich ebenfalls um die anderen sorgte, wenn auch auf andere Weise.« Sie stimmten darin überein, dass sie beide bestimmte Grenzen hatten, die es zu respektieren galt, und dass sie beide ihre Liebe auf unterschiedliche Weise zum Ausdruck brachten. »Das war ein echter Wendepunkt in unserem Verhältnis.« Jetzt, einige Monate später, kommt Simon mit Trudy so gut aus wie noch nie.

Simon empfand den Gefühlsausbruch und das anschließende Gespräch als befreiend, weil sich dadurch der Druck, der sich über Jahre hinweg aufgestaut hatte, restlos auflöste. »Ich glaube, wir hätten dieses Gespräch nicht zu einem früheren Zeitpunkt führen können.« Rückblickend meint Simon, dass sie schon viel früher ehrlich miteinander hätten umgehen sollen. »Ich hätte versuchen können, ihr gegenüber toleranter zu sein. Oft habe ich hinter ihrem Rücken über sie geredet, bei meinen Freunden Dampf abgelassen und meine Gefühle auf die falsche Art und gegenüber den falschen Leuten zum Ausdruck gebracht.« Doch Simon und Trudy wohnen weit voneinander entfernt und sehen sich nur selten. »In fünfzehn Jahren hatten sich Gewohnheiten im Verhalten eingeschliffen, und natürlich will man auf keinen Fall ein klärendes Gespräch anfangen, wenn man sich zum Geburtstag eines der Kinder oder zu Weihnachten trifft.« Wenn sie dann einmal eine kurze Zeit miteinander verbrachten, »war es leichter, alles hinunterzuschlucken«. Simon vermutet: »Wahrscheinlich musste es so kommen, weil wir damals für einen längeren Zeitraum zusammen waren.«

Diese Erfahrung hat Simon gezeigt, wie sehr er darunter leidet, wenn er falsch verstanden und herablassend behandelt wird. Ihm wurde klar, dass dieses Gefühl seinen Ursprung wahrscheinlich in seiner Kindheit hat. »Ich war unter meinen Geschwistern und Cousins der jüngste und fühlte mich immer wie der kleinste und schwächste von allen.« Obwohl er durch die Auseinandersetzung mit Trudy auch Seiten an sich kennengelernt hat, die er nicht mag – Rachsucht, Wut und eine defensive Haltung, und die verzehrende Sehnsucht nach Anerkennung für seinen Beitrag zum Familienleben –, konnte er durch seine Zen-Praxis, wie er sagt, »Mitgefühl für mich selbst entwickeln und mich so akzeptieren, wie ich bin«.

Er hat auch gelernt, wie er dieses Mitgefühl der Freundin seiner Frau entgegenbringen kann. »In meiner Wut und Verletztheit sah ich in ihr ein Monster, das nur Probleme verursacht, sich nicht um die anderen schert und sich daran ergötzt, andere zu bestrafen.« Doch im Lauf der Zeit erkannte er, dass sie tief in ihrem Inneren eigentlich unglücklich war. Seine Wut und seine Abneigung wandelten sich in Betrübnis und Empathie, insbesondere, als er feststellte, »dass all die Negativität und die körperliche Anspannung ihr ganzes Wesen nachhaltig beeinträchtigen mussten«. Er berichtet weiter: »Unter der Lederhaut aus Wut und Boshaftigkeit, die ich zunächst wahrgenommen hatte, sah ich immer wieder einen freundlichen Menschen aufblitzen, und seitdem bemühe ich mich, in unserer Beziehung Raum für mehr solche lichten Momente zu schaffen.«

Das folgende Beispiel erinnert mich an eine Metapher, die im Zen gerne verwendet wird, um zu beschreiben, was passiert, wenn man bei der Zen-Praxis in engem Kontakt mit anderen Menschen ist (wie etwa Mönche, die traditionellerweise in einem Tempel leben). Dieses Zusammenleben auf engem Raum wird gern mit einer Schleiftrommel verglichen. Anfangs haben die Steine noch scharfe Ecken und Kanten – die jungen Mönche bringen viele Vorurteile, Meinungen, Gewohnheiten und Überzeugungen mit, die von ihren Erfahrungen und dem Leid geprägt sind, das sie in der Vergangenheit erlebt haben. So berichtet etwa mein Lehrer davon, dass er in seinen ersten Jahren im Kloster, während derer er so gut wie keine Privatsphäre hatte, fast alle anderen am liebsten tot gesehen hätte! Doch indem die Steine fortlaufend gegeneinanderpoltern, werden in der Schleiftrommel, die das Kloster darstellt, diese Ecken und Kanten allmählich abgeschliffen. Im besten Fall verlassen die Mönche diese Schule als glattpolierte, glänzende Edelsteine. Das folgende Beispiel erzählt davon, wie jemand mit einem anderen Mitglied einer Meditationsgruppe aneinandergerät, allerdings nicht in einem Kloster, sondern im normalen Leben. Mithilfe ihres Lehrers lernen die beiden, ihr Verhalten als Hinweis darauf zu verstehen, welche Gewohnheiten und Vorurteile sie blockieren, und als Fingerzeig darauf, an welchen Stellen sie loslassen können.

Eine lange Reihe wichtiger Lektionen von einem lästigen Buddha

Luca trat vor einigen Jahren einer Meditationsgruppe bei und ging regelmäßig zu den Treffen. Im Lauf der Zeit wurde er eines der prominenteren Mitglieder der Gruppe, und schon bald empfand er Olive, eine andere Teilnehmerin, als ungewöhnlich schwierig. Sie war, wie er berichtet, »im Großen und Ganzen liebenswürdig und freundlich und engagierte sich für die Gruppe«. Einige ihrer Verhaltensweisen störten Luca jedoch und gingen ihm auf die Nerven. Olive engagierte sich unter anderem, indem sie freiwillig zahlreiche Aufgaben übernahm, Luca hatte jedoch »den Eindruck, sie fühlte sich nicht ausreichend wertgeschätzt. Oft sagte sie zu mir, dass sie der

Ansicht war, ihre Bemühungen würden nicht anerkannt.« Luca schien es auch, als begegne sie manchen Mitgliedern der Gruppe mit einer negativen Einstellung und als würde sie sie hinter ihrem Rücken kritisieren. »All diese Kleinigkeiten, die ich an Olive und ihrem Verhalten feststellte, hatten in ihrer Gesamtheit eine negative Wirkung, die mir immer mehr Schwierigkeiten bereitete.«

Immer wieder wandte sich Luca in seinem Ärger an den Leiter der Gruppe und fragte ihn, wie er künftig mit Olive umgehen sollte. Er fragte ihn, ob ihm ihr Verhalten ebenfalls aufgefallen war, und falls ja, warum er dann nichts dazu sagte. Luca hatte den Eindruck, dass der Leiter »immer viel Geduld mit Olive gehabt und ihr Verhalten nie in irgendeiner Weise verurteilt hatte«. Obwohl Luca sich wünschte, dass seine Gefühle gesehen wurden, äußerte sich der Leiter nicht dazu, ob er ähnliche Beobachtungen gemacht hatte oder ob er glaubte, solche Beobachtungen entsprächen der Wahrheit.

Der Leiter erläuterte Luca, dass dies einer der Zwecke einer Meditationsgruppe wie der ihren sei. Er legte ihm nahe, die Situation als eine gute Gelegenheit aufzufassen, um sich in Akzeptanz, Toleranz und Geduld zu üben, und um zu versuchen, Olives persönlichen Hintergrund zu verstehen. Außerdem riet er ihm, sich mit dem Ursprung seines Unmuts und seines Ärgers zu beschäftigen. »Ich gewöhnte mir eine mildere Haltung an und fragte mich, was ich aus den Begegnungen mit Olive lernen konnte.« Dabei erkannte er, dass er glaubte, das Problem liege einzig und allein in ihrem Verhalten und er selbst trage nichts dazu bei, dass dieses Verhalten ihn verärgerte. Nach und nach wurde ihm klar, dass dies eine einseitige Sichtweise war. »Ich entdeckte in mir eine ganze Menge vorverurteilender Gedanken und festgefahrener Meinungen, unter anderem, dass Olive ›anders sein sollte‹, sich anders verhalten und sich näher mit bestimmten persönlichen Themen beschäftigen sollte.« Außerdem führte er seinen Frust teilweise darauf zurück, dass sie einmal etwas Allgemeines gesagt hatte (über Leute, Haltungen oder Ereignisse), das er anders gesehen hatte.

Luca fragte Olive nun gezielt öfter etwas zu ihrer Geschichte und ihrem persönlichen Hintergrund. »Dabei lernte ich allmählich, die Dinge immer mehr von ihrem Standpunkt aus zu sehen, und konnte dadurch ihr Verhalten besser verstehen, das sich aus ihrer Vergangenheit und dem Leiden erklärte, das sie erlebt hatte.« Und auch wenn er es einmal nicht verstand, war er »besser in der Lage, sie so anzunehmen, wie sie war«. Diese Entwicklung hin zu einer milderen Haltung und mehr Akzeptanz zog sich über mehrere Jahre hin und ist, wie Luca erkennt, immer noch nicht abgeschlossen. »Hin und wieder spüre ich noch, wie angesichts ihres Verhaltens oder ihrer Worte der Ärger in mir aufsteigt, aber ich kann sowohl ihr Handeln als auch meine Reaktion darauf aus einer umfassenderen Perspektive und mit mehr Mitgefühl betrachten.« Luca ist Olive zutiefst dankbar für diese lange Reihe wichtiger Lektionen, die ihn lehren, mit problematischem Verhalten anderer umzugehen und seine Reaktionen als einen Spiegel zu sehen, der ihm zeigt, an welchen Stellen er noch feststeckt oder sich an bestimmte Dinge klammert. Oder, wie Luca sagt: »Olive ist wahrhaft ein Buddha in lästiger Gestalt.«

8

Nachbarn und Mitbewohner
als Buddhas

Mit anderen Menschen auf engem Raum zusammenzuleben, kann durchaus eine Aufgabe sein, auch wenn die Herausforderung nur darin besteht, jemandem aus dem Weg zu gehen, der uns auf den Wecker fällt oder an unseren Nerven zerrt. Manchmal liegt das gar nicht an einer konkreten Handlung; oft regen Menschen uns auf, weil sie einfach so sind, wie sie sind, weil sie diese oder jene Charakterzüge oder individuelle Spleens haben.

Konflikte zwischen Nachbarn entzünden sich oft an Kleinigkeiten, und wenn wir nicht aufpassen, können sie sich rasch zu massiven Streitereien auswachsen. Ein Bekannter von mir wohnte mit seiner Frau und seinem dreijährigen Kind in einem Mehrfamilienhaus. Sie fanden es ungeheuerlich, als der Nachbar unter ihnen sie darum bat, dafür zu sorgen, dass ihr Kind nicht mehr über den Boden trampelte (denn so empfand er es).

Die beiden legten ihre gesamte Wohnung mit Gummimatten aus, doch mehr konnten sie in ihren Augen nicht tun. Nach wiederholten Beschwerden lief die Sache aus dem Ruder, als der Nachbar die Polizei rief. In der Folge drehte sich der Streit nicht mehr um den Lärm, sondern man warf sich hauptsächlich vor, starrköpfig zu sein und den Standpunkt des anderen nicht akzeptieren zu wollen.

Wenn wir glauben, »im Recht zu sein«, ist die Verlockung groß, dass wir auf stur schalten und uns weigern, einen Kompromiss auch nur in Betracht zu ziehen. Dann halten wir an einer Vorstellung um ihrer selbst willen fest und tun alles, was in unserer Macht steht, um zu beweisen, dass wir recht haben, oder die Auseinandersetzung zu gewinnen (und zerren etwa den Nachbarn wegen eines Grenzstreits um wenige Zentimeter vor Gericht). Aber warum tun wir das, wo wir doch wissen, wie viel Leid damit verbunden ist? Nun, wenn wir unser anfälliges Identitätsgefühl bedroht sehen, geht rationales Verhalten im Handumdrehen über Bord. Dann setzen wir alles daran, dass unser Ego sich wieder sicher fühlt.

Die negativen Empfindungen und der Stress, die ein fortdauernder Streit verursacht, können die unterschiedlichsten körperlichen Reaktionen hervorrufen, darunter Anspannung, Verdauungsprobleme, Kopfschmerzen und Übelkeit. Daher ist für die eigene Gesundheit alles von großem Nutzen, was dazu beiträgt, dass wir Entrüstung, Feindseligkeit, Frust oder Wut loslassen. Manchmal kommt es auch nur darauf an, zu erkennen, wann man sich aus einer Situation zurückziehen sollte. In anderen Fällen muss man etwas Konkretes tun, wie etwa einen langen Spaziergang unternehmen, sich eine Massage gönnen, Yoga machen oder sich verstärkt in Achtsamkeitsmeditation üben.

Der Dalai Lama schreibt: »[Es ist] viel sinnvoller, sich auch nur eine einzige eigene Schwäche bewusst zu machen, als tausend Schwächen bei einem anderen Menschen zu sehen.«[1] Darauf zielt die Übung offener und aufrichtiger Achtsamkeit ab. Mit ihrer Hilfe machen wir uns bewusst, wodurch unsere Reaktionen geprägt sind, sowie unsere Meinungen, fixen Ideen und die Mechanismen, die wir uns zur Gewohnheit gemacht haben und mit denen wir unser Ego schützen. Sie zeigt uns unsere Mängel auf – und ermöglicht uns, uns für andere Verhaltensweisen zu entscheiden, die uns weg vom Leid und hin zu Güte und Mitgefühl führen. Wir lernen, die Dinge aus der Sicht unseres Gegenübers zu sehen, ihm einen Vertrauensvorschuss zu geben oder mit einem Akt der Güte zu reagieren (und etwa ein Friedensangebot zu machen).

Wenn im Zusammenleben mit einem Nachbarn oder einem Mitbewohner irgendwelche Probleme auftauchen, kann es einen himmelweiten Unterschied machen, wenn man bis dahin bereits ein freundschaftliches (oder zumindest wohlwollendes) Verhältnis aufgebaut hat. Oder, wie ein altes chinesisches Sprichwort sagt: »Ein guter Nachbar ist ein Schatz von unermesslichem Wert.« Probleme mit jemandem, der uns auf die Nerven geht, drohen so gut wie nie ernsthaft zu eskalieren, wenn wir zu demjenigen ein positives Verhältnis haben.

Die ersten beiden Beispiele in diesem Kapitel veranschaulichen, was passieren kann, wenn wir uns dessen bewusst werden, was in unserem Inneren vorgeht, wie rasch wir zu Schlussfolgerungen springen und wie sich Vermutungen und

[1] Dalai Lama, *Das Buch der Menschlichkeit. Eine neue Ethik für unsere Zeit.* Gustav Lübbe, 2000, S. 168.

Vorstellungen bilden. Als Erstes hören wir von Patrick und davon, wie er einmal beim Einparken in Rage geriet. Während er sein Inneres aufrichtig erforschte, konnte er beobachten, wie sein Denken um die konkrete Situation herum einen Strauß urteilender Geschichten flocht und versuchte, dem anderen die Schuld zuzuschieben. Als er seinen Gedanken und Annahmen weiter auf den Grund ging, gelang es ihm, die Situation in größerem Umfang zu akzeptieren, sie zu verstehen und mit ihr seinen Frieden zu machen. Im zweiten Bespiel lernen wir Dele kennen, der erleben musste, wie der erste Eindruck, den er von seiner Mitbewohnerin gewonnen hatte, in tausend Stücke zerfiel, als er nach und nach erkannte, wie sie wirklich war. Doch er bemühte sich weiter um ihre Beziehung und konnte so seine Schwierigkeiten in neuem Licht sehen und die Situation verändern.

Ein halber Parkplatz

Patrick wohnt im drittletzten Haus einer Straße, in der Parken nur für Anwohner erlaubt ist. Wie in vielen Städten Großbritanniens parkt man dort auf einem langen, nicht unterteilten Streifen am Straßenrand. Patricks Nachbar kommt normalerweise früher als er von der Arbeit nach Hause und parkt direkt vor Patricks Tür. Damit bleibt bis zum Ende des Parkstreifens noch Platz für etwa zweieinhalb Autos. Wenn Patrick nach Hause kommt, ist oft nur noch ein halber Parkplatz frei, weshalb er in einer anderen Straße parken muss.

»Wenn das passierte, ärgerte ich mich, dass mein Nachbar im Grunde zwei Plätze besetzt hatte, und beschimpfte ihn insgeheim dafür, dass er so egoistisch war. Warum konnte er denn nicht ein kleines Stück weiter vorn parken?« Weil er jedoch schon seit vielen Jahren meditierte, konnte Patrick bewusst verfolgen, was in seinem Inneren vorging, wie er Urteile fällte und einen Schuldigen suchte. Er dachte über seinen Nachbarn: »So sollte er sich nicht verhalten; er sollte umsichtiger sein.« Gleichzeitig sagte etwas in ihm: »Wahrscheinlich ist er nicht mit Absicht so rücksichtslos und stellt sich nur deshalb so hin, damit ich dort nicht parken kann.« Als er dieses Durcheinander von Gedanken bemerkte, die alle ein »sollte« oder ein »wahrscheinlich« enthielten, musste er »darüber lachen, wie mein Denken es schaffte, sich so zu verheddern«. In der Folge stellte er fest, dass auf der Heimfahrt etwas in ihm darauf hoffte, dass sich das übliche Parkplatzproblem wieder stellen würde und die üblichen urteilenden Gedanken wieder auftauchen würden, einfach damit er wieder über sich selbst lachen konnte!

Obwohl er keine Schuld an dem Problem trug, suchte Patricks Denken in einem fort nach Wegen, wie es sich darin verbeißen konnte. »Wie sehr ich auch versuchte, mich einfach in die Situation zu fügen – mein Denken fand immer einen Weg, ein Wörtchen mitzureden, versuchte, auf kognitive Weise eine Lösung für die Situation zu finden oder sie zu erklären, oder einen Schuldigen auszumachen, damit ich mich frei von aller Schuld fühlen konnte.« Diese Reaktion lief, wie Patrick feststellte, wie von selbst ab.

Er versuchte daraufhin, seine innere Stimme in anderem Licht zu sehen, als »freundlich und wohlwollend, aber einfach nicht besonders gut geschult; wie ein Kind, das schlichte und naive Ratschläge gibt«. Das ermöglichte ihm, seine urteilenden

Gedanken auf neue Weise anzuerkennen und zu akzeptieren. »Es wurde mir möglich, sie nicht mehr als etwas Störendes zu betrachten, das es loszuwerden galt, sondern als etwas, mit dem ich Geduld haben musste, das ich aber auch neugierig beobachten konnte, so wie ein Kind.« Das führte dazu, dass er diese Neigung, andere Menschen zu verurteilen und ihnen die Schuld zuzuschieben, in vielen anderen Situationen in sich wiederfand. Er fragte sich: »Tut mir dieses Muster gut, oder behindert es mich dabei, die Tugendregeln[1] zu befolgen und mich in rechter Gesinnung und rechter Rede zu üben?«[2]

Heute ist Patrick seinem Nachbar dankbar dafür, dass er weiterhin an derselben Stelle parkt und ihm damit viele Gelegenheiten verschafft, sich selbst näher zu beobachten. »Die Vorgänge im eigenen Denken so klar zu sehen, ist viel mehr wert, als den Streit darüber zu gewinnen, wer wo parken darf.« Für Patrick war dieses Erlebnis eine kleine Offenbarung.

Wenn es sich einmal ergeben würde und gerade passend wäre, würde Patrick, wie er sagt, seinen Nachbarn durchaus auf die Situation ansprechen. »Nach dieser Offenbarung wäre ich dabei sicher weniger erregt, egal, was ich sagen würde, und könnte die Sache vielleicht sogar mit Humor sehen. Aber ich glaube auch, es wäre nur eigennützig, dieses Thema unver-

---

[1] Die buddhistischen Tugendregeln beschreiben eine Lebensführung, die sich folgender Taten enthält: Töten, Lügen, Stehlen, sexuelles Fehlverhalten, Genuss berauschender Mittel, Nachgrübeln über Fehler, Prahlen oder andere schlecht machen, Geiz, sich der Wut hingeben, den buddhistischen Weg verunglimpfen

[2] Rechte Gesinnung und rechte Rede sind zwei Elemente des edlen achtfachen Pfades. Die anderen sind die rechte Einsicht, das rechte Tun, der rechte Lebenserwerb, das rechte Streben, die rechte Achtsamkeit und die rechte Konzentration.

mittelt zur Sprache zu bringen. Bis jetzt bin ich gut klarge-
kommen, und darüber zu sprechen, würde im besten Fall nur
mir etwas nützen, und im schlimmsten Fall wäre es meinem
Nachbarn furchtbar unangenehm, jahrelang auf so hinderliche
Weise geparkt zu haben.«

Anfängliche Urteile zurechtrücken

Dele hatte seit etwa sechs Monaten eine neue Mitbewohnerin. Schon von ihrem ersten Gespräch an wusste er, dass sie
nicht auf derselben Wellenlänge waren. Anfangs hatte er den
Eindruck gewonnen, sie sei kühl und unsensibel, und in den
ersten Monaten vergeblich versucht, trotz ihrer abweisenden
Haltung einen Zugang zu ihr zu finden. Sie waren unterschiedliche Menschen und hatten anscheinend keine gemeinsamen Interessen.

Zu diesem Zeitpunkt hatte Dele sich schon rund zehn Jahre
lang in Zen-Praxis geübt. Er berichtet: »Diese Übung hat mich
gelehrt, dass der erste Eindruck bisweilen täuschen kann.« Im
Lauf der ersten gemeinsamen Monate wurden ihre etwas ver-
unglückten Gespräche über Dinge wie Kochen und Putzen zu
kleinen Fenstern, durch die Dele neue Sichtweisen auf seine
Mitbewohnerin gewann. Er erlebte auch mit, wie sie sich im
beruflichen Kontext verhielt, denn sie arbeitete von zu Hause
aus und bearbeitete Kundenbeschwerden. Er musste anerkennen: »Als ich mitbekam, wie sie mit wütenden und frustrierten
Kunden immer wieder aufs Neue auf gefasste, professionelle
und ruhige Weise umging, war ich erstaunt. Ihre vermeintliche
Lieblosigkeit erschien mir jetzt als Wesenszug einer praktisch

veranlagten, tatkräftigen und besonnenen Frau.« Es erstaunte ihn, wie unbeeindruckt sie sich von Problemen zeigte und wie gut sie sich anpasste. »Ich bekam den Eindruck, dass sie in vielerlei Hinsicht stärker war als ich.«

Seine Zen-Praxis, so Dele, ermöglichte es ihm, seine anfänglichen Einschätzungen und die Probleme im Verhältnis zu seiner Mitbewohnerin bewusster zu betrachten und die Bereitschaft zu entwickeln, bei der Sache zu bleiben und nicht sofort das Weite zu suchen. »Dieser Raum und diese Klarheit erlaubten es mir, sie in ganz neuem Licht zu sehen.« Und heute fühlt er sich deutlich wohler dabei, eine Wohnung mit dieser Frau zu teilen.

Dele dachte darüber nach, wohin ihn seine Zen-Praxis geführt hatte: »Jede Begegnung mit einem Menschen oder jede Situation, die in mir Frust, Ärger oder Leid auslöst, weisen mich nachdrücklich darauf hin, dass ich wieder verstärkt üben sollte. Wenn ich im Leben auf Schwierigkeiten stoße, treibt mich das zum Handeln an und motiviert mich dazu, zu versuchen, die Dinge möglichst klar zu sehen.«

In den nächsten beiden Beispielen lernen wir Reaktionen auf nervige Menschen kennen, die sich weitaus stärker auf der körperlichen Ebene abspielen. Wir hören davon, wie Alan bei einem Streit über die Anbringung eines Sonnenschutzes überstürzt eine problematische Entscheidung traf, von der er wusste, sie würde seine Nachbarin auf die Palme bringen, und wie das in seinem Körper eine schmerzliche Anspannung verursachte. Nachdem er einen Weg gefunden hatte, diese körperliche Spannung loszulassen, konnte er sich freimütiger mitteilen und das Verhältnis zu seiner Nachbarin Schritt für

Schritt wieder aufbauen. In der zweiten Geschichte begegnen wir Scott, dessen schwieriger und anhänglicher Mitbewohner ihn oft davon abhielt, in Ruhe zu meditieren. Der Zorn, der ihn dabei jedes Mal packte, weil ihm dieser wohltuende Zustand versagt wurde, veranlasste ihn dazu, die Vorgänge in seinem Inneren näher zu betrachten. Er sah in seinem Ärger ein Anzeichen dafür, dass er weder seinen Mitbewohner noch die Situation, so wie sie war, voll und ganz akzeptierte. Dieses Erlebnis lehrte ihn auf einprägsame Weise, dass spirituelle Praxis weitaus mehr bedeutet, als nur einen beruhigten und friedlichen Geisteszustand zu erreichen.

Schutz vor der Sonne

Alan lernte Lucia, den lästigen Buddha dieses Beispiels, vor einigen Jahren kennen, als sie an einem Achtsamkeitskurs teilnahm, den er leitete. Lucia schätzte den Kurs sehr und machte gute Fortschritte. Vor zwei Jahren zog Alan mit seiner Frau und seinem Baby in eine Erdgeschosswohnung einer Wohnanlage, und wie sich herausstellte, wohnte Lucia in der Wohnung darüber.

In dieser Wohnanlage gehören die öffentlichen Flächen der Allgemeinheit, und es gibt keine strengen Regeln, was erlaubt ist und was nicht. Weil Alan plante, auf der Terrasse seiner Wohnung eine Holzkonstruktion zu errichten, die im Sommer Schatten spenden sollte, bat er seine Nachbarn um ihr Einverständnis. Er fragte insbesondere bei Lucia nach, da er einige der Bretter an der Außenwand ihrer Wohnung würde befestigen müssen. Anfangs stimmte sie seinem Vorhaben zu.

Doch als sämtliches Material bestellt und geliefert war, sagte Lucia zu Alan, dass sie nun doch Bedenken hatte. »Sie hielt es für möglich, dass ihre Wäsche an den Brettern hängen bleiben und ihre Sicht auf den Garten eingeschränkt werden könnte.« Alan bat sie noch einmal eindringlich um Zustimmung und erläuterte ihr, was für eine Erleichterung so ein Sonnenschutz für seine Frau und sein Baby wäre, die in der hellen, aufgeheizten Wohnung unter der Hitze litten. Er schlug vor, sie könnte doch »ihre Leintücher einmal mehr falten, dann bestünde keine Gefahr mehr«. Lucia war jedoch weiterhin nicht überzeugt.

Alan zerbrach sich den Kopf darüber, ob er mit dem Bau beginnen sollte oder nicht. Sein Vater hatte einen Großteil der Kosten für das Material übernommen, und er fühlte sich ihm gegenüber in der Pflicht. Er war hin und her gerissen: Einerseits wollte er Lucia und ihre Gefühle nicht verletzen und ein guter Nachbar sein, andererseits sah er die Bedürfnisse seiner Frau und seines Kindes. »Ich bemerkte, wie sich in meinem Körper eine starke Spannung aufbaute – und auch jetzt, wenn ich davon erzähle, macht sich diese Spannung wieder in meiner Brust und meinem Bauch bemerkbar.« Weil diese Spannung ausgesprochen unangenehm war, beschloss er, »außerhalb meines Körpers zu leben«.

Alan musste feststellen, dass er »die Hand so weit wie möglich ausgestreckt hatte und sich aber dennoch keine Lösung abzeichnete«. Er berichtet: »Letztlich musste ich mich diesem Widerspruch stellen. Ich beschloss, mit dem Bau fortzufahren, obwohl ich wusste, dass ich Lucia damit Leid zufügen würde.« Verständlicherweise war Lucia damit nicht glücklich. Ihre Gefühle äußerten sich in heftigen Wutausbrüchen. Alan entschuldigte sich natürlich, verwies aber darauf, dass er das gesamte Material gekauft hatte, weil sie sich anfangs einverstanden erklärt hatte.

»Ich wusste, dass sie keine bösen Absichten hatte; sie wollte nur nicht übervorteilt werden. Wenn ich in Stille meditierte, konnte ich erkennen, dass wir beide Menschen waren und dass uns das verband.« Er sah, dass sie beide angesichts der Situation und vor diesem Hintergrund nur ihr Bestes versuchten; heute räumt er jedoch ein, dass dieser Gedanke bei ihm nicht immer an erster Stelle stand.

Nachdem er bemerkt hatte, wie sehr während dieser ganzen Sache die Anspannung in seinem Körper gewachsen war, machte er eine wichtige Entdeckung, als er die Schüttelmeditation kennenlernte. Sie half ihm enorm dabei, die aufgestaute Spannung zu lösen, loszulassen und mit der Nervosität und der Beklommenheit umzugehen. Rückblickend sagt er: »Es ist ein Riesenunterschied, ob man eine problematische Situation mit einem geschlossenen Körper und einer geschlossenen Haltung angeht und sich der Spannungen im Körper nicht bewusst ist, oder ob der Körper offen ist, der Geist offen und empfänglich, und man sich der Art und Weise, wie der Körper auf Schwierigkeiten reagiert, voll bewusst ist.«

Nachdem er diese Technik zum Lösen von Spannungen entdeckt hatte, empfand er es nicht mehr als belastend, wenn er Lucia im Hausflur traf. Er konnte freimütiger mit ihr sprechen und sich ehrlich und aufrichtig nach ihrem Befinden erkundigen. Mit der Zeit, so berichtet er, konnte er die Beziehung zu ihr wieder aufbauen.

Lass mich meditieren, das ist mir wichtig

Während seines Studiums wohnte Scott in einer Wohngemeinschaft in einem großen Haus. Mit Zen hatte er sich schon einige Jahre lang beschäftigt. Kurz nachdem er in das Haus gezogen war, wurde einer seiner Mitbewohner über die Maßen anhänglich. »Ich wollte, dass alles möglichst entspannt ablief und alle gut miteinander auskamen, aber dieser Typ konnte einfach nicht allein sein. Er folgte mir durch das Haus und suchte bei jeder Gelegenheit das Gespräch. Er hielt mir Vorträge, in denen er mir seine Ansichten zu allen möglichen Dingen darlegte, warum ihm dies nicht passte oder jenes, und kam dabei aus dem Reden nicht mehr heraus.«

Mit der Zeit wurde es immer schlimmer. »Wenn er nichts zu tun hatte, kam er in mein Zimmer. Immer wieder unterbrach er mich beim Meditieren, weil er wollte, dass ich ihm zuhörte, und ich konnte ihn kaum unterbrechen oder seine Ansichten in Frage stellen.« Er sagte, er glaube, er sei auf einer anderen Realitätsebene. Später erfuhr Scott, dass er an Schizophrenie litt.

Scott fing an, sich zurückzuziehen und lange Spaziergänge zu machen, nur um seinem Mitbewohner nicht zu begegnen. Wenn er allein war, wurde er oft nervös und fragte sich: »Wo steckt er wohl?« »Ich wurde richtig wütend auf ihn und war geradezu gefangen in dieser Wut.« Zu dieser Zeit erreichte Scott durch die Meditation regelmäßig einen Zustand von herrlichem Frieden und Gleichmut, aber sein Mitbewohner »wirbelte das Wasser auf« und riss ihn aus diesem wohltuenden Zustand. »Er hielt mich von meiner spirituellen Übung ab, die mir ›sehr wichtig‹ war, und ich kam nicht auf die Idee, dass meine Wut daran ihren Anteil haben könnte.« Je länger diese Situation andauerte, desto mehr zerrte die Wut an seinen Nerven. »Es war die Hölle.«

Nach einer Weile erkannte er, dass die Wut ihm keinen Ausweg weisen würde. »Ich bemühte mich, von ihr loszukommen, aber dann wurde mir klar, dass es nur einen Weg gab: mich der Wut zu stellen, voll und ganz in sie einzutauchen.« Die einzige Lösung bestand darin, den anderen und seine Krankheit sowie deren Auswirkungen vorbehaltlos anzuerkennen und zu akzeptieren. »Mit ihm – und zwar genau so, wie er war – ins Reine zu kommen.« Scott berichtet weiter: »Mit der Zeit sah ich in meiner Wut ein Anzeichen dafür, dass ich versuchte davonzulaufen und ihn nicht voll und ganz so akzeptierte, wie er war. Jede Situation, in der ich ihn nicht akzeptierte, verursachte mir neues Leid.« Dabei entwickelte Scott immer mehr Bewusstsein und Mitgefühl für das Leid des anderen. »Schließlich war ich in der Lage, ihn zu lieben.«

Irgendwann fiel der Mitbewohner in eine schwere Depression und drohte damit, das Haus niederzubrennen. »Wir versuchten, ihn in den Zug zurück zu seinen Eltern zu setzen, aber er sträubte sich und ging zur Polizei. Auf der Wache flippte er total aus, schrie herum und suchte schließlich das Weite. Kurz darauf bekam die Polizei ihn zu fassen und brachte ihn in die Psychiatrie.« Letztlich kehrte er wieder zu seinen Eltern zurück.

Nach einiger Zeit kam er zusammen mit seiner Mutter noch einmal in das Haus, um sich zu verabschieden. Scott berichtet: »Es ging ihm deutlich besser, und ich merkte, wie sehr seine Mutter ihn liebte.« Als seine Mutter sah, wie das Leben in dem Haus ablief, begriff sie, dass ihr Sohn dem nicht gewachsen war und dass das nicht das Richtige für ihn war. »Mir wurde zum ersten Mal bewusst, wie schwer es für ihn gewesen war, von seiner Mutter getrennt zu sein.«

Rückblickend zieht Scott viele Lehren aus diesem Erlebnis. »Ich bin sehr dankbar dafür, dass ich durch ihn gelernt habe, mich meiner Wut zu stellen und sie zu akzeptieren. Ohne eine so tiefgreifende Erfahrung hätte ich diese dunklen Stellen in meinem Inneren nie erkannt; er hat mir dabei geholfen, sie ans Licht zu holen.« Erst nachdem seine Emotionen sich wieder beruhigt hatten und sein Mitbewohner weg war, erkannte Scott dessen wahre Buddha-Natur.

Die letzten beiden Berichte in diesem Kapitel veranschaulichen, was passieren kann, wenn wir in der Lage sind, unser Herz zu öffnen und unmittelbares Mitgefühl für den Menschen zu entwickeln, der uns auf die Nerven geht. Wie bereits erwähnt, ist dies oftmals nicht leicht, wenn wir in hohem Maß verärgert, wütend oder erzürnt sind. In beiden Beispielen mussten die betroffenen Personen bewusst aus der Situation heraustreten und sich in einer Haltung der Offenheit und der liebenden Güte üben. Das zweite Beispiel zeigt, dass man manchmal erst Mitgefühl für sich selbst entwickeln muss, bevor man dieses Mitgefühl auf einen problematischen Menschen ausweiten kann. Damit sich dieses Mitgefühl in einer schwierigen Beziehung wahrhaft entfalten kann, muss man bisweilen die dauerhafte Absicht entwickeln, gütig zu sein und sich mitfühlend zu zeigen. Die Mühe lohnt sich jedoch in jedem Fall, denn wir lernen dabei viel über uns selbst sowie darüber, wie Mitgefühl das Fundament von Beziehungen verändern kann, sowohl zu uns selbst als auch zu nervigen Mitmenschen.

Die Tore öffnen

Fabia wohnte in einer Wohngemeinschaft in einem großen Haus. Schon bald gingen ihr die meisten ihrer Mitbewohner auf die Nerven. Doch eine Frau verursachte ihr besonders viel Ärger. »Sie redete unangenehm laut und machte immer alles besonders vorbildlich.« Anfangs versuchte Fabia, die Frau einfach zu akzeptieren und ihr Verhalten nicht zu kommentieren. Sie fürchtete, eine »schlechte Buddhistin« zu sein, wenn sie ihre negativen Gefühle zur Sprache brächte und ihrer Mitbewohnerin sagte, wie problematisch sie ihr Verhalten fand. Nachdem sie diesen Frust eine Weile mit sich herumgetragen hatte, wurde ihr etwas klar: »Ich erkannte, dass ich einen Hass auf diese Frau entwickelt hatte, und zwar nicht, weil sie irgendetwas tat, was mich gestört hätte, sondern einfach nur, weil sie so war, wie sie war.«

Behutsam versuchte Fabia, ihre Aufmerksamkeit »gezielt auf das Verhalten dieser Frau zu lenken, und insbesondere auf ihre laute Stimme. Beim Meditieren stellte ich mir vor, dass mein Körper aus Toren bestand, und wie es wäre, diese Tore bewusst zu öffnen.« Wenn sie ihrer Mitbewohnerin begegnete, versuchte sie, deren Stimme in sich eindringen zu lassen, ohne sie in irgendeiner Weise zu beurteilen. »Dabei traf es mich wie der Blitz. Ich verspürte in meinem Inneren ein körperliches Klacken, als hätte mir jemand auf die Brust geschlagen. Als ich anschließend meditierte, kamen alle möglichen persönlichen

Dinge ans Licht, Gedanken über mein Leben und über meine Haltungen, und ich brach vor Liebe für diese Frau in Tränen aus.« Die Entscheidung, diesen problematischen Menschen in ihr Inneres einzulassen, ob sie nun gerade in persönlichem Kontakt waren oder nicht, erlebte Fabia als eine grundlegende Veränderung.

Heute ist Fabia der Frau dankbar dafür, dass sie ihr lästig gefallen ist. Die daraus entstehende Situation verschaffte ihr die Gelegenheit, ihre Einstellung zur buddhistischen Haltung zu überdenken und zu erkennen, dass es die Dinge nur schlimmer macht, wenn man negative Gefühle pflegt. »Ich habe dabei gelernt, dass ich eine Zuspitzung der Dinge vermeiden kann, wenn es mir gelingt, meinen Unmut zu erkennen, und ich weder gegen ihn ankämpfe noch ihn verdränge. Ich habe gelernt, meine Tore zu öffnen und andere Menschen einzulassen.« Im Lauf der Jahre haben Begegnungen wie die mit ihrer Mitbewohnerin Fabia gelehrt, offenherzige, aufrichtige und erfüllende Beziehungen mit allen Arten von Menschen zu pflegen, seien diese nun problematisch oder nicht.

Im Garten des Grolls

Andrew und Gary lernten sich während des Studiums kennen und wurden rasch gute Freunde. Andrew war Garys Trauzeuge und der Pate seines ersten Kindes. Einige Jahre später zog er in ein Zimmer in Garys Haus und blieb dort acht Jahre lang als Untermieter. Er berichtet: »Im Lauf dieser Zeit entwickelte sich in unserer Beziehung ein ungesundes Muster.« Andrew empfand Gary zunehmend als problematisch. Rückblickend sagt er: »Ich hatte den Eindruck, dass die Urteile und die Kritik, die ich mir selbst entgegenbrachte, durch Garys Gegenwart bestätigt oder sogar verstärkt wurden.« Die Dynamik ihrer Beziehung trieb ihn dazu, seine eigenen Überzeugungen aufzugeben, und im Lauf der acht Jahre verfestigte sich dieses Muster immer mehr.

Vor fünf Jahren zog Andrew aus. Er empfand diese Phase als problematisch und sah der Trennung mit Sorge entgegen, doch er war auch erleichtert, »sich aus den Fängen dieser Beziehung zu befreien«. In den folgenden Jahren verspürte er jedoch weiterhin einen Groll auf seinen alten Freund wegen der Art, wie dieser sich verhalten und ihn behandelt hatte. »Das wurde ein hartnäckiges und dauerhaftes Problem, obwohl ich keinen Kontakt mehr zu ihm hatte.«

Andrew berichtet weiter: »In meinem Inneren hatten sich eine ganze Menge Groll und Verbitterung angesammelt. Wenn diese negativen Gedanken auftauchten, insbesondere beim Meditieren, gelang es mir sehr, sehr lange, sie nicht ernst zu nehmen. Aber sie meldeten sich immer wieder zu Wort.« Es fühlte sich an, als lebe er in einem Garten des Grolls, umgeben von immer weiter wuchernden Pflanzen. »In einem fort zwickte ich neue Triebe ab, ohne dass ein Ende dieser Gartenarbeit in Sicht gewesen wäre.« Nach und nach erkannte er, dass das Problem nicht bei Gary lag, sondern dass Gary »eine in meinem Inneren bereits bestehende, tief liegende Wunde wieder aufgerissen hatte«.

Durch regelmäßiges Meditieren entwickelte Andrew eine Haltung des Mitgefühls gegenüber sich selbst. »Sobald ich anfing, die Frage nach der Schuld zu stellen, brachte ich das Wort ›Güte‹ in mein Erleben ein.« Diese Güte entfaltete eine allumfassende Wirkung. »Sie wirkte sich auf meinen Groll aus, auf meine Vorstellungen davon, wie ich Dinge in Ordnung bringen oder verändern sollte oder wie ich das nicht tun sollte; sie galt Gary, mir selbst und überhaupt allem auf der Welt.« Infolgedessen nahm sein Leid nicht mehr seine gesamte innere Welt in Beschlag, sondern stand für sich. »Alle Probleme lösten sich in Güte auf.«

Kürzlich, während eines Zen-Retreats, das die vier unermesslichen Geisteshaltungen[1] zum Thema hatte, wandte Andrew sich während etlicher Stunden der Meditation mit Mitgefühl und liebender Güte dieser speziellen Fixierung zu und erlebte dabei eine »unglaublich heilende Wirkung«. Außerdem konnte er sich »deutlich spürbar mit Gary und seiner Frau über ihr viertes Kind freuen«, das zur Welt gekommen war, als er noch bei ihnen gewohnt hatte. Bis zu diesem Zeitpunkt, so Andrew, hatte er nur Groll verspürt. Jetzt entdeckte er eine tiefe Verbundenheit, »ein Lächeln, ohne dass irgendetwas zwischen meinem Lächeln und ihrem Lächeln stand«, sowie »die intuitive Erkenntnis, dass ihre Freude meine Freude war, und dass es nur eine Freude gab, die uns allen gemeinsam war«.

Diese Erfahrung hat in Andrew das Vertrauen darauf wachsen lassen, dass diese universale Freude stets präsent ist. »Obwohl der Groll und die Verbitterung noch manchmal ans Licht kommen, weiß ich, dass diese Freude nie weit entfernt ist. Wenn mein innerer Dialog sich bestimmten Fragen zuwendet – War er nun ein guter oder ein schlechter Mensch?

---

[1] Diese vier Haltungen sind: unermessliche liebende Güte, Mitgefühl, mitfühlende Freude und Gleichmut. Eingeführt in die Praxis des Rinzai-Zen wurden sie von Zen-Meister Torei Enji (1721–1792).

Hat er mich ausgenutzt oder nicht? Wer hat Schuld? –, dann gewinne ich Erleichterung und Genugtuung aus der Gewissheit, dass all dies, betrachtet im Licht unserer wahren Natur, egal ist. Es ist alles eins.«

Aus Erfahrung hat Andrew gelernt, dass es schwierig ist, zur Ruhe zu kommen, wenn der tätige Geist die Aufmerksamkeit auf sich zieht und »andauernd zwischen Gedanken und narrativen Erklärungsmustern hin und her saust«. Doch »wenn die Aufmerksamkeit auf den Körper gerichtet ist, beruhigen sich die Dinge weitaus schneller«. Seine Erfahrung beschreibt Andrew so: »So wie ich mit der Aufmerksamkeit bei körperlichen Empfindungen bleiben konnte, indem ich sie mit neutraler Haltung registrierte, so wurde persönliches Leid zu unpersönlichem Leid, das nicht an eine bestimmte Person gebunden war.« Dadurch gelang es ihm, ein gleichmütigeres Verhältnis zum Leid im Allgemeinen zu entwickeln und sich den breiter gefächerten, allgemeinen Ursachen des Leides in der Welt zuzuwenden.

9

Partner als Buddhas

Bevor er sich der Enthaltsamkeit und dem mönchischen Leben zuwandte, war Buddha ein Prinz in einem kleinen Staat in Nordindien und hatte Frau und Kind. Allen Berichten zufolge war er seiner Frau in Liebe zugewandt und zog sie ins Vertrauen, als er sich eingehend mit der Frage beschäftigte, was das Leben ausmacht und warum die Menschen leiden. Sein Verlangen nach Erleuchtung überwog schließlich und führte ihn auf einen einsamen Pfad, weg von seiner Frau, doch gewiss nahm er dabei vieles mit, was er in den Jahren seiner Ehe gelernt hatte.

In der Samajivina Sutta findet sich eine kurze Episode, in der Buddha mit einem Ehepaar über die Eigenschaften spricht, derer es für eine glückliche Beziehung bedarf. Die beiden sind die Eltern von Nakula, einem von Buddhas ersten Schülern. Als sie beisammensitzen, sagt Nakulapita, der Vater, zu Buddha: »Herr, seitdem Nakulas Mutter als ein junges Mädchen zu mir [um meine Frau zu sein] gebracht wurde, als ich gerade erst ein junger Bub war, bin ich mir nicht bewusst, ihr untreu, selbst nur im Geist, gewesen zu sein, noch weniger mit dem Körper. Wir wollen uns nicht nur im gegenwärtigen Leben treffen, sondern auch in den kommenden Leben.« Daraufhin wendet sich Nakulamata an Buddha und drückt mit denselben Worten dieselben Empfindungen aus.

Die beiden fragen Buddha, wie sie leben sollen, wenn sie wollen, dass ihre Beziehung gedeiht. Buddha antwortet: »Wenn beide, Ehemann und Ehefrau, einander nicht nur im gegenwärtigen Leben, sondern auch in den kommenden Leben treffen wollen, sollten sie [miteinander] stimmig in Überzeugung, stimmig in Tugend, stimmig in Großzügigkeit und stimmig in Einsicht sein. Dann werden sie sich nicht nur im gegenwärtigen Leben, sondern auch in kommenden Leben treffen. Ehemann und Ehefrau, beide Überzeugung habend, empfänglich seiend, beherrscht seiend, mit dem Dhamma lebend, sich gegenseitig aufwartend mit lieben Worten, profitieren sie in vielfältiger Art. Zu ihnen kommt Segen.«[1]

Von allen Erfordernissen für eine erfolgreiche Partnerschaft ist laut Buddha Übereinstimmung das wichtigste, sowohl mit sich selbst als auch mit dem Gegenüber. Diese Übereinstimmung drückt sich, wie er weiter ausführt, auf vier Gebieten aus:

- **Übereinstimmung in den Überzeugungen:** die Absicht, denselben Weg zu gehen, dem Leben dieselbe Ausrichtung zu geben und vielleicht auch, demselben Glauben zu folgen.

---

[1] Samajivina Sutta, »Stimmig leben« (Die angereihten Lehrreden, AN 4.55); https://zugangzureinsicht.org/html/tipitaka/an/an04/an04.055.than.html.

- **Übereinstimmung in der Tugend:** in beiden Partnern das gleiche Empfinden bezüglich dessen, was wahr und was recht ist; geteilte Moralvorstellungen.
- **Übereinstimmung in der Freigiebigkeit:** gleiche Vorstellungen, was das Ausmaß und die Art der Unterstützung für andere sowie die innere Haltung dabei angeht.
- **Übereinstimmung im Urteilsvermögen:** gleiche oder ähnliche Arten, die Welt zu sehen und zu beurteilen.

Das ist eine wunderbare Idealvorstellung, und in einer Partnerschaft kommt uns die Aufgabe zu, nach ihrer Erfüllung zu streben – doch in der Praxis liegen die Dinge oft anders. Hier können wieder der oben erwähnte Vergleich mit den Mönchen, die im Kloster leben, und das Bild von der Schleiftrommel hilfreich sein. Wenn man im Bild bleibt, kann man eine Partnerschaft als ein Leben in einem Zwei-Personen-Kloster oder als eine Schleiftrommel mit zwei Steinen sehen. Ja, jeder Stoß und jeder Schlag ist schmerzvoll – manchmal sogar sehr schmerzvoll –, aber auch eine Gelegenheit, dazuzulernen, zu wachsen und die eigenen Scharten und Kanten abzuschleifen.

So wie eine Schleiftrommel sich unaufhörlich drehen muss, müssen auch wir die Übereinstimmung immer weiter verfeinern oder sie, wenn wir merken, dass wir sie verloren haben, wiederherstellen. Wie beim Polieren von Steinen. Der Partner oder die Partnerin kann uns dabei helfen, zu lernen und uns zu entwickeln, als Individuum, aber auch (und das ist wichtig) gemeinsam als Paar. Oft hört man, dass Menschen sich einen Partner wünschen, der sie »vervollständigt« – als wären sie Halbkreise, die jeweils einen anderen Halbkreis suchen, sodass ein ganzer Kreis entsteht. Ebenso häufig sprechen Menschen, die in einer Beziehung leben, von ihrem Partner als ihrer »besseren Hälfte« – aber ist es wirklich erstrebenswert, die zweite Hälfte eines anderen Menschen zu werden, und sei es auch die bessere? Wenn wir existenzielles Glück oder Vollständigkeit außerhalb von uns selbst suchen (in einem Partner oder irgendwo sonst), legen wir damit garantiert den Grundstein für Leid.

Der Zen-Meister Thich Nhat Hanh beschreibt eine Partnerschaft als den Zusammenschluss von zwei Gärten. Wir alle tragen die Samen von Unkraut in uns, etwa von Wut, Angst, Diskriminierung oder Eifersucht, aber auch von herrlichen Blumen, wie etwa Mitgefühl, Verständnis und Liebe. Wenn wir die Samen des Leids gießen, werden sie zu Pflanzen des Schmerzes und des Hasses austreiben, doch wenn wir die Samen des Mitgefühls gießen, werden sie zu wunderschönen Blumen der Liebe und der Güte austreiben. Daher müssen wir als Erstes lernen, in unserem Garten gezielt zu gießen. Erst dann besitzen wir ausreichend Wissen, um unserem Partner zu helfen, die Blumen in seinem Garten zu gießen.

Die Symbole, die bei einer Zen-Hochzeitszeremonie verwendet werden, veranschaulichen dies sehr gut. Es beginnt damit, dass Braut und Bräutigam von links beziehungsweise rechts auf den Altar zugehen. Beide halten jeweils zwei brennende Kerzen in der Hand, eine rote und eine weiße. Diese Kerzen stehen für die Gegensätze in ihrem Inneren, ihr Yin und ihr Yang, ihre helle und ihre dunkle Seite, wenn man so will. Jeder hat eine mittelgroße Kerze vor sich stehen, die er oder sie jetzt mit den beiden kleineren Kerzen anzündet. Dieser Vorgang symbolisiert den Weg ihrer individuellen spirituellen Praxis, durch den beide diese Gegensätze auflösen, indem sie die Perspektive des Einsseins oder der Nicht-Dualität erreichen. Dann nehmen beide ihre mittelgroße Kerze, treten vor den Altar, auf dem eine große Kerze steht, und zünden diese gemeinsam an. Dieser Schritt symbolisiert das Verschmelzen ihrer beiden Wege sowie die Verpflichtung, einander zu unterstützen und auch spirituell einem gemeinsamen Pfad zu folgen. Diese Zeremonie bringt zum Ausdruck, dass das individuelle innere Wachstum und die persönliche Entwicklung bei beiden Partnern von gleichem Rang sind, sowie die Verpflichtung, einander zu helfen, durch die Beziehung zu wachsen.

Im Folgenden hören wir zwei ganz unterschiedliche und besondere Beispiele dafür, wie der Partner ein lästiger Buddha werden und welche Lehren man aus dieser Erfahrung ziehen kann. Die erste Geschichte kann sich in jeder Beziehung ereignen (und ich würde sogar behaupten, sie *wird* sich früher oder später so oder so ähnlich ereignen). Das zweite Beispiel veranschaulicht, wie selbst das katastrophale Ende einer Partnerschaft ein fruchtbarer Boden für inneres Wachstum und die Erforschung des eigenen Inneren werden kann.

Die eigenen Gefühle unmittelbar ausdrücken

Seit John seine Frau kannte, beobachtete er immer wieder Folgendes: »Wenn sie in irgendetwas vertieft war – wenn sie las oder am Computer beschäftigt war –, war sie taub für das, was ich sagte.« Wenn ihr Verhältnis entspannt war, witzelten sie oft darüber, dass seine Worte sich in ihre innere Warteschlange einreihten und abgespielt würden, sobald sie mit ihrer Tätigkeit fertig wäre. Manchmal würden die Botschaften korrekt wiedergegeben, meist jedoch wären sie auf irgendeine Weise entstellt. Wenn John weniger entspannt und nicht so nachsichtig war, ging ihm diese Angewohnheit auf die Nerven. Und wenn er die Situation in der anderen Richtung betrachtete, fiel ihm etwas auf: »Mir schien, dass ich fast immer, wenn sie etwas zu mir sagte, meine Aufmerksamkeit erweitern und ihr zuhören konnte.«

John erkannte, dass seine Frau dieses Verhalten nicht bewusst steuerte. »Sie ignorierte mich nicht absichtlich, sondern wenn sie sich auf etwas konzentrierte, bemerkte ihr Gehirn einfach nicht, dass ich etwas sagte. Weil ich ahnte, dass weder sie noch ich etwas daran ändern konnten, sah ich es als meine Aufgabe an, ihr Verhalten einfach anzunehmen.« Ein paar Jahre vergingen, doch Johns Haltung änderte nichts daran, dass ihn das Verhalten seiner Frau ärgerte; vielmehr stauten sich in seinem Inneren seine unter Verschluss gehaltenen Gefühle immer stärker auf. In schwächeren Momenten (in denen er seine Emotionen nicht so gut regulieren konnte) reagierte er gereizt: »Ich brachte diese aufgestauten Gefühle durch passiv-aggressive oder bissige Bemerkungen zum Ausdruck, die ich jeweils einige Zeit später fallen ließ.« Das führte unvermeidlich zu Konflikten: »Das verursachte mir jedes Mal ein scheußliches Gefühl im Magen, und ich fühlte mich schuldig.«

Nachdem er über diese Vorgänge nachgedacht hatte, beschloss er, seiner Frau von seinem Ärger zu erzählen, sobald er ihn verspürte, anstatt ihn einfach nur hinzunehmen. Er fand Wege, ihr zu sagen, wie er sich fühlte, wenn sie ihm nicht zuhörte (»abgesehen von den Situationen, in denen sie auch meine Erklärungen nicht hörte …«). »Meine Empfindungen aufrichtig und in aller Ruhe dann zu beschreiben, wenn sie auftauchten, war eine weitaus gesündere Art, sie zum Ausdruck zu bringen.« Je öfter ihm das gelang, desto weniger emotionale Energie sammelte sich an und desto wohler fühlte er sich. »Im Gegenzug erkannte meine Frau, wie frustrierend es für mich war, wenn sie mir nicht zuhörte.« Obwohl ihr Verhalten unbewusst ablief, »zeigte sie es immer seltener, einfach weil sie wusste, welche Wirkung es hatte«.

Mittlerweile hat John festgestellt, dass auch er, wenn er sich stark auf etwas konzentriert, seiner Frau manchmal nicht zuhört oder mit Verspätung reagiert, wenn sie ihn anspricht. Diese Erkenntnis, so berichtet er, »hat dazu geführt, dass ich ihr ein solches Verhalten sehr viel mehr nachsehe und es akzeptiere«.

Die Lotusblüten im Feuer

Vor sechs Jahren hat Anne-Marie ihre Ehe beendet. Darin war es hitzig zugegangen – sie selbst nennt diese Zeit einen »Schmelztiegel, in dem ein karmisches Feuer loderte«. Sie berichtet: »Mein Mann – eins fünfundneunzig groß – stürmte durch mein Leben, flammend vor energiegeladener Wut. Alle paar Tage geriet er in Rage, und diese Wutausbrüche gaben den Takt für unsere Beziehung vor.« Dieses Verhalten verwirrte sie, und sie fand es äußerst schwierig, damit umzugehen. Um zu verstehen, was vor sich ging, hinterfragte sie daher alles: »Ich überprüfte mich selbst und meine Beziehung mit geradezu akademischer Akribie.« Doch den Auslösern für diese Ausbrüche kam sie einfach nicht auf den Grund, auch nicht den Quellen des Zorns, und sie fragte sich, warum sie sich von diesem Mann so angezogen fühlte. Zwar hatte sie zuvor schon mit leicht problematischen Menschen zu tun gehabt, doch keine dieser Begegnungen hatte sie dazu veranlasst, sich so eingehend mit sich selbst zu beschäftigen, wie sie es jetzt tat. »Das Thema war so groß, dass ich es einfach nicht ignorieren konnte!«

Zunächst suchte sie Hilfe in der Medizin. »Ich las alles, was ich zu der Frage in die Finger bekam: Bücher über die Dynamik der Seele, Psychologie, Leid, Abhängigkeit, kulturelle Muster, Familienstrukturen und Bindungstraumata.« Sie versuchte es mit verschiedenen Formen der Psychotherapie, bis sie über einen andersartigen Ansatz stolperte: Zen-Buddhismus. Die Übungen in Achtsamkeit und Mitgefühl, die vorurteilsfreie Selbsterforschung und die Einzelgespräche mit einem Lehrer erwiesen sich für sie als das wirkungsvollste Instrumentarium.

Durch die Zen-Übung fand sie nach und nach »zu einem klaren Geist und innerer Stärke. So befreite ich mich Schritt für Schritt aus dem tiefen Loch, in das ich geraten war.« Es fühlte sich an, »als würde mir jemand bei grellem Tageslicht den Spiegel vorhalten«. Bei den Treffen mit ihrem Zen-Lehrer (ein solches Treffen zwischen Lehrer und Schülerin, für das es keine bestimmten Vorgaben gibt, heißt *sanzen*) schuf dieser einen Raum, in dem sie ihre Wut und ihren Zorn in sicherer Umgebung äußern konnte. »Ich konnte diese Gefühle betrachten, ohne dass sie alles andere, was ich in meinem Leben anfasste, in Schutt und Asche legten.« Heute schätzt sie sich über die Maßen glücklich, ihren Lehrer kennengelernt zu haben, und fühlt sich ihm für all seine Hilfe zu tiefem Dank verpflichtet.

Je mehr sie ihr Herz öffnete, desto besser gelang es ihr, diesen Raum, in dem sie das Feuer voll und ganz wahrnehmen und anerkennen konnte, selbst zu schaffen und zu erhalten. »Als diese Kraft freigesetzt wurde und sich veränderte, stieß ich auf einen tief liegenden Schmerz.« Das Verhalten ihres Mannes hatte ihr geholfen, zu ihrer leugnenden Haltung vorzustoßen, zu ihrer eigenen unterdrückten Wut und ihrer blockierten Energie; ein Zustand, der, wie sie entdeckte, seinen Ursprung in ihrer Kindheit hatte. »Als Kind hatte ich gelernt, dass gewalttätiges, aggressives Verhalten akzeptabel war, wenn andere es zeigten. Aber meine eigene Wut auszudrücken, hätte mich in Gefahr gebracht.« Dieser Umstand hatte dazu geführt, dass sie ihre Gefühle tief in ihrem Inneren unter Verschluss hielt. Jetzt erkannte sie, dass die gewalttätigen und aggressiven Züge ihres Mannes sie an früher erinnert und daher angezogen hatten. »Als sich die Dinge immer mehr klärten, erkannte ich, dass er sich genauso verhielt wie meine Mutter, als ich ein Kind war, nur ein paar Nummern heftiger.« Mit der Zeit entdeckte sie, dass sich dieses Muster von Gewalt, die nicht in die Schranken gewiesen wird, seit Generationen durch ihre Familie zog.

Infolgedessen war Anne-Marie zum ersten Mal in der Lage, ihren Mann so zu lieben, wie er war. Damals bestand die Beziehung noch, und Anne-Marie sah sich als »eine Lotusblume im Feuer« (dieses traditionelle buddhistische Bild steht für unsere Fähigkeit, auch inmitten von Leid mit Güte, Gleichmut und Verständnis zu reagieren). »In dieser Zeit hatte ich einen Traum«, berichtet Anne-Marie. »Ein Zug erreichte mit einem heftigen Ruck das Ende des Gleises. In diesem Moment wusste ich, dass meine Beziehung vorbei war.« Sie wusste, dass sie aus dem Zug aussteigen und ihren Weg zu Fuß fortsetzen musste. »Ich habe meinen Mann auf der Stelle verlassen. Ich wurde immer stärker, fühlte mich immer mehr als eins und verstand immer mehr.« Weiter erzählt sie: »Die regelmäßige Meditation half mir dabei, mich nach und nach auch mit anderen Formen des Leids zu beschäftigen, denen ich im Leben ausgesetzt gewesen war, wie etwa Depressionen, Angstzuständen und einem tief sitzenden, generationenübergreifenden Bindungstrauma. In diesen Jahren konnte ich mich von so vielen Dingen befreien, manchmal auch auf körperliche Weise, etwa durch Schüttelmeditation.«

Als sie noch zusammen waren, erkannte Anne-Marie deutlich, dass die Persönlichkeit ihres Mannes ganz »im Zeichen geballter Energie stand«, wie sie es formuliert – sie sah jetzt, was für ein Mensch er war, und dass er so geworden war, weil in seiner Kindheit auf ihm herumgetrampelt worden war. Sie wusste, dass in seinem Inneren nichts unwiderruflich zerbrochen war, dass er kein schlechter oder unverbesserlicher Mensch war. »Auch er war ein dynamischer Prozess, immer im Fluss und mit anderen verflochten – ein Teil des Universums wie alles andere auch. Er konnte nur einfach seine Wut nicht kontrollieren.«

Rückblickend erkennt Anne-Marie, dass sie auch deshalb in der Beziehung blieb, weil sie hoffte, sie könnten gemeinsam einen Weg der Heilung beschreiten. »Doch letztlich war er dazu nicht in der Lage, und das macht mich noch immer traurig.« Ihr selbst gelang es zwar, im Rahmen der Beziehung Fortschritte zu machen, doch für ihn war es nicht der richtige

Zeitpunkt. Nach ihrer Scheidung schrieb sie ihm eine Mail, die einen Wendepunkt darstellte. »Ich dankte ihm für die gemeinsamen Jahre und dafür, dass er mein Lehrer gewesen war. Er sagte, er verstehe das.«

Wenn zwei Menschen in einer Partnerschaft – um das Bild des Gartens wieder aufzunehmen, das Thich Nhat Hanh verwendet – gelernt haben, gezielt die Blumen der Liebe und der Güte zu gießen, erst im eigenen Garten, dann in dem des Partners und schließlich im gemeinsamen Garten, werden sie eine *sangha* (so der buddhistische Ausdruck für eine Gemeinschaft) aus zwei Menschen. Gemeinsam können sie dann einem dritten Menschen Zuflucht gewähren, dann einem vierten und so weiter. Auf diese Weise wächst die *sangha* weiter. Wie wir in den folgenden Kapiteln sehen werden, ist die Bedeutung von Gemeinschaften nicht zu unterschätzen: Sie bescheren uns problematische Situationen, in denen wir dazulernen und wachsen können, aber sie unterstützen uns auch und helfen uns durch diese schwierigen Phasen.

10

Buddhas in der Familie

Ram Dass, ein renommierter zeitgenössischer spiritueller Lehrer, sagte einmal: »Wenn du glaubst, erleuchtet zu sein, dann verbringe einmal eine Woche mit deiner Familie.«[1] Wenn wir in die Familienumgebung zurückkehren, in der wir aufgewachsen sind, gehen unsere unter Mühen gewonnenen Einsichten und elaborierten Daseinsweisen nur allzu leicht über Bord. Im Handumdrehen verfallen wir wieder in die negativen Verhaltensweisen, die uns in den Jahren beherrscht haben, bevor wir unser Zuhause verlassen haben.

Darüber hinaus sind Familienmitglieder wahre Meister darin, unsere wunden Punkte zu treffen. Das sind oft bestimmte Gedanken oder Themen, auf die wir besonders empfindlich reagieren und die für gewöhnlich mit Geschehnissen aus unseren jungen Jahren zusammenhängen. Vielleicht bringt es Sie

[1] https://www.ramdass.org/ram-dass-quotes/

Schauplätze problematischer Begegnungen

etwa auf die Palme, wenn Ihr Vater Ihre neue Frisur misstrauisch beäugt, oder es nervt Sie, wenn Ihre Schwester auf »diese peinliche Geschichte« anspielt, die sich ereignet hat, als Sie zwölf waren. Vor allem bei unseren Geschwistern haben wir rasch heraus, wo deren wunde Punkte liegen, oft noch bevor wir erkennen, dass unsere eigenen an denselben Stellen liegen! Als Erwachsene zielen wir manchmal aus Wut oder Boshaftigkeit mit Absicht auf den wunden Punkt eines anderen. Dieses gezielte Aufbrechen alter Wunden ist eines der destruktivsten Verhaltensmuster, die in einer Beziehung entstehen können. Es führt zu nichts, außer zu noch mehr Leid und Unglück.

Haben wir uns jedoch eine Haltung der Achtsamkeit und der Offenherzigkeit angewöhnt und eine gewisse Zeit damit verbracht, uns selbst zu erforschen, dann stellt es ein unschätzbares Geschenk dar, wenn jemand versucht, einen unserer wunden Punkte zu treffen. Einige der folgenden Beispiele werden das veranschaulichen. Solche Versuche richten unsere Aufmerksamkeit auf Regionen in unserem Inneren, in denen noch immer Unruhe entstehen kann. Wenn wir uns bewusst machen, wie der andere versucht, uns zu provozieren, und die ersten Anzeichen unserer üblichen Reaktion bemerken, können wir innehalten, das Geschehen in unserem Inneren wahrnehmen und da sein lassen und uns bewusst für eine bestimmte Reaktion entscheiden.

Sich als erwachsener Mensch zu entwickeln und zu wachsen, ist ein wunderbarer Prozess, doch wenn Familienmitglieder die Veränderungen, die in uns vorgehen, nicht sehen oder nicht verstehen wollen und uns weiter so behandeln, als wären wir die, die wir früher waren, können problematische Situationen entstehen. Ich selbst kann mich an zahlreiche solcher Situationen in der Familie und im Freundeskreis erinnern. Als Babys und Kinder entwickeln wir alle eine Beziehung zu unseren Eltern. Doch wenn wir älter werden und von zu Hause ausziehen, machen nicht alle den abschließenden Schritt und entwickeln sich über diese Eltern-Kind-Beziehung hinaus. Man könnte das das eigentliche oder wahrhafte Erwachsenwerden nennen. Manche Menschen haben Eltern, die verständig genug sind, um es zu ermöglichen, dass sich dieser Übergang ganz natürlich vollzieht. Andere dagegen bleiben ihr gesamtes Leben lang mehr oder weniger in der Rolle des Kindes stecken, halten im Kreis der Familie an alten Gewohnheiten und Verhaltensmustern fest und bescheren sich dadurch selbst großes Leid.

Mich erinnert dieser letzte Schritt ein bisschen an die Bemühungen eines Krebses, der sich aus seiner harten Schale befreit. Das Gefühl, eingeengt zu sein, sich nicht bewegen zu können und in alten Gewohnheiten festzustecken, ist schmerzhaft. Bei manchen Menschen ist die Motivation oder der Wunsch nach Veränderung so groß, dass daraus die Kraft entsteht, die das Wachstum antreibt. Sich aus der Schale herauszuwinden, kann bisweilen jedoch noch schmerzhafter sein, als in ihr zu verharren, und ich kenne einige Menschen, denen das zu viel war und die es nicht weiter versucht haben. Doch wenn wir beharrlich bleiben, kann es eine gewaltige Erleichterung sein, endlich aus der Schale auszubrechen. Und mit der Zeit ermöglicht eine solche Veränderung allen Beteiligten, zu wachsen und die Beziehung auf eine neue Grundlage zu stellen. Dieser Anpassungsprozess kann eine gewisse Zeit in Anspruch nehmen, und auch wenn dabei Probleme ganz eigener

Art entstehen können, hat man dabei oft das Gefühl, auf dem richtigen Weg zu sein – es fühlt sich heilsam und befreiend an. Die folgenden Beispiele führen die unterschiedlichen Stadien dieses Prozesses vor Augen.

Die ersten beiden Berichte unterstreichen noch einmal, wie wichtig es ist, darauf zu achten, wie unser Körper im Rahmen belasteter Beziehungen reagiert. Im ersten Fall hören wir von Franco, der erkannte, dass die problematischen Konfrontationen mit seinen Eltern bei ihm zu körperlichen Verspannungen und Steifheit geführt hatten. Diese wichtige Erkenntnis erinnerte ihn auf schlagende Weise daran, dass Körper, Geist und Gefühle miteinander verwoben sind und Anspannung und Widerstand auf die unterschiedlichsten Weisen zum Ausdruck kommen können. Das zweite Beispiel erzählt von Ruth, der klar wurde, wie tief sie sich in Grübeleien über ihre Mutter, in narrativen Erklärungsmustern und Schuldzuweisungen verstrickt hatte. Wenn sie sich auf ihren Körper konzentrierte, brachte sie dadurch das übliche Gedankenkarussell zum Stehen und legte ihre vorwurfsvolle Haltung ab. In der Folge war sie unvergleichlich besser in der Lage, mit ihrer Mutter zu kommunizieren und die Beziehung zu ihr zu pflegen.

Anspannung und fixe Ideen loslassen

Franco hatte eine erfüllte Kindheit, in der er alles bekam, was ein Kind sich wünschen kann. Doch als erwachsener Mann war er nach jedem Gespräch mit seinen Eltern gereizt und verärgert und fühlte sich missverstanden. »Ich machte sie für alle meine Probleme verantwortlich und fühlte mich in jeder

Hinsicht blockiert.« Wenn sie etwas sagten, das er als Provokation empfand, grübelte er »anschließend noch lange darüber nach, steckte weiter in dem Gefühl fest und war völlig außer Stande loszulassen«. Dabei fand sein Denken die absurdesten Erklärungen für diese negativen Empfindungen.

Nachdem Franco mit praktischen Übungen in Zen und Achtsamkeit begonnen hatte, wandte er sich den Vorgängen in seinem Denken zu. »Mir wurde klar, wie sehr ich mich in meinen verblendeten Vorstellungen verrannt hatte. Meine fixen Ideen, meine Ansichten und Meinungen hatten mich in eine kleine Schachtel gesperrt, und ich war in keiner Weise in der Lage, über den Rand hinaus zu blicken.« In dieser Schachtel hatte er »im Stillen gelitten« und sich »isoliert und allein gefühlt«. Mithilfe der Übung in Zen und Achtsamkeit gelang es ihm, die Schachtel zu öffnen. »Allmählich erkannte ich, dass und wie ich auf vielfältige Weise mit meinen Eltern verbunden bin, mit den Orten, an denen ich gelebt habe, und mit dem gesamten Universum. Diese Verbundenheit erstreckt sich auf alles im Universum; es gibt nichts Persönliches, weder Gewinn noch Verlust.« Heute begegnet er seinen Eltern auf andere Weise: »Ich beobachte meine Gefühle und sehe zu, wie tief sitzende negative Gedanken aufsteigen, aber ich weiß, ich brauche nicht mehr auf sie zu reagieren. Ich nehme sie wahr, und das ist alles.«

Seit etwa einem Jahr übt Franco verstärkt Yoga und Qi Gong, und dabei hat er festgestellt, wie steif und unbeweglich er geworden ist. »Anfangs dachte ich, das läge daran, dass ich jahrelang gelaufen und Fahrrad gefahren bin, doch dann wurde mir klar, dass diese Versteifung zumindest teilweise daher rührt, dass jedes Mal, wenn ich es mit einer problematischen

Person zu tun habe, die Anspannung in mir wächst. Dann verhärtet sich mein Körper nach und nach und verschließt sich.« Heute lenkt er bei Gesprächen mit seinen Eltern oder in der Gegenwart anderer lästiger Buddhas, die ihm als Lehrer dienen, die Aufmerksamkeit auf die dadurch verursachte Anspannung in seinem Körper und akzeptiert sie als eines seiner alten, eingefahrenen Verhaltensmuster. »Ich kann mich jetzt bewusst dafür entscheiden, entspannt zu bleiben, sodass mein Körper sich wieder öffnen kann.« Franco weiß, dass sein Körper im Wesentlichen deshalb so reagiert, weil etwas in ihm die Welt noch immer als getrennt erlebt. Diese grundlegende, verblendete Sichtweise der Getrenntheit zu durchschauen, ist der Kern der Zen-Praxis. »Wenn wir die Welt aus der Perspektive der Getrenntheit betrachten, dann gibt es immer etwas, das verteidigt werden muss, und etwas, das verletzt und verärgert werden kann.«

Heute ist Franco dankbar für die Signale, die sein Körper ihm sendet und die ihn an seine Verblendung erinnern. »Ich bin dankbar für all die problematischen Buddhas, die diese Signale im Lauf der Jahre ›entzündet‹ haben, insbesondere meine Eltern.« Erst jetzt kann er ohne Vorbehalte erkennen und wertschätzen, dass sie ihn, auf ihre eigene Weise, lieben und immer geliebt haben.

Mit den eigenen Empfindungen eins werden

Als Heranwachsende warf Ruth ihrer Mutter zahlreiche Dinge vor, die diese während Ruths Kindheit getan hatte und die Ruth geprägt hatten. Während ihres Studiums besuchte sie ihre Mutter absichtlich kein einziges Mal. Sie wusste, dass das ihre Mutter verletzte, aber sie wollte mit ihr einfach so wenig Kontakt wie möglich. Ruth erlebt ihre Mutter so: »Sie behält gern die Kontrolle und nutzt jede Gelegenheit, mir auf die Nerven zu gehen und mir zu sagen, wie ich mein Leben leben soll.« Über diese lange Phase, in der sie jeden direkten Kontakt vermied, sagt sie heute: »Wenn wir hin und wieder telefonierten, war ich unfreundlich und grob, sagte ihr, sie solle nicht so viel reden, und dass ich das alles schon tausend Mal gehört hätte, und oft machte ich während des Gesprächs irgendwelche anderen Sachen.« Diese Gespräche ließen Ruth wütend zurück und setzten ihr auch körperlich zu. Diese Reaktionen traten jedes Mal auf, wenn sie mit ihrer Mutter zu tun hatte.

Einige Jahre später, als Ruth begann, Zen zu praktizieren, wandte sie sich ihrem Leiden eingehender zu. »Bis dahin hatte ich die Probleme, die ich mit meiner Mutter hatte, ausschließlich kognitiv betrachtet, mithilfe bestimmter Begriffe und Vorstellungen.« Sie lernte, sich ihre körperlichen Empfindungen bewusst zu machen, ohne dabei urteilende Gedanken zu entwickeln, und konnte so damit aufhören, ihrer Mutter Vorwürfe zu machen. »Durch Achtsamkeit konnte ich meine eingefahrenen Reaktionen durchbrechen und mir einen Raum schaffen – keinen entlegenen, kühlen Raum, sondern einen persönlichen, der mir Kraft spendete –, in dem ich den Pesthauch, der mein Leid umgab, klar erkennen konnte.« Diese Selbsterkundung führte dazu, dass sie still wurde und auf ihr Inneres hörte, etwa auf »dieses stechende Gefühl im Magen, das mir sagte, dass ich nicht dort sein wollte, wo ich war«. Im Lauf der Zeit, so berichtet sie weiter, »wurde mir unmittelbar bewusst, wie viele unangenehme Empfindungen sich in meinem Herz und meinem Bauch äußerten.«

Der Kontakt mit ihrer Mutter führte weiter zu Unmut und Wut, doch sie bemerkte jetzt auch einen neuen Gedanken: »Ich empfand es als unbuddhistisch, ihr so zu grollen und den Kontakt zu vermeiden.« Wie sie erkannte, ging dieser Gedanke in eine grundsätzlich andere Richtung, und sie wusste, dass ihre eigentliche Aufgabe darin bestand, sich weiter mit ihren problematischen Gefühlen auseinanderzusetzen. »Den Ansporn, mich weiter in Zen zu üben, bezog ich aus dem Verlangen, den Schmerz zu überwinden und mein Leid hinter mir zu lassen.« Sie erkannte einige der Grenzen und Mauern, die sie um ihre Gefühle herum errichtet hatte, beschäftigte sich mit Traumabewältigung, fing an, Yoga zu machen, und konzentrierte sich darauf, ihre Probleme auf der körperlichen Ebene anzugehen.

»Dieser Prozess machte mir wirklich ganz schön zu schaffen; das war eine durchwachsene und schwierige Lebensphase. Als ich meine Empfindungen immer mehr zuließ und eins mit ihnen wurde, reagierte ich nicht mehr auf negative Weise und entzog mich meiner Mutter, sondern konnte auf sie zugehen. Ich begegnete ihr auf sanftere Art und entwickelte mehr Güte und Mitgefühl für sie.« Sie probierte andere Arten aus, um mit ihrer Mutter zu kommunizieren, wie etwa Textnachrichten oder Postkarten, die eine Interaktion ermöglichten, die sie besser im Griff hatte, die aber nicht oberflächlich waren.

Nach einer Weile betrachtete Ruth die Telefonate mit ihrer Mutter als Übungen, um ganz in der Gegenwart zu sein. »Wenn ich mir vornahm, sie anzurufen, sorgte ich dafür, dass ich ausreichend Zeit hatte und mich nichts ablenkte, und ich bemühte mich, meiner Mutter meine ganze Aufmerksamkeit zu widmen, während sie redete und redete.« Ihr wurde klar, dass die Kommunikation mit ihrer Mutter weiterhin schwierig bleiben würde, doch durch ihre Arbeit an sich selbst hat sie einige echte Veränderungen bewirkt. »Neulich merkte meine Mutter an, ich sei in letzter Zeit so freundlich zu ihr gewesen.« Und ihre Mutter erwidert diese Freundlichkeit.

Vor nicht allzu langer Zeit, während eines Zen-Retreats, gewann ihre Beziehung eine ganz neue Qualität. »Während der Meditation konnte ich meine Mutter so sehen, wie sie wirklich ist, in ihrer ursprünglichen Gestalt, ohne all das Leid, das sich durch die Erziehung, die sie genossen hat, und die Einschränkungen, denen sie im Leben unterworfen war, angesammelt hat.« Nach dieser Veränderung entwickelte Ruth ein durch und durch natürliches Mitgefühl für ihre Mutter. »Die Bemühungen, die ich zuvor angestellt hatte, waren nicht mehr nötig. Ich sah meine Mutter so, wie sie war, und erkannte jetzt auch ihre humorvolle Seite. Ich konnte ganz entspannt und natürlich mit ihr plaudern.«

Während der Zeremonie, bei der sie sich vor einigen Jahren formell dem buddhistischen Weg und den Tugendregeln verschrieb, wurde sie auch dazu aufgefordert, sich vor ihren Eltern zu verbeugen. »Ich tat es, aber ich meinte es nicht so.« Kürzlich verspürte sie das starke Bedürfnis, sich in aufrichtiger Ehrfurcht vor ihren Eltern zu verbeugen. »Ich fragte meinen Lehrer, ob ich die Verbeugung vor ihm wiederholen könne. Und diesmal meinte ich es ernst.«

Im nächsten Beispiel hören wir von Henry. Er hatte ein belastetes Verhältnis zu seinen Eltern, weil er sich Anerkennung wünschte für etwas, das er tat, sie aber nicht bekam. In der Folge glaubte er, lügen zu müssen, woraufhin die Situation noch unangenehmer wurde. Indem er sich selbst erkundete, erkannte er, dass die Schwierigkeiten, die er mit seinen Eltern hatte, die Unsicherheit widerspiegelten, die er bezüglich seines Selbstbildes hatte sowie des Bildes von dem Menschen, der er sein wollte.

Wenn es kein Zen mehr gibt

Henry ist fünfunddreißig Jahre alt und praktiziert seit zehn Jahren Zen. Lange Zeit wünschte er sich, dass andere sein Bedürfnis nach spiritueller Erfüllung sahen und anerkannten, insbesondere seine Eltern. »Meine Eltern sahen mein Interesse für Zen immer mit einer Mischung aus Besorgnis und Unverständnis. Sie wollten nicht darüber sprechen und taten meist alles, um dieses Thema zu vermeiden.« Seine Eltern waren Atheisten, und Henry glaubte, sie hätten Vorurteile gegen jede Art von Religion und spiritueller Praxis. »Dass ich mit ihnen nicht darüber sprechen konnte, war für mich ein echtes Problem und unterstrich, dass wir keinen Draht zueinander hatten, so sehr ich mir das auch wünschte.« Das führte dazu, dass Henry seine Eltern anlog und sagte, er arbeite, während er in Wahrheit bei einem Retreat war. Dadurch entstand eine deutliche Kluft zwischen dem, was er sagte, und dem, was er war.

Wenn das Gespräch doch einmal auf Zen kam, wurde es für Henry immer unangenehm. »Schon dahingesagte Bemerkungen konnten mir schwer zu schaffen machen; an manchen Kommentaren, wie etwa dass Meditation doch ein bisschen egoistisch sei, knabberte ich eine halbe Ewigkeit.« Es ärgerte ihn, dass ihn das so quälte, denn Zen sollte doch, wie er meinte, zu innerem Frieden führen. Er berichtet weiter: »Mir kam das auf einmal alles so verlogen vor.« Die Zweifel wuchsen und wuchsen. Außerdem regte es ihn auf, dass das, was seine Eltern sagten, ihn nervte, während ein Teil von ihm doch genauso dachte. »Warum rührte sich da etwas in mir, wo ich doch selbst nur zu einem gewissen Maß davon überzeugt war?«

Heute versteht Henry, dass all das das Räderwerk seiner Zen-Praxis nur weiter geschmiert hat. Nach und nach wurde ihm klar, dass für seine Probleme weniger seine Eltern verantwortlich waren, sondern vielmehr seine eigenen Haltungen und Überzeugungen. »Ich kam im Leben nicht gut zurecht. Ich erkannte, dass etwas an der Art, wie ich die Welt sah, falsch sein musste.«

Er dachte darüber nach, dass und wie seine Eltern »meine Sichtweise auf Zen und mein Verhältnis dazu regelmäßig in Frage stellten – einfach, indem sie so waren, wie sie waren«. Nach einem dieser Gespräche kam es zu einer tiefgreifenden Veränderung. »Nachdem ich zu meiner Mutter so etwas gesagt hatte wie ›Ich will einfach nur über Zen reden‹, antwortete sie: ›Wahrscheinlich wirst du irgendwann einmal selbst zu Zen werden. Dann musst du nicht mehr darüber reden.‹« Henry fand das überraschend einleuchtend. »Das traf den Nagel auf den Kopf, denn ich wollte tatsächlich, dass Zen voll und ganz ein Teil von mir wurde, und nicht etwas Besonderes oder etwas, das sich von mir unterschied.«

Als ich ihn fragte, ob er mittlerweile den Punkt erreicht hatte, an dem es »kein Zen mehr gibt«, sagte er: »Ich nähere mich an ...!« Er fügte hinzu: »Es fühlt sich immer weniger wie etwas an, das man verlieren oder näher beschreiben könnte. Anders als früher verstehe ich es jetzt mehr als eine besondere Art der Erfahrung.« Mit seinen Eltern spricht er nicht mehr so viel darüber wie zuvor. »Ich versuche nicht mehr, sie zu überzeugen oder es ihnen zu erklären, so wie ich es früher getan habe. Sie bekommen mit, dass ich meditiere, stellen das aber nicht in Frage.« Er hat ihnen einen Rat gegeben, falls sie sich Sorgen machen, was Zen in ihm bewirken könnte: »Achtet einfach nur darauf, wie ich bin; wenn ich freundlicher und ein besserer Mensch werde, dann läuft es gut!« Bislang haben sie sich nicht beschwert.

Die nächsten beiden Beispiele drehen sich um die Qualen, die man leidet, wenn man will, dass die Dinge so oder so sind, sie aber einfach nicht so sind oder sein können. In der ersten Geschichte berichtet Clive davon, dass er glaubte, nur dann glücklich werden zu können, wenn er die Wunden in der Beziehung zu seinen Eltern heilen würde, und wie er auf massiven Widerstand stieß, als er versuchte, mit ihnen über seine Probleme zu sprechen. Anschließend beschreibe ich eine eigene Erfahrung: wie ich wollte, dass meine Mutter Dinge tat, zu denen sie einfach nicht in der Lage war. Wir werden sehen, wie Clive und ich nach und nach damit klarkamen, wie unsere Eltern waren, und unsere jeweilige persönliche Situation akzeptierten. In meinem Fall musste ich einen Trauerprozess hinter mich bringen, weil ich den Menschen verloren hatte, nach dem ich mich sehnte. In beiden Fällen folgte auf das Akzeptieren der Situation ein Gefühl größerer Freiheit sowie innere Ruhe. Sobald wir akzeptiert hatten, dass wir nicht die Macht hatten, unsere Eltern zu ändern, war es uns beiden im selben Maße wichtig, die Beziehung weiter zu pflegen und dabei die Problemfelder auszusparen. Dadurch gelang es uns, die Zeit mit unseren Eltern zu genießen und das Leid auf ein Minimum zu reduzieren.

Achtsam sein und sich selbst so annehmen, wie man jetzt ist

Clive ist das jüngste von vier Kindern, und als Heranwachsender war er, wie er sagt, »derjenige, der sich am wenigsten hervorgetan hat«. Aus seiner heutigen Sicht eines Erwachsenen stellt er fest: »Aufgrund der familiären Situation habe ich vermutlich schon in jungen Jahren gelernt, meine Gefühle zu unterdrücken und mich anders zu geben, als ich bin. Als ich dann erwachsen war und studierte, sehnte ich mich danach, dass jemand hinter meine Maske blicken würde und das hören könnte, was zu sagen ich nicht in der Lage war.« Während dieser Jahre brachte er seinen Eltern viel Verbitterung und Groll entgegen und fühlte sich absolut ungesehen und einsam.

Mithilfe einer Psychotherapeutin erkannte Clive, dass sein Leid und sein Schmerz in seiner Kindheit begründet lagen. Obwohl es wehtat, verschaffte es ihm Erleichterung, die Probleme, die ihm Leid bereiteten, einfach nur zu benennen. »Irgendwann glaubte ich, nur dann glücklich werden zu können, wenn ich die Wunden in der Beziehung zu meinen Eltern heilte. Dadurch wurde ich in gewisser Weise abhängig von ihnen.« Aus dem verzweifelten Wunsch heraus, sich zu heilen, suchte er eine Zeit lang den Kontakt zu ihnen und versuchte, mit ihnen über seine Gefühle zu sprechen. Seine Eltern machten jedoch keinen Hehl aus ihrem Unwillen, sich Gedanken über ihr Verhalten in der Vergangenheit zu machen oder darüber zu diskutieren; nach einer Weile ahnte Clive, dass es ihm »nicht guttat, in dieser Richtung weiterzubohren«.

Einen echten Wendepunkt erreichte er, als er erkannte, dass er sich, um sich zu heilen, nicht mit dem Wie und Warum dessen zu beschäftigen brauchte, was in seiner Kindheit geschehen war. »Die Heilung konnte auch erfolgen, indem ich mich mir bewusst zuwandte und mich so annahm, wie ich jetzt war; meine Eltern brauchte ich dazu gar nicht.« Anfangs mit der Hilfe seiner Therapeutin, dann durch Übungen in Achtsamkeit und Zen, erkundete er, wie es sich anfühlte, den Schmerz körperlich zu spüren, ohne die damit verbundenen Gedanken und narrativen Erklärungsmuster zu beachten.

Mit der Zeit wurde er immer sicherer in den Techniken der bewussten Hinwendung, der Akzeptanz und der Urteilsfreiheit. Nach und nach verspürte er auch ein Gefühl der inneren Freiheit. »Zuvor hatte ich mir die Gespräche mit meinen Eltern immer vorher zurechtgelegt, hatte mich selbst zensiert und versucht, mögliche Stolperfallen zu vermeiden; jetzt dagegen konnte ich viel freier und unbeschwerter mit ihnen sprechen. Das war ein Riesenunterschied.«

Wie Clive in der Rückschau erkennt, gingen die Veränderungen in der Beziehung zu seinen Eltern langsam vor sich und waren manchmal auch schwer auszumachen. »Aber die Höhen und Tiefen wurden allmählich schwächer.« Dazu hat auch eine ganz konkrete Maßnahme beigetragen: »Es hat mir unglaublich viel geholfen, mich vor und nach den Treffen mit ihnen für eine halbe Stunde oder Stunde an einen ruhigen Ort zurückzuziehen.« In diesen kurzen Auszeiten machte er sich bewusst, welche körperlichen Auswirkungen das Leid hatte, das das Zusammensein mit seinen Eltern ihm bereitete. Er gab diesen Empfindungen Raum und ließ sie da sein. »Als würde ich diese Treffen einhegen, um übrig gebliebenes Leid aufwischen zu können, bevor ich wieder in mein normales Leben zurückkehrte.« Später verschaffte er sich auch im Lauf des Tages zusätzliche kleine Räume, insbesondere vor und nach problematischen Zusammenkünften, um sich wirklich auf seine Gefühle einzustimmen, sie da sein zu lassen und sein Inneres zur Ruhe kommen zu lassen. »Bis dahin hatte ich die Weihnachtsfeste mit meinen Eltern immer schrecklich gefunden, doch mithilfe dieser Techniken empfand ich nun sogar ein bisschen Freude daran.«

Ein weiterer großer Schritt bestand in der Erkenntnis, dass sein Schmerz nichts Persönliches oder Selbstbezügliches war, sondern unpersönlicher oder kollektiver Natur. »Mein Blickfeld öffnete sich, und ich sah nicht mehr nur mich selbst und meinen Schmerz, sondern etwas viel Ausgedehnteres: das vielfältige Leid der Welt, dessen Formen alle miteinander verbunden waren. Plötzlich erschien mir alles viel simpler, und eine hohe Woge von Mitgefühl wallte in mir auf.« Dieses Mitgefühl ging weit über Clive selbst und seine Eltern hinaus, weit über jede Individualität.

Zwar ist Clive heute von Mal zu Mal zufriedener mit der Beziehung zu seinen Eltern, doch sie dienen ihm weiterhin als Lehrer. »Nur dass ihre Lektionen heute viel leichter sind!« Wenn er sie trifft, reagiert sein Körper noch immer auf vielfältige Weise, aber er hat gelernt, klüger damit umzugehen. »Mir die Zeit zu nehmen und all das, was ich empfinde, wirklich zu sehen und anzuerkennen, erfordert Anstrengung und Disziplin und die feste Absicht, bei mir selbst zu bleiben.« Doch im Lauf der Zeit hat er seine Fähigkeiten erweitert und Erfahrungen in der praktischen Übung gesammelt und kann jetzt auch mehr darauf vertrauen und sich darauf verlassen. »Es ist leichter, nicht immer nur zu reagieren, sondern eine gefestigte und umfassende Sichtweise einzunehmen, mit deren Hilfe man vermeiden kann, sich in die narrativen Erklärungsmuster zu verstricken, die herumschwirren.« Heute ist Clive stabiler, hat inneren Frieden gefunden, kann er selbst sein und im Kontakt mit anderen die Ruhe bewahren.

Der Wunsch, dass die eigene Mutter eine normale Mutter ist

Wie bereits erwähnt, hatten meine Mutter und mein Stiefvater, als ich dreizehn war, einen schweren Verkehrsunfall. Mein Stiefvater kam dabei ums Leben, und meiner Mutter mussten beide Beine und ein Arm amputiert werden. Unter diesen Umständen hatte ich kaum die Gelegenheit, ein normales Teenagerleben zu führen. Meine Mutter kümmerte sich, so gut sie konnte, um mich und meine Schwester, war aber in ihren Möglichkeiten stark eingeschränkt. Den Großteil meiner emotionalen Energie und meiner Aufmerksamkeit wandte ich dafür auf, meiner Mutter durchs Leben zu helfen, aber auch meinen eigenen Alltag zu bewältigen und etwa zur Schule und zurück zu kommen. Als ich mit Mitte zwanzig eine Psychotherapie machte und mit der Zen-Meditation anfing, wurde mir klar, dass ich mich verzweifelt danach sehnte, dass meine Mutter eine ganz normale Mutter war. Anfangs verspürte ich nur einen unbestimmten Missmut. Nach einer Weile sah ich etwas klarer und erkannte, dass ich mir körperliche Nähe zu ihr wünschte (sie hatte den Körperkontakt noch nie besonders gesucht, und ihre Behinderung, vor allem der Rollstuhl, hielt sie nun noch mehr davon ab). Ich wollte, dass sie in der Lage war, Dinge mit mir zu unternehmen, mich an meinem Studienort zu besuchen, dass sie emotional mehr für mich da war und gedanklich beweglicher. Auch wenn ich kognitiv vollauf verstand, dass sie mir nicht das geben konnte, was ich wollte, wollte ich es trotzdem.

Außerdem wünschte ich mir, dass sie so viel wie möglich am Leben teilnahm und dabei so viel Spaß hatte wie wir. Immer wieder versuchten meine Schwester und ich, sie dazu zu bringen, mit ins Theater zu gehen, mit an den Strand zu fahren, zum Campen mitzukommen oder zu einem langen Waldspaziergang – alles Dinge, die ihr möglich waren, ihr aber schwerfielen. Selbst Unternehmungen, die eher unproblematisch erschienen – wie der Besuch eines barrierefreien Theaters –, bereiteten ihr so viel Stress, dass die Angst jede mögliche Freude überdeckte, sodass ihr das Erlebnis als Ganzes in negativer Erinnerung blieb.

Sie brauchte lange, um zu akzeptieren, dass sie bestimmte Dinge nicht mehr tun konnte, aber ich glaube, meine Schwester und ich brauchten noch länger. Als ich in der Lage war anzuerkennen, was ich mir von der Beziehung zu meiner Mutter wünschte (und nicht bekam), lösten sich die Dinge allmählich. Dieser Prozess des Annehmens dauerte viele Jahre und war ein wenig wie ein Prozess des Trauerns um den Menschen, nach dem ich mich sehnte. Nach und nach verstand ich, dass ich das, was ich bei ihr suchte, anderweitig suchen musste.

Nach einiger Zeit fühlte ich mich in ihrer Gegenwart wohl und konnte mich an unserem Beisammensein erfreuen. Ich beschränkte unsere gemeinsame Zeit, sodass wir die problematischsten und verfahrensten Themen in der Regel vermieden. Ich besuchte sie nie länger als ein paar Tage am Stück und bemühte mich, nichts von ihr zu erwarten. Daher war ich in der Lage, ihre Bemühungen aufrichtig wertzuschätzen, wenn sie etwa mehrere hundert Pfund für ein rollstuhlgerechtes Taxi ausgab, um bei meiner Abschlussfeier dabei zu sein (obwohl ihr das Riesenstress bereitete), oder sich ganz besonders viel Mühe gab, als zu Weihnachten einmal meine Frau mitkam.

Dieser ganze Prozess, bei dem ich lernte, nicht mehr einer bestimmten Wunschvorstellung nachzuhängen und meine Mutter so zu akzeptieren, wie sie ist, zeigte mir auf eindrückliche Weise, wie Wünsche und Sehnsüchte Leid verursachen. Letztlich erkannte ich, dass die Wunschvorstellung, die ich von meiner Mutter hatte, mich davon abhielt, sie so zu sehen, wie sie wirklich war, und das blockierte unsere Beziehung.

Das heißt nicht, dass ich mich, solange sie lebte, nicht weiter nach dem sehnte, was sie mir nicht geben konnte. Immer hatte ich gehofft, sie würde Weihnachten einmal mit uns bei der Familie meiner Frau verbringen. Sie hatte nie zugestimmt, weil sie wusste, dass die logistischen Schwierigkeiten und die Suche nach passenden Toiletten das Ganze zu einer stressigen Unternehmung machen würden. Dennoch wünschte es sich ein Teil von mir noch immer.

Bis jetzt haben wir von Menschen gehört, die eine problematische Beziehung zu ihren Eltern haben. Die beiden folgenden Beispiele drehen sich um lästige Geschwister. Michelles

Geschichte veranschaulicht, wie wichtig es ist, dass wir bemerken, wenn wir uns in Gedanken und narrativen Erklärungsmustern verstricken – wer hat was gesagt, warum hat er oder sie das gesagt, was sollen wir als Nächstes tun –, und dass wir stattdessen die Aufmerksamkeit auf den Körper und die sinnlichen Empfindungen richten. Nur wenn wir unseren Körper wahrnehmen, können wir aufrichtig ausdrücken, was wir fühlen. Anschließend hören wir von Paul und der endlosen Geschichte, die auf den Tod seines Vaters folgte. Paul sah ein, wie wichtig es war anzuerkennen, dass jedes seiner Geschwister und jeder und jede seiner Verwandten eine andere Sicht auf die Dinge hatte, und die zahllosen Erzählungen, Ansichten und Meinungen darüber, wer recht hat, loszulassen. Schließlich verstand er, dass er das, was geschehen war, anerkennen musste, so schmerzvoll und verwirrend es auch war.

Einen problematischen Menschen manipulieren

Michelle fand ihre jüngere Schwester schon immer extrem nervig. »Immer wieder zielte sie mit Absicht auf meine wunden Punkte und piesackte mich, nur um mich zu provozieren.« Die Zen-Praxis half Michelle dabei, mit diesem lästigen Verhalten ihrer Schwester umzugehen. Doch als sie sich einmal über irgendetwas Alltägliches austauschten, nahm die Spannung allmählich zu. »Ich hatte den Eindruck, sie wollte mich provozieren und einen Streit vom Zaun brechen. Irgendwann konnte ich mich nicht mehr zusammenreißen, und es brach aus mir heraus. Ich schickte ihr eine wütende Nachricht, doch kaum hatte ich sie abgeschickt, bereute ich es.« Sie erkannte: »Ich hatte mich völlig verrannt und mich in der Vorstellung verheddert, wie kompliziert meine Schwester war, und so auf diesen Gedanken reagiert, wie ich es immer tat.«

Ihr wurde klar, dass sie versucht hatte, einen Weg »auszubaldowern«, wie sie am besten mit ihrer Schwester umgehen und die Situation manipulieren konnte, anstatt frei heraus und aufrichtig ihre Gefühle zu benennen, sobald sie auftauchten. Michelle erzählte mir: »Dieser Vorfall führte mir wieder einmal vor Augen, wie viel Kraft man braucht, um präsent, bei sich selbst und aufrichtig zu bleiben, wenn eine problematische Interaktion ihre ganze Wucht entfaltet. Außerdem dauert es, bis man das eigene Innenleben ergründet und sich verschiedene Strategien angeeignet hat, um die Spannung zu lösen, die in der Interaktion und in einem selbst liegt – vor allem, wenn wirkmächtige alte Gewohnheiten am Werk sind.«

Ein Riss in der Familie

Vor einigen Jahren starb Pauls Vater. Unmittelbar davor und danach tat Pauls Schwester Joan ein paar Dinge, die Paul äußerst problematisch fand. Erst kam sie nicht zu Pauls Hochzeit, weil sie ihren kranken Vater besuchte. Als sie bei ihm war, meldete sie sich nicht bei Paul, um ihm mitzuteilen, wie es ihrem Vater ging (wie er es sich gewünscht hätte). All das fand Paul befremdend und schwierig. Dann verkündete sie, sie werde, wenn es so weit sei, nicht zur Beerdigung kommen.

Als Paul erfuhr, dass sein Vater im Sterben lag, nahm er den nächsten Zug und fuhr zu ihm. »Während der Fahrt rief

Joan an und fragte mich, warum ich hinfuhr. Diese Frage und ihr Gebaren fand ich irritierend. Dann schickte sie mir eine Nachricht, in der sie schrieb, sie habe sich anders entschieden und mache sich jetzt auch auf den Weg.« Trotz der belastenden Situation war Paul dankbar, dass alle vier Geschwister am Bett ihres Vaters versammelt waren, als er starb.

Am Abend gab es ein paar Auseinandersetzungen, in denen sich Joan, anders als zuvor, auf die Seite von Pauls Stiefmutter Jenny stellte. Als sie aufbrachen, nahm ein Cousin die vier Geschwister zur Seite und informierte sie, dass Jenny kurz vor dem Tod des Vaters dafür gesorgt hatte, dass dieser sein Testament änderte, und sie nun alles erbte. Paul berichtet: »Ich hatte damit kein Problem, weil ich ohnehin nicht viel geerbt hätte.« Aber Joan beharrte darauf, dass das nicht dem Willen ihres Vaters entsprach. Sie sagte, er habe ihr gesagt, er wolle, dass alles an seine Enkel gehe. Paul war verwirrt und fühlte sich verletzt, und nachdem die vier Geschwister überlegt hatten, das Testament anzufechten, vereinbarten sie, dass Paul sich im Namen der Familie bei Rechtsanwälten in der Gegend erkundigen sollte. Das tat er dann in den folgenden Monaten, musste dabei jedoch feststellen, dass auch Joan bereits mit etlichen der Anwälte gesprochen hatte. Sie war auch dafür, das Testament anzufechten, behauptete nun jedoch, ihr Vater habe ihr versprochen, sie werde alles erben.

Wie Paul berichtet, führten die Täuschungsmanöver und das Misstrauen von Joans Seite zu einem tiefen Riss in der Familie. Ein Jahr lang wusste Paul nicht, wie er damit umgehen sollte. Er fragte sich, wie er sich verhalten sollte und ob er Joan damit davonkommen lassen sollte. Als herauskam, dass sie gelogen hatte, brach Joan den Kontakt zu ihren Geschwistern ab, und für Paul begann eine lange, äußerst schwierige Lebensphase.

Nach und nach widmete Paul sich immer ernsthafter der Meditation und der Zen-Praxis. Er erforschte seine eigenen Gefühle und betrachtete die unterschiedlichen Perspektiven der einzelnen Familienmitglieder. »Nachdem ich Joan zunächst beschuldigt hatte, erkannte ich, dass sich ihr Verhalten nicht gegen mich persönlich richtete. Sie hatte nur eine sehr andere Sicht auf die Dinge.« Diese Erkenntnis – dass jeder Mensch seine eigene Sichtweise hat – war der erste Schritt zu einer besonneneren Haltung. Etwa zu dieser Zeit stieß Paul in einem Buch des zeitgenössischen Zen-Meisters Thich Nhat Hanh auf einen Gedanken, der ihn tief beeindruckte, nämlich dass man jemanden nur dann lieben kann, wenn man ihn gründlich kennt. Daraufhin schrieb Paul Joan einen Brief. »Ich erzählte ihr von dem Gefühl, eine Schwester verloren zu haben, dass ich wünschte, die Sache wäre anders verlaufen, und dass ich nicht verstehen konnte, warum sie sich so verhalten hatte.« Er bat sie um ein Treffen, bei dem er sich ihre Version der Geschichte anhören wollte. Joan stimmte zu, und sie trafen sich auf einen Kaffee.

Während des Treffens verhielt Paul sich sehr bewusst. »Ich konnte die Fähigkeiten und Übungstechniken anwenden, die ich im Zen gelernt hatte, und über meine Gefühle sprechen, ohne Joans Handeln zu verurteilen.« In diesem Zuhören sieht Paul den zweiten Schritt zu einer besonneneren Haltung. Joan wich seinen Fragen jedoch aus und lenkte das Gespräch weg von dem, was vorgefallen war. Nach dem Gespräch war Paul enttäuscht. »In den folgenden Jahren plagte ich mich mit der Frage, wie ich mich verhalten sollte. Musste ich sie nicht lieben, da sie doch meine Schwester war? Sollte ich mir mehr Mühe geben?«

Allmählich verstand er, dass er Joan mit einer urteilenden Haltung begegnet war: Wären ihre Worte und die Erklärungen für ihr Verhalten ausreichend gewesen, hätte er ihr vergeben. »Wenn ich sie verstehen muss, um ihr verzeihen zu können, dann ist das Verzeihen an Bedingungen geknüpft.« Paul wollte nicht sein Leben lang auf Erklärungen warten oder Joan gegenüber negative Gefühle hegen. »Also verzieh ich ihr, und von da an konnte ich ihr wohlwollend gegenübertreten.«

Jetzt sieht er, dass sich ihre Beziehung nicht ändern kann, »solange sie keine Absicht zeigt, das Geschehene zu akzeptieren und die Verantwortung für ihr Handeln zu übernehmen. Ihre Art zu kommunizieren ist dabei oft wenig hilfreich und verursacht noch mehr Schwierigkeiten und Leid.« Daher versucht Paul auch, den Wunsch loszulassen, ihre Beziehung wäre anders. »Es ist schwer, wenn man sich wünscht, dass jemand glücklicher ist, als er es selbst zulässt.«

Paul hat den Eindruck, dass Joan in dem Gefühl feststeckt, zu kurz gekommen zu sein – ein Zustand, der von Angst bestimmt ist und dem Bedürfnis, sich an Dingen festzuklammern. Er weiß, dass sie kein Monster ist, sondern ein Mensch wie alle anderen auch. Ja, er sagt sogar: »Dieses Gefühl, zu kurz gekommen zu sein, und die damit einhergehende Angst kenne ich sehr gut von mir selbst. Aber Joan hat sich, bedingt durch ihre persönlichen Lebensumstände, bestimmte Verhaltensweisen angewöhnt, die sich auf unser Familienleben ausgewirkt haben.« Der Tod seines Vaters liegt nun über zehn Jahre zurück, und mittlerweile hat Paul erkannt, worin der dritte Schritt zu einer besonneneren Haltung besteht: »Alle narrativen Erklärungsmuster, Wünsche und Bedürfnisse loszulassen und die Dinge so anzunehmen, wie sie sind.«

Die letzten vier Beispiele in diesem Kapitel handeln von Kindern (die, machen wir uns nichts vor, meistens lästige Buddhas sind!). Eines der Dinge, die wir von ihnen lernen können, ist, ganz in der Gegenwart zu sein. Kinder, vor allem kleinere Kinder, leben ganz im gegenwärtigen Augenblick. Sie scheren sich nicht um die Zukunft, so wie sie sich um überhaupt nichts scheren, was nicht hier und jetzt vor ihren Augen ist. In dieser Hinsicht sind sie hervorragende kleine Zen-Meister, die bei allem, was sie tun, eine »Anfängerhaltung« einnehmen (Shunryu Suzuki spricht darüber in seinem Buch *Zen-Geist – Anfänger-Geist*). Das heißt aber nicht, dass Kinder nicht frustriert sein können, schwierig im Umgang, rätselhaft oder rundheraus bösartig. Wenn sie älter werden, scheint es manchmal, als würden sie noch problematischer. Doch dabei können sie uns weiterhin in vielerlei Hinsicht wichtige Dinge lehren: wie wir zu Geduld, Demut und Vertrauen finden, und was es heißt, bedingungslos zu lieben.

Zunächst hören wir davon, wie für Sarah ein Streit mit ihrem Mann über ein Weihnachtsgeschenk für eines ihrer Kinder zum Anlass wurde, eingehend über ihre Einstellungen und Überzeugungen nachzudenken. Dann folgt Antonios Geschichte. Wie es heutzutage immer öfter vorkommt, zog eines seiner erwachsenen Kinder wieder zurück zur Familie, und die dadurch entstehenden Schwierigkeiten boten Antonio eine wunderbare Gelegenheit, zu wachsen und zu lernen. Indem Sarah und Antonio die unangenehmen körperlichen Reaktionen und die damit einhergehenden geistigen Turbulenzen anerkannten und akzeptierten, gewannen sie wichtige Erkenntnisse, was ihre Aufgaben als Eltern betrifft, und sie lernten, was es bedeutet, den Wunsch loszulassen, dass die Dinge auf eine bestimmte Art verlaufen.

Die Möglichkeit, falsch zu liegen

Seitdem Sarah angefangen hatte, zu meditieren und sich in Zen zu üben, hatte sie festgestellt, wie starr und festgefahren ihre Haltungen geworden waren, insbesondere ihrem Mann gegenüber und was ihre Aufgaben als Eltern betraf.

»Als wir damit anfingen, unseren heranwachsenden Kindern Grenzen zu setzen und Regeln vorzugeben, stellte ich fest, dass die Unterschiede zwischen der Kindheit meines Mannes und meiner zu Spannungen führten. Er stammte aus einer konservativen, strengen und stark religiösen Familie, in der ein ausgeprägtes Pflichtgefühl herrschte, wohingegen meine Familie liberal und atheistisch war und einen eher laxen Umgang mit Regeln pflegte.« Die Verhaltensmuster, die sie als Kind erlebt hatte, schlugen sich jetzt in ihrer Art der Erziehung nieder.

Anfangs standen beide entschieden auf dem Standpunkt »Ich habe recht, und du liegst falsch«, und reagierten heftig auf die Ansichten des anderen. »Später, als ich regelmäßig meditierte und mein Inneres erforschte, kam mir der Gedanke, dass ich möglicherweise nicht in allen Fällen recht hatte.« Insbesondere ein Vorfall beförderte diese Erkenntnis: ein heftiger Streit mit ihrem Mann bezüglich eines Weihnachtsgeschenks, das sie für eines ihrer Kinder gekauft hatten. »Als ich allein im Auto saß und meditierte, dämmerte mir, dass ich mir nur zu fünfundneunzig Prozent sicher war, recht zu haben. Als ich der Möglichkeit, falsch zu liegen, Raum gab, bemühte ich mich, nicht zu reagieren, sondern nur die Flut von körperlichen Empfindungen zu beobachten.« Schließlich gestand sie sich ein, dass sie »in diesem Fall falsch gelegen hatte«.

Wenn sie sich Kritik ausgesetzt sah oder jemand ihre Ansichten und Überzeugungen hinterfragte, reagierte Sarah normalerweise mit Schmollen. »Nach einer Weile erkannte ich, wie unproduktiv und selbstbezüglich das war.« Wenn sie heute zurückblickt, muss sie darüber lachen, dass sie so oft in dieses Muster verfallen ist.

»Die Erkenntnis, dass meine Gedanken nicht unbedingt die Wahrheit waren«, so Sarah weiter, »veränderte vieles.« Zuvor hatte sie ihren Gedanken geglaubt, ohne sie zu hinterfragen. Heute erstaunt es sie, dass sie so lange durchs Leben gekommen ist, ohne sich dessen bewusst zu werden. Bevor sie sich Zen und der Achtsamkeitspraxis zuwandte, hatte sie erst einen einzigen Versuch unternommen, ihr Inneres zu verstehen; mit Anfang zwanzig hatte sie, nach einer beruflich besonders stressigen Phase, an einem Coachingprogramm teilgenommen. Das einzige, was sie dabei lernte, war, dass sie auf ein Kissen einprügeln sollte, wenn sie frustriert war.

Sarah erzählte mir: »Negative Gedanken entstehen oft infolge eingefahrener Verhaltensmuster und starrer Überzeugungen, und sie sind die Wurzel vieler unserer Ängste.« Außerdem wurde ihr klar, dass etliche der Meinungsverschiedenheiten zwischen ihr und ihrem Mann von genau solchen gewohnheitsmäßigen Gedanken befeuert wurden. »Diese Erkenntnis hat mich umgehauen! Seitdem versuche ich, mich zu zügeln, wenn meine Gedanken und Auffassungen drohen, zu einer Verhärtung meiner Position zu führen.« Sie bemüht sich, ihre Gefühle und Ansichten wahrzunehmen, sie zuzulassen und zu akzeptieren und in ihnen eine Sichtweise zu sehen, »die ebenso gut auch falsch sein könnte«. Und sie hat verstanden: »Es geht um viel mehr als nur darum, recht zu haben!«

Die große, leere Mauer

Wenn Kinder älter werden und irgendwann selbst erwachsen sind, verändert sich die Beziehung zwischen ihnen und ihren Eltern. Antonios Kinder sind alle in ihren Zwanzigern. Sein jüngster Sohn, Sebastian, war zum Studium von zu Hause ausgezogen, kam aber irgendwann zurück – und ist seitdem einer von Antonios wichtigsten lästigen Lehrern.

Antonio und seine Frau bemühen sich um eine gute Beziehung zu ihrem Sohn, doch ohne Erfolg: »Sebastian ist in seiner aktuellen Lebensphase offenbar einfach nicht an einem Kontakt mit uns interessiert, der über das rein Praktische hinausginge.« Weiter berichtet Antonio: »Viele meiner Empfindungen und Erlebnisse würde ich gerne mit ihm teilen, doch ich stoße bei ihm immer auf eine große, leere Mauer.« Die beiden Eltern bedrückt es, so gar nicht zu wissen, was in Sebastians Innerem vorgeht. »Ich weiß nicht, ob wir uns Sorgen machen müssen oder ob das an seinen Hormonen liegt – oder ob sein Verhalten einfach nur eine Reaktion darauf ist, dass er wieder bei uns wohnen muss. Er hat Freunde und kann gut mit Menschen umgehen. Nur mit uns nicht.« Nur manchmal kam er aus seinem Schneckenhaus, wenn seine Eltern eine Bemerkung fallen ließen und er widersprach, weil er anderer Ansicht war. Antonio fragte sich, ob er seine Erwartungen anpassen sollte. »Schließlich verändert sich eine Eltern-Kind-Beziehung im Lauf der Jahre ständig, und wenn nicht beide Seiten regelmäßig ihre Haltung anpassen, geraten die Dinge leicht ins Stocken.« Wie er mir erzählte, zogen er und seine Frau zumindest etwas Bestätigung und Trost aus der Tatsache, dass sie ihrem Sohn in dieser Zeit wenigstens ein Dach über dem Kopf, ordentliche Verpflegung und ein angenehmes Umfeld bieten konnten.

Im Rahmen regelmäßiger Meditation achtet Antonio zunehmend darauf, wie sein Körper darauf reagiert, dass er immer wieder von Sebastians »provokantem Verhalten« herausgefordert wird; er bemerkt dann etwa eine Anspannung in den Muskeln oder ein Hitzegefühl. »Mit Überraschung habe ich festgestellt, wie viele Geschichten und Erklärungsmodelle für meine Sichtweise auf mich und meine Familie ich mit mir herumtrage.« Ihm wurde klar, dass er die Probleme seiner Kinder lösen und die Kinder davor bewahren wollte, dieselben Fehler zu machen wie er. Doch er lernte, mit diesem Impuls umzugehen: »Ich war immer mehr in der Lage, dieses Bedürfnis beiseitezulegen und meinen Kindern ihren Raum zu lassen, sodass sie wachsen, Fehler machen und sie selbst sein konnten.« Mittlerweile weiß er, dass er loslassen muss. »Ich muss darauf vertrauen, dass wir unseren Kindern durch unsere Erziehung feste Werte und Ansichten vermittelt haben, mit deren Hilfe sie ihre eigenen Entscheidungen treffen können. Aber das ist keine leichte Aufgabe, wenn ich dabei andauernd Sebastians stinkende Socken waschen muss!«

Die Buddha-Natur des Menschen hat Antonio vor allem durch seine Familie erkannt. »Als Sebastian damals zur Welt kam, fühlte ich mich auf unmittelbare Weise mit meinem Vater und meinen Großvätern verbunden.« Im Lauf der Jahre wurde daraus eine umfassendere, generationenübergreifende Sichtweise. »Ich habe während dieses Prozesses gelernt zu akzeptieren, dass das Familienleben chaotisch und unvorhersehbar ist, und es so wertzuschätzen, wie es ist. Mir scheint, ich habe, indem ich einfach ich selbst war und zugelassen habe, dass die Familie so ist, wie sie ist, viele der Werte, die meine Eltern mir vermittelt haben und die diese wiederum von ihren Eltern bekommen haben, an Sebastian und unsere anderen Kinder weitergegeben.« Diese natürliche, ja fast unvermeidliche Verbundenheit verschafft Antonio ein Gefühl des Einsseins mit seinen Kindern und seiner gesamten Familie über Generationen hinweg, und sogar mit dem gesamten Universum. »Und damit geht das untrügliche Gefühl einher, dass es etwas gibt, was jenseits von Leben und Tod liegt.«

In der nächsten Geschichte hören wir von der mühseligen Beziehung, die Lizzy zu ihrem Sohn schon seit dessen Geburt hat, und den Herausforderungen, vor denen sie stand, als er älter wurde. Getragen von tiefer Mutterliebe, ging sie mit ihm durch dick und dünn. Während dieser gemeinsamen Reise gewann sie durch ihren Sohn viele bedeutende Einsichten, was Erziehung angeht, unter anderem, wie wichtig es für sie ist, sich um sich selbst zu kümmern, damit ihr die Kräfte nicht ausgehen, und wie sie am besten mit Ungewissheiten umgeht. Lizzys aufrichtige Bereitschaft, ihr Inneres zu erforschen, bescherte ihr etliche Erkenntnisse, die sowohl ihr Leben als auch das ihres Sohnes nachhaltig veränderten.

Das Buddha-Licht enthüllen

Lizzy bekam ihr erstes Kind, als sie noch ziemlich jung war. Die Geburt war schmerzvoll und traumatisierend, und danach hatte sie größte Mühe, eine Beziehung zu dem Baby aufzubauen. »Das Hochgefühl des Mutterseins stellte sich bei mir einfach nicht ein.« Der kleine Olly war ein lebhaftes Baby und, wie Lizzy sagt, »übermütig (frech!) und merklich klug«, aber er schrie viel und war häufig krank. In seinen ersten Lebensjahren war er wegen Nierenproblemen ständig im Krankenhaus.

Weil Ollys Vater nicht da war und Lizzys Familie und Freunde weit weg lebten, fühlte sie sich allein gelassen und einsam. »Ich erkannte Anzeichen einer Depression, hatte aber Angst vor einer offiziellen Diagnose. Denn wenn ich ins Krankenhaus gemusst hätte, hätte man mir Olly weggenommen. Also behalf ich mir selbst mit Antidepressiva.« Die Medikamente führten jedoch dazu, dass sie abstumpfte und sich wie ein Roboter fühlte, was ihre Angst, eine schlechte Mutter zu sein, nur noch verstärkte. »Jahrelang versuchte ich verzweifelt, wenigstens eine Nacht durchzuschlafen, und redete mir ein, dass Ollys Probleme einzig und allein meine Schuld waren.«

Als Olly neun Jahre alt war, stellten die Ärzte fest, dass seine Krankheit durch Giftstoffe verursacht wurde, die seine Leber produzierte. Diese Diagnose und die anschließende Behandlung nahmen eine große Last von Lizzys Schultern, doch zu diesem Zeitpunkt war schon vieles ins Rollen gekommen. »Er benahm sich weiterhin ungezogen und war einfach ein schwieriges Kind.« Weil sein Vater nichts mit ihm zu tun haben wollte, fühlte Olly sich vermutlich verlassen. »In der Schule fiel er durch sein Verhalten andauernd unangenehm auf. Er war bösartig und geriet in die unmöglichsten Auseinandersetzungen.« Lizzy war schlicht zu erschöpft, um den Kontakt zu den Lehrern zu suchen, und warf sich daher vor, sich nicht ausreichend für ihren Sohn einzusetzen.

Olly wurde ein schwieriger Teenager; er log, klaute und geriet immer wieder in Schwierigkeiten. Wie Lizzy sehr viel später erfuhr, fing er mit dreizehn an, Drogen auszuprobieren. »Ich liebte ihn über alles, aber ich wusste einfach nicht, wie ich ihm helfen sollte.« Ihre Beziehung war eine Berg- und Talfahrt, und obwohl Lizzy ihren Sohn liebte, fiel es ihr oft schwer, ihn zu mögen. »Rückblickend muss ich sagen, dass ich ziemlich unbedarft war. Mir war das alles zu viel, und über die Drogenszene wusste ich im Grunde überhaupt nichts.«

Mit siebzehn zog Olly von zu Hause aus, und bald darauf wurde er obdachlos. Lizzy machte sich entsetzliche Sorgen um ihn, wusste aber noch immer nicht, wie sie ihm helfen sollte. »Manchmal brachte ich ihm etwas zu essen, gab ihm Geld oder holte ihn vom Krankenhaus ab, aber dann gab es Tage, an denen ich ihn nicht sehen wollte, weil es mir Angst machte.« Wegen seiner Drogenabhängigkeit konnte er keiner geregelten Arbeit nachgehen und belog und manipulierte die Menschen. »Ich hatte nur Augen für mich selbst und betrachtete mich als Opfer, was mir sämtliche Kräfte raubte. Ich fragte mich: ›Warum ich? Warum mein Sohn?‹« Ollys Vater meinte, er sei es nicht wert, dass sie sich um ihn kümmerte, und sie solle ihn vergessen. »Aber das konnte ich einfach nicht«, erinnert sich Lizzy.

Lizzy begann mit Zen-Meditation, als Olly zwanzig war. Anfangs empfand sie Meditationsformen, die auf Offenheit und Achtsamkeit basierten, als zu schwierig. »Meine Aufmerksamkeit wurde von den Sorgen um Olly absorbiert, die mich ganz krank machten und sich in meinem Kopf oft zu Katastrophenszenarien auswuchsen.« Damit ihr überschäumendes Denken sich an etwas Konkretem und Positivem festhalten konnte, versuchte sie es mit Visualisierung: Sie stellte sich Olly vor, von Licht umflutet und umgeben von Menschen, die ihn liebten. Eines Tages, nach einer Wanderung entlang des Hadrianswalls, fiel ihr beim Stöbern in einer Buchhandlung ein Buch über Buddhismus in die Hände. Sie berichtet: »Da stand so etwas wie: ›Dein Buddha-Licht liegt in deinem Inneren verborgen, eingehüllt in schmutzige Lumpen. Deine Aufgabe ist es, die Lumpen zu entfernen und diesen Edelstein freizulegen: deine Buddha-Natur.‹ Ich erkannte in dem Bild sofort Olly, nur dass es bei ihm schlimmer war als nur schmutzige Lumpen – es war ein Haufen Gülle.« Sie wusste, dass sein Buddha-Licht irgendwo in seinem Inneren verborgen war. Und ihre Aufgabe war es, es hervorzuholen und leuchten zu lassen.

Ollys Buddha-Licht freizulegen, wurde für Lizzy zu einem langen Weg der Selbsterkundung und des inneren Wachstums. Rückblickend sieht sie es so: »Durch Olly habe ich gelernt, dass es nichts bringt, sich aufzuregen und herumzuschreien, und wie wichtig es ist, dass ich einen Moment innehalte und meine aufgewühlten Emotionen beruhige, bevor ich reagiere. Außerdem hat er mir gezeigt, dass ich für mich selbst sorgen muss, damit ich ausreichend Kraft habe und stabil bin, sodass ich für ihn da sein kann, wenn er mich braucht.« Das war ein langer und steiniger Weg, denn Olly hatte zuvor so ausschließlich im Zentrum ihrer angstbesetzten Aufmerksamkeit gestanden, dass allein der Gedanke, sie könnte sich um sich selbst kümmern, sie befremdete. »Durch ihn habe ich gelernt, Unsicherheit zuzulassen, und dass es manchmal am besten ist, in der Unsicherheit zu verweilen. Und er hat mir gezeigt, wie ich die Opferhaltung ablegen und mir Hilfe suchen kann, ohne mich dafür zu schämen.« Heute sieht sie mit Staunen, dass die Auswirkungen, die Olly auf sie hatte, weitreichender waren, als er sich das selbst wohl jemals hätte vorstellen können.

Vor Kurzem lernte Lizzy, welch unschätzbaren Wert es hat, zuzuhören und dabei ganz präsent zu sein und nicht zu urteilen – also der Versuchung zu widerstehen, alles in Ordnung bringen zu wollen oder Ratschläge zu geben –, sondern einfach nur das Geschenk der eigenen Gegenwart anzubieten. »Wenn es mir gelingt, Olly auf diese Art zuzuhören, reagiert er anders als sonst; er sagt sogar, dass er die Dinge dann klarer sieht und bessere Entscheidungen treffen kann. Meiner Ansicht nach ist aufmerksames, offenherziges Zuhören der einzige Weg, um anderen Menschen wirklich zu helfen.« Früher war Lizzy ungeduldig und nahm das Leid der anderen nicht ernst, doch nachdem sie erkannt hat, dass alle Wesen durch ihre Buddha-Natur miteinander verbunden sind, verspürt sie eine tief sitzende, empathische Liebe für alle Wesen sowie den Wunsch, dass alle frei von Leid sind. Sie glaubt, dass sie Ollys Entschlossenheit, seine Intelligenz und seine Fähigkeit, liebenswürdig zu sein, immer unterschätzt hat. »Wenn er viele Drogen genommen hatte, war er nicht liebenswürdig, aber das war nicht sein wahres Wesen.« Sich Ollys Buddha-Natur ins Bewusstsein zu rufen, diesen Edelstein, der unter den Schichten seines Verhaltens versteckt lag – eine Eigenschaft, die er mit ihr und allen anderen Wesen teilt –, hat sie gelehrt, was es heißt, bedingungslos zu lieben.

Im Zuge dieser Reise hat Lizzy Vertrauen ins Universum entwickelt und gelernt, dass sie immer zu einer Antwort gelangt, wenn sie nur aufrichtig zuhört. Heute ist sie Olly zutiefst dankbar für alles, was sie durch ihn gelernt hat. Sie sieht ihn zwar nur noch selten und nur dann, wenn er sich meldet, aber sie kann beobachten, wie sein kleines Buddha-Licht immer heller scheint. Er wird nicht mehr so schnell wütend und kann anerkennen, dass es auch nette Menschen auf der Welt gibt und man im Leben wertvolle Erfahrungen machen kann.»Ich bin so stolz auf ihn.«

Ich möchte dieses Kapitel mit einer heiteren Note beschließen und als letztes Beispiel die Geschichte von Cheryl erzählen. Cheryl berichtet davon, wie ihr Sohn ihr zeigte, wie wichtig Verspieltheit ist und dass man immer, auch wenn man noch so viel zu tun hat, die Zeit hat, um innezuhalten und zu lachen.

Freude an der Albernheit

Cheryl war eine vielbeschäftigte Mutter: Sie musste sich um die Kinder kümmern, arbeitete halbtags, und ihr Mann war häufig unterwegs. Eines Tages entdeckte ihr Sohn, damals im Teenageralter, im Internet eine Serie mit albernen und lustigen Videoclips. Als er Cheryl aufforderte, sie mit ihm zu kucken, lehnte sie erst ab. »Ich war unruhig und gereizt, weil ich immer mit etwas beschäftigt war; ich machte Abendessen oder erledigte sonst etwas im Haushalt.«

Obwohl sie nicht wollte, lag er ihr weiter in den Ohren. »Irgendwann fing ich an, jeweils ein paar Minuten lang mitzukucken. Da wurde mir klar, dass er einfach nur ganz entspannt ein bisschen Zeit mit mir verbringen wollte. Nach einer Weile legte ich meine anfängliche ablehnende Haltung ab und erkannte, welchen Gewinn diese Momente darstellten, in denen wir gemeinsam lachten und uns amüsierten. Irgendwann war es einfach ein Riesenspaß. Wir suchten den lustigsten Clip und kuckten ihn immer wieder.« Je öfter sie das machten, desto öfter gesellte sich auch der Rest der Familie dazu.

Durch diese Erfahrung lernte Cheryl, dass sie sich andauernd einredete, sie hätte »zu viel zu tun«, und dass sie einen Widerwillen dagegen entwickelt hatte, etwas Albernes und Spielerisches zu tun. »Nach und nach erkannte ich, dass das ständige Herumalbern meines Sohnes – das mich lange Zeit einfach nur verstört hatte – das normale Verhalten eines glücklichen, verspielten Teenagers war, der einfach nur er selbst war.« Heute ist sie ihm dankbar dafür, dass er ihr das gezeigt hat. »Und ich bin dankbar dafür, dass er mir gezeigt hat, dass ich als erschöpfte, gestresste und vielbeschäftigte Mutter verlernt hatte, verspielt und albern zu sein.« In den folgenden Jahren fiel es ihr viel leichter, sich mit ihren Kindern, die jetzt öfter ihre Nähe suchten, solche Momente des Lachens und der Albernheit zu schaffen.

11

Lehrer als Buddhas

Lehrer und Rollenvorbilder sind Menschen, zu denen wir aufsehen; wir wollen so sein wie sie, wir versuchen sie nachzuahmen und wir lernen von ihnen. Und auch in solchen Beziehungen kann unser Gegenüber ein lästiger Buddha werden. Doch anders als bei Begegnungen an anderen Schauplätzen des Lebens gehen wir bei Lehrern davon aus, dass sie uns auf dem Weg des Lebens in gewisser Weise voraus sind und uns nützliche Dinge lehren können. Daher können unsere Beziehungen zu ihnen (und auch die Probleme, die wir mit ihnen haben) von etwas anderer Art sein als jene, die wir bisher besprochen haben.

Wir alle blicken hin und wieder zu bestimmten Menschen auf, seien sie uns fern (wie etwa Prominente) oder ganz nah (wie unsere Eltern, die Lehrer in der Schule oder andere Leute aus unserem Umfeld). Weil wir wahrscheinlich kaum eine problembelastete Beziehung zu einem Prominenten entwickeln werden, den wir nie gesehen haben, möchte ich mich in diesem Kapitel auf unsere Beziehungen zu Lehrern und Mentoren konzentrieren, und insbesondere zu spirituellen Lehrern.

Seit jeher gelten Lehrer als entscheidende Faktoren im Lernprozess, doch um von ihnen lernen zu können, müssen wir zunächst Vertrauen zu ihnen fassen. Im Buddhismus etwa bringen wir einer Lehrperson anfangs auch deshalb ein gewisses Maß an Vertrauen entgegen, weil sie in einer Traditionslinie steht, die direkt auf Buddha zurückgeht. Wenn wir dann eine persönliche Beziehung zu ihr entwickeln, wächst das Vertrauen und basiert immer mehr auf eigener Erfahrung.

Im Zen und in der Achtsamkeitspraxis ist es nicht leicht, das eigene innere Erleben in seiner ganzen Bandbreite zu erfahren, einschließlich aller impulsiven Wünsche, Abneigungen und verblendeten Vorstellungen. Die Auseinandersetzung mit sich selbst ist schwierig, und bisweilen kann sie auch ziemlich unangenehm sein. Aufgabe des Lehrers ist es, sich des Vertrauens würdig zu erweisen und seine Schüler dazu zu bringen, weiter zu gehen, als sie aus eigenem Antrieb gehen würden. Und ein guter Lehrer hilft seinen Schülern, dieses Vertrauen zu internalisieren und einen starken Glauben an sich selbst zu entwickeln.

Weil eine Beziehung zwischen Lehrer und Schüler immer etwas sehr Persönliches ist, können dabei auch Themen aus der Kindheit mit hineinspielen. So kann eine Schülerin etwa Aspekte der problematischen Beziehung zu ihren Eltern auf die Lehrerin übertragen. Oftmals sehen Schüler ihre Lehrer auch als Elternersatz an. Das geschieht in der Regel völlig unbewusst (zumindest anfänglich). Mir selbst fehlte die meiste Zeit während meiner Kindheit und Jugend eine starke Vaterfigur, da mein Vater mich missbrauchte und mein Stiefvater ums Leben kam, als ich dreizehn war. Ich bin sicher, dass ich mich auch deshalb so zu meinem Zen-Lehrer hingezogen fühlte, weil ich mich nach einer Vaterfigur sehnte, die für mich da war. Ich wollte sein bester Schüler oder sein Lieblingsschüler sein, fragte ihn um Rat, was Liebesbeziehungen und wichtige Entscheidungen im Leben anging, und immer wieder verspürte ich das Verlangen, von ihm wertgeschätzt und anerkannt zu werden. Heute weiß ich, dass all das typisch für Schüler ist, deren Lehrer die Stelle eines Elternteils einnimmt. Zwar kann ein Schüler, der solche Erwartungen hegt, enttäuscht sein und sich im Stich gelassen fühlen, wenn er nicht das bekommt, wonach er sich sehnt, doch wenn der Lehrer (bewusst oder unbewusst) die Sehnsüchte des Schülers stillt, setzt sich das Muster immer weiter fort, und kein einziges Problem wird gelöst. In beiden Fällen wird der Lehrer früher oder später für den Schüler zu einer problematischen Person. Es kann sogar vorkommen, dass Schüler, die von ihren Lehrern nicht das bekommen, was sie wollen, diese in so großem Ausmaß als Problem ansehen, dass sie sich in irgendeiner Form an ihnen »rächen«. Verfügt die Lehrperson jedoch über ausreichende Fähigkeiten und handelt bewusst und verantwortungsvoll, kann ein Verhältnis, das als Wiederholung einer Eltern-Kind-Dynamik anfängt, nach und nach zu einer reiferen Beziehung werden, in der der Schüler sein Leid erkennt, ohne darüber zu urteilen, und es loslässt.

Wie im dritten Kapitel beschrieben, entwirft die Bindungstheorie Modelle, die uns zu verstehen helfen, wie ungelöste

Dinge aus unserer Kindheit sich in engen Beziehungen auswirken können, die wir als Erwachsene haben. Erinnern wir
uns: Ein Kind entwickelt zu seiner Bezugsperson eine sichere
Bindung, wenn diese verfügbar ist, auf die Bedürfnisse des
Kindes eingeht und sich darin als verlässlich erweist. Macht
ein Kind jedoch die Erfahrung, dass sein Bedürfnis nach Liebe
nicht verlässlich erfüllt wird, zieht es sich möglicherweise zurück oder kapselt sich ab. Wenn ein solches Kind heranwächst,
kann sein Verhalten von Abneigung und Vermeidung geprägt
sein. Der erwachsene Mensch spielt dann die Bedeutung na-
hestehender Menschen herab und hält sich für durch und
durch autark. So jemand kann anderen oft nur schwer vertrauen, auch nicht Autoritätspersonen, wie etwa Lehrern. Ein
solches Kind kann aber auch ein übermäßiges Anspruchsden-
ken entwickeln und als Erwachsener von Sehnsucht und Be-
gehren getrieben sein. Solche Menschen klammern sich oft an
ihre Nächsten und fühlen sich daher besonders stark zu Autoritätspersonen hingezogen, etwa zu Lehrern. Ist die Bezugsperson manchmal liebevoll und für das Kind da, manchmal jedoch abwesend, schließt das Kind daraus möglicherweise, dass
die Abwesenheit seine Schuld ist. Solche Menschen zweifeln
als Erwachsene oft fortwährend an sich selbst und ihren Beziehungen, auch an den Beziehungen zu ihren Lehrern, und
haben daher Schwierigkeiten, Lehrpersonen Vertrauen entgegenzubringen.

Betrachten wir vor diesem Hintergrund nun zwei Problemfelder, die in einer Beziehung zu einer Lehrperson (oder einem
Rollenvorbild) virulent werden können und die mit Dingen zu
tun haben, die uns als Kind gefehlt haben: der Wunsch, dass
der Lehrer perfekt ist, sowie Probleme mit Autorität.

Wenn der Lehrer perfekt sein soll

Wenn wir jemanden kennenlernen, dem wir nacheifern oder von dem wir etwas lernen wollen, ist es nur natürlich, dass wir die Person auf einen Sockel stellen, idealisieren oder sogar vergöttern. Wenn wir nicht aufpassen, machen wir aus ihr allzu schnell einen überhöhten Buddha. Ähnliches geschieht oft zu Beginn einer Liebesbeziehung. Der andere erscheint uns als »perfekt« – obwohl er es offenkundig nicht ist. Das Problem hierbei besteht darin, dass wir einen sich verändernden, dynamischen und mit Schwächen behafteten *Prozess* (den Menschen) als eine unveränderliche *Sache*, als ein Objekt betrachten. Dadurch blockieren wir uns selbst. Dann wird unsere Fantasie eines Tages unvermeidlich in Konflikt mit der Wirklichkeit geraten, woraus uns, oftmals in großem Umfang, Leid erwächst.

Buddhistische Lehrer sind sich schon seit Jahrhunderten dieser Schwäche nur allzu bewusst (sowie der Gefahr, dass sie auf dem Weg zur Erleuchtung ein gewaltiges Hindernis darstellt) und haben verschiedene Methoden entwickelt, um damit umzugehen. Im tibetischen Buddhismus werden die Schüler ausdrücklich dazu ermuntert, ihren Lehrer auf einen Sockel zu stellen, allerdings vorsätzlich und bewusst. Oft werden sie dazu angehalten, sich den Lehrer als einen vollkommen erleuchteten Buddha vorzustellen und ihm zu opfern und Weihegaben darzubringen. Dadurch sollen die Schüler den Lehrer als ein Ideal wahrnehmen, dem es nachzueifern gilt, und zur buddhistischen Praxis motiviert werden. Die Lehrer des tibetischen Buddhismus halten sich ihrerseits gezielt zurück und wahren eine »professionelle Distanz« zu ihren Schülern. Im Idealfall bemerken die Schüler die Schwächen ihres Lehrers nicht, und das Bild, das sie von ihm haben, bekommt keine Risse. Eine entsprechende Maxime des tibetischen Buddhismus lautet: »Sorge immer dafür, dass zwischen dir und deinem Lehrer mindestens zwei Täler liegen.«

Der Zen-Buddhismus pflegt eine etwas andere Herangehensweise. Meiner Erfahrung nach werden die Schüler nicht dazu angehalten, in ihrem Lehrer eine Art Gottheit zu sehen, sondern ihn als ganz normalen Menschen zu betrachten und eine entsprechende Beziehung zu ihm zu suchen. Weil manche Schüler ihren Lehrer dennoch auf einen Sockel stellen, geben sich manche Lehrer Mühe, ihre Fehlbarkeit als Mensch zu zeigen. Mein Lehrer, Daizan Roshi (das japanische Wort *roshi* bedeutet »alter Lehrer« und ist ein Ehrentitel für Zen-Meister), berichtet etwa, dass sein Lehrer, der Japaner Shinzan Miyamae Roshi, niemals zuließ, dass sich jemand ein unrealistisches, makelloses Bild von ihm machte.

Verrückt und absolut echt

Als Daizan nach Japan ging, um dort bei Shinzan Roshi zu studieren, hatte er in England schon fünfzehn Jahre lang als Mönch gelebt. In den sechs Jahren, die sie gemeinsam verbrachten, wurde Shinzan für ihn ein unbeschreiblich lästiger Buddha. »Schon zu Beginn musste ich feststellen, dass Shinzan in vielerlei Hinsicht eine einzige Katastrophe war; wo er hinkam, herrschte Chaos. Er konnte nicht mit Geld umgehen und wurde andauernd übers Ohr gehauen. Er traf abwegige und sinnlose Entscheidungen und hatte immer wieder völlig verrückte Ideen. Ich wusste buchstäblich nie, was im nächsten Moment passieren würde.« Einmal bedrohte ein Gast einen Mönch sogar mit einem Messer. In gewisser Hinsicht hatte Shinzan eine Gemeinschaft problematischer Buddhas geschaffen. »Er suchte sie sich im ganzen Land zusammen! Er ermahnte nie jemanden dazu, sich zu ändern, sondern sagte immer nur: ›Das ist in Ordnung so.‹ Er ließ einem keine Wahl: Man musste sich der Situation stellen (oder gehen). Bei ihm zu sein, kostete unglaublich viel Kraft.«

Gleichzeitig erkannte Daizan in Shinzan etwas zutiefst Echtes. »Er verstellte sich kein bisschen, sondern gab sich genau so, wie er war. Es war nicht zu übersehen, dass er so lebte, wie es seiner inneren Wahrheit entsprach, und ihn dabei zu erleben, war ein großes Geschenk.« Im Zusammenleben mit Shinzan lernte Daizan, beide Dimensionen zu sehen: den Irrsinn und die tiefe Wahrheit. »Ich blieb bei der Stange, und dadurch lernte ich eine Menge. Wir zeigten einander die dunklen Stellen in unserem Inneren, die noch ans Licht geholt werden mussten, die gesehen und angenommen werden mussten. Dadurch gewann ich tiefe Einsichten in das, was wichtig ist: wie man mit Problemen und Herausforderungen im Moment ihres Auftauchens umgeht, Augenblick für Augenblick, mit aufrichtiger Haltung.«

Weiter berichtet Daizan: »Shinzan Roshi ließ niemals zu, dass man ihm eine falsche Rolle zuschrieb und aus ihm etwa einen Übervater machte oder in ihm die Lösung sämtlicher Probleme sah.« Das erreichte er zum Teil durch sein durchgedrehtes Verhalten und zum Teil, indem er bisweilen »unfassbar grob« war. Daizan erinnert sich: »Ich hatte dennoch nie den Eindruck, als würde er Theater spielen. Er gab sich einfach so, wie er war.«

»Die Lehrstunden waren eindringlich und folgten rasch aufeinander, und dieses Vorgehen forderte auch Opfer. Das Chaos und der Irrsinn waren ein wesentlicher Bestandteil des Lebens mit Shinzan Roshi. Entweder kapierte man die Lektionen, oder man ging unter (und verließ das Kloster).« Daizan vergleicht diesen Zustand mit einer Fahrt im Ruderboot, bei der Shinzan ruderte und alles falsch machte, was man falsch machen kann. »Man hatte die Wahl: sich beklagen oder sich ebenfalls zwei Ruder schnappen und mithelfen. Shinzan verschaffte einem die einmalige Gelegenheit, eine Stufe höher zu gelangen.« Daizan ist sich sicher, dass Shinzan genau das von seinen Schülern sehen wollte. »Im Lauf der Jahre kam ich immer weiter voran, und Shinzan gab diesem Prozess immer mehr Raum. Die Zeit, die ich bei ihm verbracht habe, war ein unschätzbares Privileg.«

Auch Daizan hat keine Bedenken, seine eigenen kleinen Unzulänglichkeiten zu zeigen. Wie er mir erzählte, sind Menschen, die einen fehlerlosen Guru suchen, deshalb oft enttäuscht und suchen sich einen anderen Lehrer. Ich persönlich (und ich glaube, viele andere auch) habe jedoch die Erfahrung gemacht, dass seine offenkundigen Unvollkommenheiten ihn weitaus nahbarer machen. So wie viele von uns verschüttet er die Milch, wenn er sie in den Tee gießt (manchmal sogar über sein ganzes Gewand und sein Meditationskissen), vergisst manche Dinge andauernd und tut sich schwer, in seinem E-Mail-Posteingang Ordnung zu halten. Weil er diese Mängel und Eigenheiten offen zeigt, erscheint das Ziel, zu dem er mich immer angespornt hat, deutlich näher. »Es geht nicht

darum, Perfektion zu erreichen, sondern Befreiung.« Diese
Herangehensweise durchkreuzt jeden Perfektionismus, indem
sie eine Atmosphäre schafft, die frei von Angst ist und in der
Fehler ihren Platz haben.

Problematisch bis missbräuchlich

Wenn man einen Lehrer auf einen Sockel stellt, besteht eine
weitere Gefahr darin, dass man blind für seine Fehler wird
und glaubt, er könne sich nichts zuschulden kommen lassen.
Dadurch riskiert man, ausgenutzt zu werden. In einer engen
und vertrauensvollen Beziehung müssen wir uns immer der
Gefahr bewusst sein, dass dieses Vertrauen fehlgeleitet, ausgenutzt oder regelrecht missbraucht wird. Leider geschieht so
etwas immer wieder. Die MeToo-Bewegung hat in den zu-
rückliegenden Jahren zahllose Fälle von Missbrauch öffentlich
gemacht. Die Täter waren Lehrer, Priester und anderweitige
Rollenvorbilder aus den unterschiedlichsten Lebensbereichen,
darunter leider auch aus der Sphäre des Buddhismus. Heutzutage hört man in den Medien kaum noch von Lehrern, bei
denen Taten und Worte übereinstimmen und die keine Ex-
zesse oder unmoralisches Verhalten zeigen, sondern fast nur
noch von den zahlreichen spektakulären Fällen von »Skandal-
Gurus«. Andererseits kann es sich auch wie eine Art Missbrauch anfühlen, wenn man als Lehrer von einem seiner Schüler auf einen Sockel gestellt wird.

Wie erwähnt suchen Menschen oft nach einem perfekten
spirituellen Lehrer, weil sie einen Mangel aus ihrer Kindheit
kompensieren wollen. Manche sehnen sich nach einer star-

ken Elternfigur, nach jemandem, der die Welt unter Kontrolle hat und ihnen Sicherheit und Schutz gewährt. Dabei nehmen sie möglicherweise eine kindliche Haltung an, die von unbedingter Hingabe und vom Abschieben von Verantwortung geprägt ist. Sie geben die Herrschaft über ihr Leben ab und überantworten sie dem Lehrer; dieser Zustand wird bisweilen als »Guru-Syndrom« bezeichnet. Kritiker und Opfer von Lehrern, die sich missbräuchlich verhalten haben, verweisen oft darauf, dass in solchen Fällen eine heimlichtuerische, patriarchalische und sexistische Atmosphäre geschaffen wird, und weil die jeweiligen Gruppen nach wie vor an dem Irrglauben festhalten, der Lehrer könne keine Fehltritte begehen, wird er oft nicht zur Rechenschaft gezogen. Darüber hinaus schämen sich die Schüler häufig, weil sie sich als Komplizen und als mitschuldig an den Vorfällen fühlen, was sie noch mehr darin hindert, sich frei zu äußern.

Bedauerlicherweise wirken sich Missbrauchsängste auch auf das andere Gebiet aus, auf dem Lehrer lästige Buddhas werden können: wenn der Schüler Schwierigkeiten mit Autoritätspersonen hat oder dem Lehrer kein Vertrauen entgegenbringen kann.

Schwierigkeiten mit Autoritätspersonen

Wie oben ausgeführt, liefert die Bindungstheorie verschiedene Erklärungen dafür, wie es dazu kommen kann, dass wir einer Lehrperson kein Vertrauen entgegenbringen können. Wird ein Kind von seiner Bezugsperson missbraucht – körperlich, emotional, sexuell oder durch Vernachlässigung –, dann wird es als Erwachsener wahrscheinlich Schwierigkeiten im Umgang mit Autoritätspersonen haben. Jagt die Bezugsperson dem Kind Angst ein, damit es gehorcht, begegnet es Autoritätspersonen später vielleicht mit Unsicherheit oder Skepsis. Dann will es seinen Lehrern zwar vertrauen, hat aber Schwierigkeiten, dieses Vertrauen zuzulassen. Genau so erging es dem berühmten japanischen Rinzai-Zen-Meister Bankei Yotaku, der im siebzehnten Jahrhundert lebte. Daher will ich Ihnen nun seine Geschichte erzählen.[1]

Bankei Yotaku

Bankei (1622–1693) entstammte einer niederen Samurai-Familie. Sein Vater war Arzt, und er hatte vier Brüder und vier Schwestern. Sein eigentlicher Name war Muchi, was wörtlich »Bleib nicht zurück« bedeutet, und das wirft ein Licht auf die Haltung, die seine Eltern ihm von Anfang an entgegenbrachten. Muchi war ein rebellisches und boshaftes Kind und nur schwer zu bändigen. Eines Tages fand seine Mutter heraus, dass sie ihn zur Räson bringen konnte, indem sie sich tot stellte. Die Methode funktionierte, doch wie sie sich auf den kleinen Muchi auswirkte, können wir nur erahnen. Als er elf Jahre alt war, verstarb völlig unerwartet sein Vater; Muchi versuchte daraufhin, sich umzubringen, indem er eine Unmenge von Spinnen aß, die er für giftig hielt.

---

[1] Sein autobiografischer Bericht findet sich in *The Unborn: The Life and Teachings of Zen Master Bankei.* North Point Press, New York, 2002, und in: J. D. Skinner, *Practical Zen: Meditation and Beyond.* Singing Dragon Press, London, 2017.

Im Jahr darauf kam er in die Schule. Der Philosophieunterricht (in dem die konfuzianischen Klassiker gelesen wurden) bereitete ihm Freude, den Kalligrafieunterricht verabscheute er jedoch, und das so sehr, dass er ihn schwänzte und nach Hause ging. Sein fortgesetztes ungezogenes Verhalten brachte Schande über die Familie. Die Totstellmethode seiner Mutter tat ihre Wirkung nicht mehr, und sein älterer Bruder, der jetzt der Familie vorstand, wusste nicht, wie er mit ihm umgehen sollte. In einem Anfall von Verzweiflung warf er den erst vierzehnjährigen Muchi aus dem Haus und verstieß ihn aus der Familie.

Aus den historischen Berichten geht hervor, dass das Verhalten von Muchis Bezugspersonen in der Kindheit im besten Fall verwirrend war und im schlimmsten Fall vernachlässigend oder emotional missbräuchlich. Seine Reaktionen lassen vermuten, dass er ein Verhaltensmuster für enge Beziehungen entwickelte, das auf Ablehnung basiert, aber auch Züge einer Vermeidungsstrategie trägt sowie punktuell von Rebellion und Wut.

Zum Glück nahm ein wohlwollender Nachbar den jungen Muchi auf, der sich zunächst noch ein oder zwei Jahre durchs Leben schlug. In der Schule hatte sich ihm ein Satz aus einem konfuzianischen Text eingeprägt, in dem von »erleuchtender Tugend« die Rede gewesen war und der ihn seitdem nicht mehr losgelassen hatte. Jemand riet ihm, den örtlichen Zen-Tempel aufzusuchen und dort um Erläuterung zu bitten. Der dortige Meister sagte zu ihm: »Diese Tugend kannst du nur in deinem Inneren finden. Dazu musst du meditieren.« Muchi bat darum, als Mönch der Tempelgemeinschaft beitreten zu dürfen, und wurde aufgenommen. Er blieb einige Jahre in dem Tempel, war von dem Lehrer jedoch enttäuscht und stieß auch sonst auf nichts, was ihn zufriedenstellte. Mit neunzehn beschloss er, auf Wanderschaft zu gehen und sich einen anderen Lehrer zu suchen, einen, der ihm seine Frage beantworten und ihm helfen würde, seine Probleme hinter sich zu lassen.

Angesichts seiner schwierigen Kindheit verwundert es nicht, dass sich der heranwachsende Muchi der Autorität und der spirituellen Führung durch seinen Lehrer nicht anvertrauen konnte. Vielleicht sehnte er sich nach einer engen und vertrauensvollen Beziehung, scheute aber vor zu großer Nähe zurück, aus Angst, sie wieder zu verlieren. Vielleicht hegte er auch massive Zweifel an sich selbst und an seiner Fähigkeit, Beziehungen aufzubauen, und versuchte daher, sich autark und selbstständig zu geben, um diese Zweifel zu kompensieren.

Nach einer ausgiebigen Suche, die ihn durch ganz Japan geführt hatte, kam er im Alter von dreiundzwanzig Jahren zurück in seinen Heimattempel, erschöpft und noch desillusionierter als zuvor. Weil er nun nichts mehr zu verlieren hatte, beschloss er, seinen Lehrer zu verlassen und sich eine kleine Einsiedelei zu bauen, sich hinter Mauern aus Lehm zurückzuziehen und jede freie Stunde der Meditation zu widmen. Mehrere Jahre verbrachte er so, in meditativer Übung und Einsamkeit. Später berichtete er: »Ich verlangte mir alles ab, ohne Gnade und bis zur geistigen und körperlichen Erschöpfung.« Es ist durchaus denkbar, dass sich diese äußerste Entschlossenheit aus dem tiefen Quell emotionaler und psychischer Schmerzen speiste, der sich seit seiner Kindheit in ihm angestaut hatte.

Durch das stundenlange Meditieren zog er sich eine Blutvergiftung im Gesäß zu und bekam schließlich Tuberkulose. Als er sechsundzwanzig war, prophezeite ihm ein Arzt, er werde nicht mehr lange leben, und Muchi fand sich mit seinem baldigen Tod ab. Doch als er schon fast ganz aufgegeben hatte, rührte sich etwas in seinem Körper. »Ich verspürte ein eigenartiges Gefühl im Hals. Ich spuckte aus, in Richtung einer Wand. Ein Klumpen schwarzer Auswurf, so groß wie eine Waschnuss, lief die Wand hinab.« Plötzlich verschob sich die Perspektive seines Geistes. Das war sein Moment der Erleuchtung. Zum Glück für ihn führten ihn der Schmerz und der emotionale Aufruhr, unter dem er litt, letztlich zu Zen, doch sie hätten ihm auch ein weitaus zerstörerisches Schicksal bereiten können (wozu es in etlichen Situationen auch fast gekommen wäre).

Bankeis Kindheitserfahrungen lehrten ihn, dass Menschen in Machtpositionen es nicht immer gut mit einem meinen und verletzende Kniffe anwenden, um andere zu anständigem Verhalten zu zwingen (wie etwa seine Mutter, die sich tot stellte). Daraus erklärt sich, warum er eine problematische Beziehung zu seinem ersten Lehrer entwickelte und dessen Anweisung, sich geduldig selbst zu erforschen, nur schwer beherzigen konnte. Dass er so viel Mühe aufwandte, um die Antwort auf seine Fragen außerhalb seiner selbst zu suchen, lag vermutlich auch daran, dass er unbewusst nach einer idealen, ihm zugewandten und liebevollen Elternfigur suchte, die mit einem Handstreich alles in Ordnung bringen würde. Nach seiner ergebnislosen Suche zog er sich in eine Hütte zurück und meditierte sich fast zu Tode. Als Kind hatte er nicht nur gelernt, Autoritätspersonen nicht zu vertrauen, sondern ziemlich sicher auch ein dezidiert autarkes Selbstverständnis entwickelt. Er glaubte, niemandem vertrauen zu können außer sich selbst.

Nach den Erfahrungen seiner jungen Jahre wurde Bankei ein brillanter und weithin bekannter Lehrer und hielt seine Mutter, die eine buddhistische Nonne wurde, stets in hohen Ehren. Seinen Schülern legte er dar, dass sein extremes Streben nach der Lösung seiner Probleme und nach Erleuchtung ihn in die falsche Richtung geführt hatte, er aber zum damaligen Zeitpunkt nach bestem Wissen gehandelt hatte. Er war der festen Überzeugung, niemand brauche sich so zu quälen wie er, und sein Unterricht war von Mitgefühl, Sanftmut und Schlichtheit geprägt.

Was können wir aus Bankeis Geschichte lernen? Er hatte eine schwierige Kindheit, die in ihm vermutlich Verhaltensmuster hervorbrachte, die von einem rebellischen Drang nach Selbstständigkeit und von erbittertem Streben bestimmt waren. Doch indem er dieses Leid durchschritt, fand er Frieden. Buddha lehrt, dass es keine Erleuchtung ohne Leid gibt. Nur wenn wir in der Lage sind, unsere Situation, so schlimm sie auch sein mag, voll und ganz anzunehmen und vor unserem Schmerz, unserer Trauer, unserer Angst oder unserer Wut die Waffen zu strecken, können wir nach und nach lernen, diese Gefühle in einer liebevollen Haltung loszulassen. So wie Licht nur durch Dunkelheit existiert, existieren Mitleid und Weisheit nur durch Leid.

Hakuin und Torei

Ein weiteres historisches Beispiel für einen problematischen spirituellen Lehrer findet sich in der Geschichte des berühmten japanischen Zen-Meisters Hakuin Ekaku (1686–1769) und seines Schülers Torei Enji (1721–1792).[1]

[1] *Beating the Cloth Drum: Letters of Zen Master Hakuin.* Shambhala, Berkeley, 2012.

Torei wurde im Alter von siebzehn Jahren zum Mönch geweiht und gewann in den folgenden Jahren durch ausdauerndes Meditieren in Zurückgezogenheit zahlreiche bedeutende Einsichten. Als er zweiundzwanzig war, suchte er Hakuin auf, um sich von ihm weiter unterweisen zu lassen.

Hakuin erkannte auf den ersten Blick, dass Torei ein Ausnahmeschüler war und möglicherweise sein Dharmaerbe (Nachfolger) werden konnte. Torei besaß den brennenden Wunsch, sich weiter in Meditation zu üben, und schrieb Hakuin in den ersten Monaten seines Aufenthalts im Tempel sogar einen Brief, in dem er ihn um »Eisenhammer und Zangen« bat (also um einen möglichst strengen und unerbittlichen Unterricht). Als Torei die dreißig erreicht hatte, hegte Hakuin die Hoffnung, er würde eines Tages die Leitung seines Tempels, Shoin-ji, übernehmen. Als ersten Schritt zu dieser Aufgabe bat er ihn, in Muryo-ji, einem kleinen, vernachlässigten Tempel in einem nahegelegenen Ort, das Amt des Abts zu übernehmen. Torei zögerte jedoch, da er etliche Bedenken hatte. Zunächst war da sein Gesundheitszustand: Durch das Meditieren unter unwirtlichen, kalten Bedingungen hatte er sich Tuberkulose zugezogen und war erst vor Kurzem knapp dem Tod entronnen. Außerdem glaubte er, die Verantwortung, die ein solches Amt mit sich brachte, würde ihn von seinem eigenen Zen-Weg ablenken, und er fürchtete, sein Lehrer würde ihm bei dieser Arbeit allzu sehr dreinreden. Auch wollte er sich nicht einsperren lassen und sich zum Bleiben verpflichtet fühlen, oder gezwungen werden, die Leitung von Hakuins Tempel, der weitaus größer war, zu übernehmen (Hakuin versuchte später in der Tat immer wieder, ihn dazu zu bringen).

Nach langen Verhandlungen und zahlreichen Kompromissen willigte Torei ein und diente schließlich über vier Jahre lang als Abt in Muryo-ji. Er verließ den Tempel, weil Hakuin ihn immer mehr bedrängte, die Leitung von Shoin-ji zu übernehmen und seine Nachfolge anzutreten. Letztlich konnte sich Hakuin in Torei einfühlen, weil er sich erinnerte, dass es ihm in Toreis Alter ganz ähnlich ergangen war: Auch er hatte sich dagegen gesträubt, Verantwortung zu übernehmen, und sich lieber auf sein eigenes Studium konzentrieren wollen. Es vergingen noch etliche Jahre, bis Torei sich bereit fühlte, wieder auf seinen Lehrer zuzugehen. 1758 hielten sie gemeinsam eine Reihe von Lehrvorträgen. Das veranlasste Hakuin dazu, den alten verfallenen Tempel von Ryutaku-ji zu kaufen und Torei vorzuschlagen, das Gebäude zu renovieren und dort eine Ausbildungsstätte einzurichten. Wiederum lehnte Torei ab. Doch Hakuin ließ nicht locker und hoffte weiterhin, dass Torei eines Tages zustimmen würde. 1761 hatte Torei schließlich genug und willigte ein und wurde Abt des Tempels, der in den folgenden Jahrhunderten in der Rinzai-Schule große Bedeutung erlangte.

Zwar wissen wir nicht viel über Toreis frühe Jahre und die Beziehung zu seinen Eltern; das Verhältnis zu seinem Lehrer war jedoch mit Sicherheit problematisch. Nicht nur zeigte er einen offenen Widerwillen dagegen, Verantwortung zu übernehmen, sondern darüber hinaus hatte Hakuin, wie ein übergriffiger Vater, seine eigenen Pläne mit ihm und versuchte immer wieder, sie ihm aufzudrängen. Im Lauf seines Lebens musste Torei lernen, einen Ausgleich zu finden zwischen seinem Wunsch, zu meditieren und sein Wissen zu vertiefen, und Hakuins wiederholtem massivem Drängen, er solle den nächsten Schritt gehen und Verantwortung übernehmen. Außerdem musste er mit seiner angegriffenen Gesundheit zurechtkommen. Letztlich wurde Torei selbst ein bedeutender Zen-Meister und eine wichtige Figur in der Renaissance der Rinzai-Schule. Er lehrte vierzig Jahre lang, verfasste zahlreiche maßgebliche Schriften über Zen und vollendete Hakuins Projekt, den Zen-Unterricht zu reformieren und ihn auf das Studium von Koans zu gründen (ein Konzept, das noch heute befolgt wird).

Lehrer lehren nicht nur auf eine Art

Wenn wir noch einmal über das bisher Gesagte nachdenken, wird deutlich, dass wir einem Lehrer zunächst vertrauen müssen, wenn wir von ihm lernen wollen. Anfangs kann dieses Vertrauen noch darauf basieren, dass andere Schüler die Fähigkeiten oder die Gelehrsamkeit des Lehrers respektieren, doch je weiter sich die Beziehung entwickelt, desto mehr erwächst unsere Bereitschaft, dem Lehrer Vertrauen entgegenzubringen, aus eigenen Erfahrungen. Doch in jeder engen Beziehung zwischen Erwachsenen machen sich Probleme bemerkbar, die ihre Wurzeln in der Kindheit haben. Manche Menschen suchen in einer Lehrperson einen Ersatz für Vater oder Mutter. Sie sehnen sich nach Liebe, Bestätigung, Wertschätzung oder Anerkennung, doch ob sie diese Dinge dann bekommen oder nicht: In einer Lehrperson eine Elternfigur zu sehen, führt früher oder später garantiert zu größerem Leid. Manche Schüler machen ihren Lehrer zum Objekt und sehen in ihm ein perfektes, idealisiertes Wesen, während andere eine kritische

Haltung zu Autorität haben und dem Lehrer zwar vertrauen wollen, dies aber nur schwer zulassen können. Eine bewusst agierende und entsprechend ausgebildete Lehrperson wird die Gefühle ihrer Schüler nie als falsch oder unangemessen abtun; auch wird sie nicht mit den Bedürfnissen des Schülers spielen. Die Aufgabe des Lehrers besteht darin, einen geschützten Raum zu schaffen, der es dem Schüler ermöglicht, die Ursachen seines Leids zu erkennen (welche Form dieses Leid auch hat, wie unangenehm oder schmerzlich es auch sein mag), es anzunehmen und allmählich loszulassen. Letztlich soll ein Lehrer seinen Schülern helfen, einen fest verwurzelten Glauben an sich selbst zu entwickeln.

Daher ist es, wie in jeder engen Beziehung, entscheidend, dass wir das Vertrauen mit offenen Augen pflegen. Wenn wir unsere Lehrer in den Himmel heben und glauben, sie seien über jeden Vorwurf erhaben, dann sehen wir das, was vor uns ist, nicht in seiner ganzen Wahrheit und riskieren, Opfer missbräuchlichen Verhaltens zu werden. Wie auch immer sich die Beziehung entwickelt, es ist unerlässlich, dass wir in der Lage sind, unsere Lehrer zur Verantwortung zu ziehen, wann und wo auch immer dies erforderlich ist.

Lästige Schüler

So wie Hakuin für Torei ein problematischer Lehrer war, war Torei vermutlich ebenso ein problematischer Schüler für Hakuin. Viele von uns übernehmen regelmäßig eine lehrende Rolle – etwa im Beruf bei der Einarbeitung einer neuen Kollegin oder zu Hause mit den Kindern –, und wenn wir es zulassen, können lästige Schüler zu unseren besten Lehrern werden.

Als ich mit Shinkai Roshi, einem Zen-Meister aus Oregon, über dieses Thema sprach, berichtete er aus den Anfangszeiten seiner Zen-Gruppe: »Manche Schüler trafen zielsicher meine wunden Punkte, doch dadurch halfen sie mir, auf neues Gebiet vorzudringen.« Im Lauf der Jahre zeigten ihm seine Schüler unmissverständlich, dass er lernen musste, nicht immer alles kontrollieren zu wollen. »Als wir unsere Zen-Gemeinschaft gründeten, hatte ich sehr genaue Vorstellungen davon, wie alles ablaufen sollte. Aber ich musste schon bald feststellen, dass das, was ich wollte, und das, was sich dann entwickelte, zwei völlig verschiedene Dinge waren.« Diese Divergenz warf ein Licht auf einige seiner vorgefassten Ansichten und auf seine Neigung, alles zu kontrollieren. In Anlehnung an den berühmten Satz von Dwight Eisenhower (»Pläne sind nichts, Planung ist alles«) sagte Shinkai: »Ich glaubte immer zu wissen, was am besten war, und kümmerte mich um jeden Schüler bis ins kleinste Detail, aber jetzt ist mir klar, dass es dabei immer nur um mich selbst ging.« Die Gemeinschaft bewegte sich nicht unbedingt in die Richtung, die er sich vorgestellt hatte. »Sie [die Schüler] zeigten mir, dass ich die Vorstellung, das sei *mein* Zentrum, loslassen und die Dinge sich so entwickeln lassen musste, wie sie es nun einmal taten. Und sie lehrten mich, wie wichtig es ist, sich Hilfe zu suchen.«

Je besser es ihm gelang, sich nicht mehr verantwortlich zu fühlen, desto mehr erkannte er die tiefe Weisheit, die die Gruppe besaß. »Wenn man loslässt, öffnet man die Türen für die Güte der anderen Menschen und des Universums, und dann passieren die erstaunlichsten Dinge.« Mittlerweile entwickelt sich die Gemeinschaft in Richtungen, die er sich nie hätte träumen lassen, und auf eine Art und Weise, von der alle vielfältig profitieren. Seinen Bericht schloss er mit den Worten: »Ich weiß es zu schätzen und bin dankbar dafür, erkannt zu haben, dass es etwas gibt, das so viel größer und allumfassender ist und von dem ich, so wie alles andere auf der Welt, ein Teil bin.«

Dritter Teil

Hochproblematische Buddhas

12

Monster-Buddhas

Manchmal haben wir es im Leben mit Leuten zu tun, die am äußersten Ende des Spektrums problematischer Menschen stehen; Menschen, die uns missbraucht oder uns auf andere Art großen Schmerz zugefügt haben. Wenn diese Wunden tief reichen, kann es schwerfallen, so jemanden in seinem Menschsein anzuerkennen oder gar den Gedanken zuzulassen, er oder sie könnte uns etwas über uns selbst lehren. Schon die Vorstellung, so jemand könnte uns überhaupt etwas lehren, kann abstoßend sein. Oft wollen wir mit so jemandem nicht das Geringste zu tun haben (und manchmal ist das auch klüger, weil wir uns dadurch schützen). Ich weiß, wie sich das anfühlt.

Dem Hass, den wir solchen Monster-Buddhas bisweilen entgegenbringen, kann eine gewaltige Kraft innewohnen. Das Wiederkäuen dessen, was geschehen ist, und das Gefühl von schwelender Wut und Abscheu können unser Denken oft über einen langen Zeitraum hinweg vereinnahmen. Dann legt sich nach und nach über alle Farben des Lebens die Schattierung des Hasses. Möglicherweise sind unsere Gefühle bezüglich dessen, was uns angetan wurde, glasklar, und gleichzeitig fällt es uns schwer, irgendetwas darüber hinaus zu erkennen. Sich an Wut und Groll festzuklammern, ist so, als würde man Gift trinken und hoffen, damit jemand anderen umzubringen.[1] Es führt zu nichts, und letztlich schaden wir uns damit nur selbst.

Eine traumatisierende Erfahrung oder Missbrauch hinterlassen tiefe Wunden, die nicht von allein heilen. Widmet man ihnen nicht die nötige Aufmerksamkeit, dann schwären sie vor sich hin. Wenn wir auch nur im Entferntesten etwas wittern, das die Wunde wieder aufreißen könnte, schrecken wir zurück, verkrampfen und tun alles Mögliche, um uns vorsorglich zu schützen. Mit der Zeit werden solche Reaktionen zu Gewohnheiten. Das Einschleifen dieser Gewohnheiten ist wie der Bau von Mauern, die uns vor den vermeintlichen Gefahren des Lebens schützen sollen. Dann ziehen wir uns von der Welt zurück (um nicht wieder verletzt zu werden) oder wir gewöhnen uns an, uns in der Öffentlichkeit zu verstellen, eine Maske zu tragen, die uns erlaubt, so zu tun, als seien wir jemand anders; möglicherweise lachen wir auch über alles oder weinen bei jeder Gelegenheit los. Doch wie hoch der Schutzwall auch ist, den wir errichten, dahinter liegt immer noch die Wunde, die nicht verheilt ist. Das kann jahrelang so gehen, und dabei vergessen wir vielleicht, wie die Wunden genau entstanden sind oder dass sie überhaupt existieren. Aber dennoch sind sie da.

[1] Zitiert nach: M. T., *A Sponsorship Guide for All Twelve-Step Programs.* PT Publications, West Palm Beach, 1995.

Hochproblematische Buddhas

Irgendwann wird der Schmerz, der mit dem Gefühl verbunden ist, eingezwängt zu sein wie eine Krabbe in einer zu klein gewordenen Schale, zu groß. Die Vorstellung, in dieser Position zu verharren, ist noch schwerer zu ertragen als jene, sich aus der alten Schale zu winden. Dann besteht der erste Schritt darin, das unbehagliche Gefühl des Eingequetschtseins und des Eingesperrtseins anzuerkennen, trotz der Vorahnung und der Angst vor dem, was einem möglicherweise bevorsteht. Das ist nicht leicht; am leichtesten wäre es, dieses Gefühl zu verdrängen und Ablenkung zu suchen. Daher müssen wir all unseren Mut zusammennehmen. Doch wir sind dabei nicht allein. Wir können uns Unterstützung in unserem Umfeld suchen oder uns an jemanden wenden, der uns durch diesen Prozess begleitet (etwa eine Psychotherapeutin oder einen spirituellen Lehrer). Nimmt das Verhalten einer problematischen Person Züge von Missbrauch an, müssen wir unverzüglich entsprechend handeln und dürfen nicht glauben, wir müssten es ertragen. Je mehr wir uns mit Kritik und Beurteilung zurückhalten und den Schmerz loslassen, desto leichter fühlen wir uns und desto freier werden wir. Mir persönlich hat im Umgang mit Monster-Buddhas oft eine Zeile aus einem Gedicht des persischen Dichters Rumi (1207–1273) geholfen: »Die Wunde ist die Stelle, an der das Licht in uns eintritt.« Wenn es uns gelingt, die Schutzschichten abzutragen, die uns zwar auf beruhigende Weise vertraut, aber sehr wahrscheinlich auch versteinert sind, und wir den Mut aufbringen, den Blick direkt auf die darunterliegenden Wunden zu richten – ohne bei ihrem Anblick zurückzuschrecken –, dann gelingt es uns vielleicht, durch die Wundöffnung in unser Inneres zu blicken. Hierin liegt das Geschenk, das Traumata und Schmerzen uns darbieten können.

Ein Loch in der Haut auf dem Pudding

Wie oben erwähnt, war der Verursacher des Unfalls, bei dem mein Stiefvater ums Leben kam und meine Mutter schwer verletzt wurde, ein Polizist, der gerade dienstfrei hatte. Er hieß Michael. Nach dem Unfall und noch lange nach dem Beginn meiner Psychotherapie (rund zehn Jahre lang) war »Michael« ein Phänomen, zu dem ich keinen Zugang fand. Obwohl ich ihn ein paar Monate nach dem Unfall im Verhandlungssaal des Gerichts mit eigenen Augen sah (er wurde wegen gefährlichen Fahrens mit Todesfolge zu einer Gefängnisstrafe verurteilt), fühlte es sich für mich an, als schwebe er irgendwo unerreichbar im Weltraum. Damals war es für mich ausgeschlossen, mit irgendeinem der Gefühle in Kontakt zu treten, die Michael mit dem, was er getan hatte, in mir auslöste.

Ich kann mich noch gut daran erinnern, wie mein Therapeut mich in den ersten Stunden fragte, was ich angesichts dessen, was Michael getan hatte, empfand. Ich antwortete: »Ihn trifft keine Schuld. Das Ganze war ein Zufall. Eine Frage der Wahrscheinlichkeit. Ja, er hat etwas getan, was er nicht hätte tun sollen, aber wahrscheinlich hat er das schon oft gemacht, und nie ist irgendetwas passiert.« Im Grunde hatte ich meinen Mangel an Emotionen rationalisiert. Mein Therapeut ermutigte mich, meine Gefühle zuzulassen, und sagte, es sei in Ordnung, wenn ich wütend wäre. Doch trotz dieser Erlaubnis rechtfertigte ich weiter meine Ansicht und behauptete, Michael treffe keine Schuld. Das veranlasste meinen Therapeuten irgendwann zu einer seiner seltenen emotionalen Reaktionen (für gewöhnlich reflektierte er das, was ich sagte, besonnen und ohne zu urteilen). Er sagte so etwas wie: »Aber wer soll denn sonst Schuld haben? Wie können Sie denn *nicht* wütend auf ihn sein? Das verstehe ich einfach nicht!« Rückblickend scheint mir, als habe er versucht, mit einem Stock ein Loch durch die dicke Haut zu stechen, die sich über meinem emotionalen Pudding gebildet hatte. Ich bin mir ziemlich sicher, er versuchte, mich aus der Reserve zu locken, um mir zu helfen, in Kontakt mit meinen Gefühlen zu treten.

Mehrere Monate lang ergründete ich die Gefühle, die ich Michael entgegenbrachte, meditierte über sie und dachte über sie nach. Ich hatte die unterschiedlichsten Träume und besprach sie mit meinem Therapeuten. Damals sprach ich auch mit meiner Mutter zum ersten Mal über das Thema. Nach einer Weile entdeckte ich Spuren von Wut und Abscheu, und mein Therapeut riet mir, diesen Gefühlen Ausdruck zu verleihen, sowohl während der Sitzungen als auch außerhalb. Die Erkenntnis, dass ich tatsächlich Wut in mir trug, führte mich zu der tief sitzenden Angst, dass ich, würde ich einmal daran rühren, schlagartig und mit meinem gesamten Wesen explodieren würde wie ein nicht zu kontrollierender Vulkan. Weil ich fürchtete, meine Welt würde in Trümmer fallen, hielt ich sie zusammen, indem ich meine Gefühle ausblendete. In Wirklichkeit war es jedoch schwer, an diese Wut heranzukommen, und wenn es mir gelang, fühlte sie sich wie feuchter Zunder an – es war so gut wie unmöglich, dass sie in Flammen aufging.

Während der Therapiesitzungen und der Meditationsübungen gelang es mir nach und nach, den Deckel auf der Schachtel meiner Emotionen zu lüften – woraufhin zögerlich Wut, Groll und Hass hervortraten. Ich lernte, ihnen Ausdruck zu verleihen. Ich fand Zugang zu der Wut, die ich auf Michael hatte sowie angesichts der Ungerechtigkeit dessen, was geschehen war. Oft schrie ich: »Warum ich? Warum wir?« Ich zürnte dem Universum und dem Schicksal, weil sie zugelassen hatten, dass mir und meiner Familie so etwas widerfahren war. Regelmäßig verließ ich die Therapiesitzungen als ein zitterndes Wrack, aber – und das war entscheidend – meine Welt fiel nicht in Trümmer.

Ich weiß nicht mehr, wann genau ich so weit war, dass ich Michael verzeihen konnte; diese Bereitschaft war langsam in mir herangewachsen. Rückblickend bin ich mir sicher, dass ich nie an diesen Punkt gekommen wäre, wenn ich nicht den Zugang zu meiner Wut und den Vorwürfen gefunden und gelernt hätte, ihnen Ausdruck zu verleihen. Echte Vergebung überspringt dieses Stadium nicht, sondern besteht unter anderem darin, die eigenen Gefühle erst aufrichtig zu akzeptieren und dann loszulassen. Es ist auch nicht schlecht oder ungezogen oder falsch, Wut zu empfinden und sie auszudrücken. In Kontakt mit meiner Wut zu kommen und sie in ihrer ganzen Intensität zu erleben, war für mich ein notwendiger Schritt. Wir können Gefühle nicht loslassen, wenn wir sie nicht zuvor voll und ganz akzeptiert haben.

»Michael« aus dem Weltall zu holen und in Reichweite zu bringen, Zugang zu den rohen Gefühlen zu finden, die ich ihm und dem, was er getan hatte, entgegenbrachte, sie loszulassen und ihm schließlich zu vergeben, war letztlich kein so steiniger Weg – zumindest im Vergleich mit dem Weg, der mich dazu führte, meinem Vater zu vergeben, der mich missbraucht hatte. Und indem ich meine Wut auf Michael freilegte und zuließ, erkannte ich, dass sich ein Großteil dieser Wut eigentlich gegen meinen Vater richtete.

Dem Vater vergeben

Bis ich sechs Jahre alt war, benutzte mich mein Vater, vermutlich über mehrere Jahre hinweg, für sexuelle Spiele. Als meine Mutter das herausfand, wandte sie sich sofort an die Polizei, und mein Vater durfte unser Haus nicht mehr betreten. In den folgenden Jahren trafen meine Schwester und ich ihn nur unter Aufsicht. Kurz nachdem es herausgekommen war, gingen wir zu einer Kinderpsychologin, die mit uns sprach und in ihrem Bericht darlegte, was ihrer Vermutung nach passiert war und wie es sich auf uns ausgewirkt hatte. Meine Mutter bewahrte den Bericht auf und zeigte ihn mir, als ich später mit einer Psychotherapie anfing.

Mit Mitte zwanzig hegte ich meinem Vater gegenüber zahllose, miteinander verheddderte Gefühle (von denen ich viele lange Zeit verdrängt hatte). Mir wurde klar, dass sie die unterschiedlichsten Auslöser hatten. Da waren zum einen der Unfall und seine Folgen. Im Grunde hatte er alles ausgelöscht, was mein Leben zuvor ausgemacht hatte: Er hatte die enge Beziehung beendet, die ich zu meinem Stiefvater entwickelt hatte, und abrupt den Prozess abgebrochen, in dem ich versuchte, mit dem Missbrauch zurechtzukommen, den ich als Kind erfahren hatte. Dann war da natürlich meine Mutter. Was sie über meinen Vater dachte, ihre Gefühle (einschließlich der Schuldgefühle angesichts dessen, was passiert war) und ihre eigenen Komplexe und Ansichten – all das färbte auf uns ab. Sie bezeichnete sich selbst immer als naiv; einmal sagte sie, sie habe unter anderem geheiratet, um aus ihrem Elternhaus herauszukommen, und dass sie, indem sie Kinder bekam, auch die Beziehung zu meinem Vater hatte festigen wollen.

Auch nachdem er weg war, blieb mein Vater eine Konstante in meinem Leben; meistens in Zusammenhang mit meinem Geburtstag, und insbesondere in Bezug auf Geldangelegenheiten. Als ich noch kleiner war, beteiligte er sich oft an teuren Geburtstagsgeschenken, und später überwies er mir immer wieder einmal Beträge zur finanziellen Unterstützung, etwa zur Finanzierung meines Studiums. Dadurch (und vermutlich auch durch den Einfluss meiner Mutter) entwickelte ich das Gefühl, dass mir von seiner Seite etwas zustand, etwa eine Entschuldigung für das, was er getan hatte, oder Geld als Wiedergutmachung für den Missbrauch sowie dafür, dass er in den Jahren danach nicht da gewesen war. Außerdem entwickelte ich ein sonderbares Pflichtgefühl ihm gegenüber und dachte etwa, ich müsse ihm von meinen Plänen erzählen, da er doch mein Vater war.

Mit etwa fünfundzwanzig Jahren schrieb ich, angeregt durch die Psychotherapie, meinem Vater einen Brief, in dem ich ihn fragte, was ihm von dem Missbrauch noch in Erinnerung war. Er behauptete, die sexuellen Spiele, an die ich mich erinnerte, seien eine einmalige Sache gewesen und hätten sich durch Zufall ergeben. Er sagte, ich hätte damit angefangen und es hätte mir gefallen. Zu diesem Zeitpunkt hatte ich bereits damit begonnen, meine verdrängte Wut freizulegen, und jetzt lösten seine Behauptungen in mir regelrecht Entrüstung aus. Was er behauptete, widersprach dem Wenigen, woran ich mich erinnern konnte, und auch dem, was die Psychologin in ihrem Bericht geschrieben hatte.

Als fünfjähriges Kind suchte ich natürlich nach Anerkennung und spielte gern mit meinen Eltern. Doch dann zu hören, dass etwas, was mir Freude bereitete, falsch sei, stürzte

Hochproblematische Buddhas

meine junge Seele in Verwirrung. Ich wollte bei meinem Vater sein, aber man sagte mir, er sei böse und müsse von mir ferngehalten werden. Meine Mutter hat mir erzählt, dass ich beim Abschied jedes Mal Unmengen Tränen vergoss. In den Monaten, nachdem mein Vater Hausverbot erhalten hatte, war ich etliche Male bei der Kinderpsychologin, die mir helfen sollte, das Erlebte zu verarbeiten, doch ich glaube, das war nicht ausreichend. Einige Jahre später versuchte ich in aller Unschuld, dieselben sexuellen Spiele mit meinem Stiefvater zu spielen; wie meine Mutter mir später erzählte, war er jedoch in der Lage mir zu erklären, dass so etwas unangemessen war.

Durch Psychotherapie und Meditation lernte ich, mit den Seiten meiner Persönlichkeit ins Reine zu kommen, die ich verdrängt hatte oder die sich in die hintersten Winkel meines Bewusstseins zurückgezogen hatten und die nicht mit mir hatten erwachsen werden können. Ein entscheidender Schritt hierbei war, ganz in der Gegenwart zu sein und keine Urteile zu fällen, sodass ich mich im übertragenen Sinn selbst umarmen und zulassen konnte, dass alles – egal, was – an die Oberfläche und ans Licht kam. Anfangs halfen mir dabei mein Therapeut und geführte Meditationen, doch mit der Zeit lernte ich, diesen Prozess zu verinnerlichen und ihn selbst anzustoßen. In dieser Phase nahm ich einmal an einem Meditationsretreat teil, und eines Tages sah ich während der Morgenmeditation vor meinem inneren Auge plötzlich, wie ein Monster unter meinem Bett hervorkroch und mir mitten ins Gesicht sprang. Dieses Bild kam aus dem Nichts und war äußerst furchterregend. Ich war bis ins Mark erschüttert und konnte während der restlichen Meditation die Augen nicht mehr schließen. Mein Lehrer half mir anschließend, diese Vision mit meinen Erwachsenenaugen zu sehen. Ich erkannte, dass nur mein inneres Kind sie als furchterregend erlebte. Dadurch lernte ich auf eindrückliche Weise, die Erinnerungen an meine Kindheit – was ich als Kind aus meiner kindlichen Perspektive erlebt hatte – von einer anderen Warte aus zu betrachten und sie mit meinen Erwachsenenaugen zu sehen und damit umzugehen.

Weil die Schilderungen meines Vaters nicht mit dem Wenigen übereinstimmten, woran ich mich erinnern konnte und was mir berichtet worden war, war ich lange Zeit wütend auf ihn. Ich fragte mich: »Warum gibt er es nicht einfach zu? Warum muss er sich die Wahrheit immer zurechtbiegen?« Nach einigen Jahren kam ich zu dem Schluss, dass er irgendwann dazu gelangt war, seine Version der Ereignisse als die Wahrheit zu betrachten. Es ist durchaus möglich, dass er nicht bewusst gelogen hat, als er sagte, es sei nur ein Mal passiert. Jedenfalls erkannte ich, nachdem ich lange Zeit unermüdlich »die Wahrheit« hatte herausfinden wollen, dass es nicht nur eine Wahrheit gibt; ich habe meine Wahrheit, und er hat seine. Und ich habe gelernt, das zu akzeptieren.

Als er älter wurde, sah ich ihn mehr und mehr in einem anderen Licht. Heute ist sein Haar weiß, seine Schultern sind gebeugt, und er hat Falten im Gesicht. Ich bin größer geworden, und er wirkt irgendwie kleiner. Was passiert ist, ist passiert, und ich bin auf meinem Weg der Heilung nun so weit, dass ich nicht noch mehr Einzelheiten kennen muss als die, die ich schon kenne. Ob mein Vater sich je entschuldigen und seine Taten wirklich bereuen wird, beschäftigt mich nicht mehr. Er ist ein Produkt seiner Vergangenheit und der

　　　　　Hochproblematische Buddhas

Schutzmechanismen seiner Seele, sowie seiner Eltern und deren Eltern und der gesamten Gesellschaft. So wie meine Mutter es war und wie ich es bin. Mir all dies vor Augen zu führen, half mir auf meinem Weg, bis ich irgendwann so weit war, ihm verzeihen zu können. Bei unserem letzten Treffen konnte ich zu ihm sagen: »Ich verzeihe dir.« Ich weiß nicht, was das in ihm bewirkt hat oder ob er es in seinem ganzen Umfang verstanden hat, doch für mich war dieser Moment ein wichtiger Wendepunkt. Und ich bin sicher, dass ich dieses Verzeihen aufrichtig meine, denn seitdem ist das entsprechende Gefühl noch gewachsen.

Im Lauf der Jahre habe ich oft genug den Kontakt zu meinem Vater gesucht, um zu wissen, dass er mir immer mit dieser nicht ganz aufrichtigen und oft leicht manipulativen Haltung begegnen wird, die mich nur wütend macht. Vor einer Weile habe ich mich eine Zeit lang von ihm ferngehalten, aber ich verspüre auch nicht mehr das Bedürfnis, so kämpferisch aufzutreten. Mich drängt nichts mehr dazu, ihn zu treffen, und ich fühle mich auch nicht mehr dazu verpflichtet. Dass ich ihm verziehen habe, heißt nicht, dass ich ihn jetzt näher kennenlernen will. Aber das kann sich ja noch ändern.

Als ich anderen von meinen Erlebnissen erzählte, berichteten mir viele Menschen von ähnlichen Erfahrungen mit monsterartigen problematischen Buddhas und ihren Schwierigkeiten, damit zurechtzukommen. Das folgende Beispiel erzählt von einer Freundin, die ihre Mutter auf ihre Kindheitserlebnisse ansprach, um zu klären, was ihr damals widerfahren war. Es veranschaulicht, wie wichtig es ist, die Waffen der Schuldzuweisung dauerhaft niederzulegen, sodass beide Beteiligten sich sicher genug fühlen, um offen und aufrichtig miteinander zu reden.

Den Dreck abwaschen

Jess hatte schon immer eine schwierige Beziehung zu ihrer Mutter. Nachdem sie lange Zeit an Schlafstörungen und unter bedrückenden Träumen gelitten hatte, machte sie eine Psychotherapie, um die ungelösten Probleme im Verhältnis zu ihrer Mutter zu beleuchten. Jess berichtet: »Es fühlte sich an, als müsste ich einen großen Felsbrocken hochheben, um zu sehen, was darunterliegt.« Eine Frage beschäftigte sie besonders: »Warum hast du [ihre Mutter] mich nicht beschützt, als ich als Kind missbraucht wurde?«

Jess wusste, dass sich in Beziehungen nichts ändert, wenn man sich nicht mit den eigenen Problemen auseinandersetzt. »Das ist leichter gesagt als getan. Man kann nicht einfach die eigene Geschichte und sämtliche damit verbundenen Gefühle von heute auf morgen loswerden, und man weiß auch nicht, wie lange dieser Prozess dauern wird.« Bei Jess dauerte er im Rahmen der Psychotherapie letztlich über drei Jahre. »Zunächst musste ich mich damit auseinandersetzen, dass ich meiner Mutter Vorwürfe machte. Sobald ich damit aufgehört hatte, konnten wir uns beide ausreichend sicher fühlen, um unsere Schutzhaltungen aufzugeben und ernsthaft miteinander zu reden.« In dieser Phase sprach sie ihre Mutter immer wieder auf dieselben Themen an. »Ich musste wirklich beharrlich sein.« Sie erkannte, dass ihre Mutter mehrfach dieselben Gespräche führen musste, um sich langsam an die Dinge heranzutasten. »Ihre Bereitschaft, über das, was geschehen war und wie ich mich fühlte, wieder und wieder zu sprechen und endlich der Wahrheit ins Gesicht zu sehen, machte sie in meinen Augen zu einem Buddha.«

Schließlich räumte ihre Mutter ein, dass sie eigennützig gehandelt hatte und nicht hatte sehen wollen, was passierte. Und sie sagte Jess, dass es ihr leid tat. Jess war äußerst überrascht, dass die Angelegenheit auch nach zwanzig Jahren so gründlich geklärt werden konnte.

Vor Kurzem hat sie ihren Vater besucht, und gemeinsam haben sie Fotos aus Jess' Kindheit angesehen. Dabei konnte sie sich mit Freude an einige schöne Momente aus dieser Zeit erinnern. »Es fühlte sich an, als würde der Dreck abgewaschen.« Und sie ist sich sicher: »Wenn ich die Wut und den Groll immer mehr loslasse, wird der Dreck irgendwann ganz abgewaschen sein.«

Der Umgang mit Monstern

Mit jenen Menschen seinen Frieden zu machen, die einem schwerwiegende Probleme bereiten, erfordert viel Zeit, Geduld und Güte sich selbst gegenüber. Manchmal müssen wir uns von diesen Menschen fernhalten, Distanz herstellen und klare Grenzen ziehen. So habe ich beispielsweise den Kontakt zu meinem Vater mehrere Jahre lang unterbrochen, damit ich mir über meine Gefühle klarwerden konnte, ohne dass sie sich dabei noch mehr verwickelten. Bisweilen ahnen wir aber auch, dass wir eher ans Ziel kommen, wenn wir auf solche Menschen zugehen und den Austausch suchen.

Einer der wichtigsten Schritte auf diesem Weg besteht darin, die eigenen Gefühle in ihrem ganzen Ausmaß anzuerkennen und zuzulassen, dass sie mit ganzer Kraft in uns wirken, welche Gefühle es auch sein und was sie auch in uns auslösen mögen. Meiner Ansicht nach denken wir zu oft, negative Gefühle wie Wut, Hass und Groll seien schlecht sowie ein Zeichen dafür, dass unsere Wunden nicht geheilt sind. Und wenn wir unsere Wunden heilen wollen, warum sollten wir sie dann wieder aufreißen und uns noch mehr Schmerz zufügen? Doch um überhaupt eine Hoffnung auf Heilung zu haben, müssen wir die alten, verkrusteten Bandagen abnehmen und, wie Rumi sagt, das Licht in uns einlassen und auf die Wunde sehen, die darunterliegt und all die Jahre unseren Blicken entzogen war. Für mich war es ein notwendiger Schritt auf meinem Weg, Zugang zu meiner Wut zu finden und ihre ganze Wirkmacht zu erkennen. Manchmal müssen die Dinge erst schlimmer – und schmerzlicher – werden, bevor sie besser werden können. In Wirklichkeit werden die Dinge natürlich nicht schmerzvoller, sondern wir werden uns nur immer mehr des Leides bewusst, das uns schon lange quält. Diese wachsende Bewusstheit ist der entscheidende Punkt bei einer Herangehensweise, die auf Achtsamkeit basiert.

Ein weiterer wichtiger Schritt besteht darin, uns zu den eigenen Gefühlen zu bekennen und anderen Menschen keine Vorwürfe mehr zu machen. Oder, mit den Worten von C. G. Jung: den eigenen Schatten nicht mehr auf andere zu projizieren. Wie oben beschrieben, können sich die Beteiligten erst dann ausreichend sicher fühlen, um offen miteinander zu sprechen, und kann erst dann Bewegung in die Dinge kommen, wenn wir sowohl dem anderen als auch uns selbst keine Vorwürfe mehr machen.

Hier müssen wir uns darüber klar werden, dass bestimmte Teile unseres Geistes, unserer Persönlichkeit und unseres Bewusstseins schneller (oder langsamer) erwachsen werden als andere. Ein traumatisches Erlebnis kann die Entwicklung bestimmter Teile unseres Wesens gänzlich aufhalten. Wenn wir uns in Zen und Achtsamkeit üben, versuchen wir nicht, diese Teile unseres Selbst großzuziehen oder zu verändern. Die Aufgabe besteht vielmehr darin, uns genug Zeit zu nehmen und den Raum zu schaffen, um jene Teile unseres inneren Kindes, die festgefahren sind oder leiden, zu sehen, anzuerkennen und voll und ganz anzunehmen. Erst dann können sie auf natürliche Weise erwachsen werden und zu den anderen Teilen unserer erwachsenen Persönlichkeit aufschließen. Bei diesem Prozess lernen wir, unsere Kindheitserinnerungen – all das, was wir als Kind in unserer kindlichen Wahrnehmung erlebt haben – von einer anderen Warte aus zu sehen, sodass wir sie dann mit unseren Erwachsenenaugen sehen und lernen können, mit ihnen umzugehen.

Für mich war das ein langwieriger Prozess, geprägt von Entdeckungen, Verleugnung, Schmerz, Selbsterforschung, Verwirrung, Gesprächen, Selbstakzeptanz und Loslassen. Dabei habe ich erkannt, dass es heute für mich nicht mehr von Bedeutung ist, was mein Vater getan hat oder nicht getan hat, oder wessen Wahrheit zutreffender ist. Vielmehr geht es darum, meine Gefühle anzunehmen, ohne sie ändern zu wollen. Wenn wir die Dinge so sein lassen können, wie sie sind, gelangen wir an einen Punkt, an dem wir verzeihen können. An Folgendes sei jedoch erinnert: Wenn wir jemandem verzeihen, mindert das nicht die Schwere seiner oder ihrer Taten, und es bedeutet auch nicht, dass wir Freundschaft mit der Person schließen oder jemals wieder mit ihr reden wollen. Zu verzeihen bedeutet, sich darüber klar zu werden, dass wir, wenn wir weiterhin wütend oder hasserfüllt sind oder Vorwürfe hegen, nicht den anderen für sein Tun bestrafen, sondern nur uns selbst wehtun. Zu verzeihen bedeutet, offen zu sein und die schwere Last des Grolls abzulegen. Wenn uns das gelingt, gehen wir erleichtert und befreit durchs Leben.

13

Wir selbst als Buddha

Mittlerweile haben Sie sicher verstanden, dass bei der Auseinandersetzung mit problematischen Menschen vieles von unserem eigenen Inneren abhängt sowie von der Art, wie wir damit umgehen. Letztlich sind wir selbst der einzige lästige Buddha in unserem Leben. Dieses unser lästiges Selbst besitzt jedoch einige besondere Aspekte, die ich im Folgenden beschreiben und näher erläutern möchte.

Zunächst einmal fällt uns nichts so schwer, wie uns selbst Güte und Mitgefühl entgegenzubringen. Oft ist es leichter, einem Monster zu vergeben als sich selbst. Güte und Mitgefühl für sich selbst aufbringen bedeutet, sich selbst mit Liebe zu begegnen, und damit Liebe entstehen kann, braucht es – wie bei allen Menschen Zeit, Vertrauen und Aufrichtigkeit. Wenn Sie sich in der Vergangenheit diese Dinge nie selbst geschenkt haben (oder sie von anderen nicht bekommen haben), wird es, zumindest anfangs, nicht leicht sein,

Mitgefühl für sich selbst zu entwickeln. Dann sollten Sie nachsichtig mit sich selbst sein und die Dinge nicht zu schwer nehmen. Denken Sie immer daran: Das Wichtigste bei all dem ist Ihre Intention.

Die eigenen Charakterzüge akzeptieren

Zu einem lästigen Buddha für uns selbst werden wir unter anderem dann, wenn wir nicht in der Lage sind, unsere zahlreichen Charakterzüge, Eigenheiten und Grenzen zu akzeptieren.

Ich will Ihnen dafür ein Beispiel aus meinem eigenen Leben geben. Seit einiger Zeit mache ich Pizzateig selbst. Kürzlich standen meine Frau und ich in der Küche, und ich versuchte, den Teig auf einem Backblech auszurollen, während meine Frau den Belag vorbereitete. Während wir miteinander plauderten, blieben meine Finger andauernd an dem klebrigen Teig hängen. Ich gab Mehl hinzu und drückte den Teig noch flacher. Plötzlich hatte ich an einer Stelle, an der er zu dünn war, ein Loch hineingerissen. Während wir weiter plauderten, versuchte ich, den Riss zu kitten, ohne dass meine Finger kleben blieben. Wenn ich an einer Seite des Teigs zog, verschob sich auch die andere. Weil ich diese Fusselarbeit einfach nicht hinbekam, wurde ich von Minute zu Minute genervter. Ich lief rot an und mir wurde heiß, als der Frust mit seiner ganzen Kraft durch meinen Körper fuhr. Ich wollte schon meine Frau für irgendetwas Lächerliches kritisieren – wie etwa, dass sie beim Gemüseschneiden so viel Lärm machte –, konnte mich aber gerade noch zurückhalten. Es kostete mich Mühe, doch es gelang mir, meine Emotionen zu regulieren, indem ich meinen Frust akzeptierte, aber bewusst dafür sorgte, dass er sich nicht äußerte. Dadurch konnte ich vermeiden, meine Frau grundlos anzublaffen. Natürlich machte sie beim Gemüseschneiden keinen Lärm – nur ich selbst war auf hundertachtzig!

Schon als Kind frustrierten mich alle Tätigkeiten, bei denen man mit den Fingern herumfrickeln musste (ich hätte niemals Chirurg werden können!). Doch ich war mir meiner Gefühle nie ausreichend bewusst, um meinen Frust im Zaum halten zu können und zu vermeiden, dass ich explodierte. Als ich im Teenageralter war, bat meine Mutter mich irgendwann nicht mehr darum, Heimwerkertätigkeiten zu erledigen, weil sie oft genug mitangesehen hatte, wie mich solche Arbeiten frustrierten und ich daraufhin extrem schlechte Laune bekam. Irgendwann musste ich lernen, damit zu leben, dass mich bestimmte handwerkliche Tätigkeiten einfach kolossal frustrierten.

Heute bin ich im Großen und Ganzen weniger leicht reizbar, weil ich gelernt habe, die ersten Anzeichen von emotionalem Frust zu erkennen, sie nicht zu unterdrücken und sie anzunehmen, anstatt sie zu verdrängen oder zu ignorieren (wodurch sie im Unterbewusstsein ein solches Ausmaß annehmen würden, dass sie nicht mehr zu kontrollieren wären). Außerdem habe ich akzeptiert, dass frickelige Tätigkeiten mich frustrieren – so bin ich nun einmal. Nach der erwähnten Episode mit dem Pizzateig wurde das Pizzabacken jedes Mal zu einer hervorragenden Gelegenheit, mich in Achtsamkeit und Selbstakzeptanz zu üben!

Das nächste Beispiel erzählt von Oliver, einem Freund von mir, der auch Zen-Meditation praktiziert und von Natur aus fürchterlich zerstreut ist.

Anderen die Zeit stehlen

Wie er selbst einräumt, ließ Oliver in der Sprachenschule, in der er arbeitete, oft das Licht brennen, sperrte Türen nicht ab und verlegte andauernd Bücher, sein Portemonnaie oder seine Schlüssel. »Mein Chef hielt mir dann immer sofort vor, ich würde mit meiner Zerstreutheit den anderen das Leben schwer machen. Und auch einer der anderen Lehrer, der gut organisiert war und nie etwas vergaß, ließ mich oft spüren, dass er von meinem Verhalten genervt war, und sagte, ich würde ihm ›seine Zeit stehlen‹.« Oliver fragte sich: »Was kann ich tun, wenn sich die anderen über meine Vergesslichkeit ärgern? Ich verhalte mich ja nicht absichtlich so. Wie soll ich mich selbst so akzeptieren, wie ich bin, wenn ich mich schuldig fühle, weil ich so bin, wie ich bin?«

Oliver berichtet weiter: »Erst nimmst du dir vor, dass es dir nicht mehr passiert, aber dann passiert es dir doch wieder. Und wieder und wieder und wieder!« Mit der Zeit erkannte er, wie wichtig es war, dass er Verantwortung für sein Tun übernahm, auch wenn er nicht mit Absicht so handelte. »Nach und nach gestand ich es mir selbst und den anderen ein, wenn ich etwas vermasselt hatte. Zu mir selbst eine Beziehung zu entwickeln, war ein langer Prozess; ich musste mich so akzeptieren, wie ich in dem Moment war, und zugleich alles daran setzen, für die Zukunft besser zu werden.«

Heute ist er dankbar dafür, dass er im Leben Menschen begegnet ist, die besser organisiert waren als er. »Sie haben mir die blinden Flecken gezeigt, die meiner Aufmerksamkeit entgangen waren. Ich musste mich den Menschen öffnen, denen ich auf die Nerven gefallen war, und mich bei ihnen entschuldigen.« Das dauerte jedoch eine Weile, und er musste es immer wieder tun. Durch diesen Prozess versteht er sich selbst jetzt besser und hat nach vielen Jahren seine Zerstreutheit weitaus besser im Griff. »Letztes Jahr habe ich nur ein oder zwei Mal ein Lehrbuch verlegt!«

Es ist nicht leicht, so deutlich auf die eigenen charakterlichen Schwächen hingewiesen zu werden, wie es Oliver passiert ist. Dann ist es verlockend, in die Defensive zu gehen und das eigene Handeln zu rechtfertigen, sowohl anderen als auch sich selbst gegenüber. Doch nur indem wir lernen, unsere Schwächen zu akzeptieren – die Dinge, die wir falsch machen oder nicht so gut beherrschen – und uns aufrichtig entschuldigen, wenn wir jemand anderem Unannehmlichkeiten bereiten oder ihn verletzen, finden wir den Lehrer in uns und kommen unserem wahren Selbst näher. Dann lernen wir, die Maske abzunehmen, mit der wir uns geschützt haben, und eine wahrhaft aufrichtige Haltung zu pflegen, sowohl nach innen als auch nach außen.

Meinungen

Ein anderes weites Feld von Schwierigkeiten beim Umgang mit dem problematischen Buddha in unserem Inneren sind unsere Meinungen. Meinungen sind etwas anderes als Gedanken oder Gefühle; es sind Ansichten, Urteile und Einschätzungen, die wir uns im Hinblick auf ein bestimmtes Thema gebildet haben, die aber auch aus einer Reihe von Gedanken und/oder Gefühlen entstehen können.

Zunächst will ich betonen, dass es wichtig und vollkommen natürlich ist, sich Meinungen zu bilden; wir müssen uns nur stets vor Augen halten, dass sie das sind, was sie sind: eben Meinungen. Buddha hat das sehr klar erkannt. Er räumte ein, dass manche Ansichten uns zwar einschränken, andere jedoch hilfreich sein können, insbesondere auf unserem spirituellen Weg.[1] Meinungen werden nur dann zum Problem, wenn wir uns an ihnen festklammern. Buddha sagte: »Die aber übles Denken und Ansicht in sich aufgenommen, / Im Streit zusammenstoßend gehen sie durch die Welt.«[2] Wenn wir nicht mehr bedenken, dass Meinungen nur Meinungen sind, wachsen sie sich schleichend zu Überzeugungen aus, und wir zeigen uns nicht mehr offen für andere Sichtweisen und Perspektiven. Dann verteidigen wir den Standpunkt, von dem wir fest überzeugt sind, weil wir nun einmal auf dieses Pferd gesetzt haben. Oder, um es technischer auszudrücken, wir »identifizieren« uns damit. Wir alle haben schon einmal die Folgen dieser Haltung erlebt, wenn etwa aus einer kontroversen Debatte ein polemischer Schlagabtausch wird. Dann interessiert sich der andere nicht mehr für unsere Ansichten, sondern will uns nur noch überzeugen, dass er recht hat, und aus dem Streit als Sieger hervorgehen. So führt das Festhalten an Meinungen nur dazu, dass wir uns selbst in unserem Denken beschränken.

Zwar räumte Buddha ein, dass Meinungen bisweilen hilfreich sein können, doch im Grunde vertrat er die Ansicht, wir

---

[1] Näher ausgeführt in: Alagaddupama Sutta, »Das Gleichnis von der Schlange« (Mittlere Sammlung, MN 22); https://palikanon.com/majjhima/zumwinkel/m022z.html.

[2] Magandiya Sutta; https://palikanon.com/khuddaka/sn/sn_iv09_847.html.

sollten sämtliche Auffassungen und Meinungen hinter uns lassen. Um dies zu veranschaulichen, benutzte er einen Vergleich: Hilfreiche Ansichten sind wie ein Floß, mit dessen Hilfe wir zum anderen Ufer eines Flusses gelangen (dem Ufer der Erleuchtung). Hat das Floß seinen Zweck erfüllt, sollten wir es jedoch zurücklassen und es nicht weiter mit uns herumschleppen und damit prahlen.[1]

Mit den eigenen Meinungen und Ansichten umzugehen, kann knifflig sein. Manchmal erkennen wir nur schwer, dass wir bestimmte Überzeugungen vertreten, und zwar dann, wenn sie tief in unserer Weltsicht verwurzelt sind. Eine gute Methode, um auszuprobieren, wie starr man an den eigenen Meinungen festhält, sind Diskussionen mit anderen. Wenn solche Debatten regelmäßig in endlose Monologe ausarten und Sie häufig das Bedürfnis verspüren, den anderen davon zu überzeugen, dass Sie recht haben und er falsch liegt, dann ist das ein deutliches Anzeichen dafür, dass sich Ihre Meinungen vielleicht ein bisschen zu sehr verfestigt haben. Man kann eine solche Diskussion aber auch mit einer anderen Haltung führen, nämlich mit der Absicht, zunächst den anderen zu verstehen und erst dann selbst verstanden zu werden. Und dann kann man nach Wegen suchen, um die Kluft zwischen den Meinungen zu überbrücken, anstatt sich hinter den eigenen Ansichten zu verschanzen.

Wer nicht eine ganze Wagenladung an Meinungen zu allen möglichen Themen vorbringen kann, wird von man-

---

[1] Siehe »Das Gleichnis vom Floß«. In: Alagaddupama Sutta (Mittlere Sammlung, MN 22); https://palikanon.com/majjhima/zumwinkel/m022z.html.

chen Teilen der Gesellschaft als lasch, langweilig, geistlos oder vielleicht sogar moralisch nicht ganz standfest angesehen. Doch wenn wir uns unserer Meinungen zwar bewusst sind, aber nur locker an ihnen festhalten, eröffnet uns das die Möglichkeit, Ambiguitäten und Paradoxien zuzulassen und einander widersprechende Wahrheiten nebeneinander bestehen zu lassen.

Viele Lehrmeister haben betont, wie wichtig es ist, die eigenen Meinungen loszulassen. Sengcan, der dritte Patriarch des Zen in China, schrieb in seinem Lehrgedicht *Xinxin Ming* (»Inschrift vom Vertrauen in den Geist«): »Suche nicht nach der Wahrheit; unterlasse es einfach nur, deine Meinungen hochzuhalten.«[1] Der große Zen-Meister Joshu zitierte gern die ersten Zeilen dieses Gedichts, da sie die Dinge treffsicher auf den Punkt bringen:

> Der Große Weg bietet jenen keine Schwierigkeiten, die keine Vorlieben haben.
>
> Sind sowohl Liebe als auch Hass aus der Welt, wird alles klar und deutlich sichtbar.
>
> Doch wenn du auch nur die kleinste Unterscheidung triffst, bist du so weit von allem entfernt wie der Himmel von der Erde.[2]

---

[1] fakebuddhaquotes.com/dont-keep-searching-forthe-truth-just-let-go-of-your-opinions/
[2] Vgl. auch das zweite Musterbeispiel im *Bi-Yän-Lu (Aufzeichnungen des Meisters vom Blauen Fels)*.

Hochproblematische Buddhas

Trugbilder

Schon von jungen Jahren an entwickeln wir Vorstellungen von uns selbst, die sich, seien sie zutreffend oder falsch, plausibel oder unplausibel, wohlwollend oder lieblos, schon bald in unserem Denken festsetzen. Katy zum Beispiel bekam, als sie sieben Jahre alt war, von einem Cousin die grobe Bemerkung zu hören, sie habe eine große Nase. Mit dreizehn ertrug sie es nicht mehr, sich im Spiegel im Profil zu betrachten, und mit zweiundzwanzig hatte sie genug gespart, um sich einer Operation zu unterziehen. Ganz egal, wie groß ihre Nase wirklich war – ihre Überzeugung hatte sich so sehr verfestigt, dass sie bereitwillig viel Geld dafür bezahlte, um die Nase verändern zu lassen.

Vorstellungen, die sich zu Überzeugungen verfestigen, werden im Buddhismus Trugbilder genannt. Die Welt ist nicht starr; alles befindet sich in fortwährendem Fluss. Jeder Versuch, etwas zu festigen oder zu verdinglichen, muss daher in die Irre führen. Eines der grundlegenden Trugbilder, auf die der Buddhismus hinweist, besteht darin, dass wir unser Selbst als starr und gleichbleibend betrachten. Bisweilen glauben wir sogar, wir *könnten* uns überhaupt nicht verändern.

Unser Unbewusstes neigt zu dem Glauben, wir blieben für immer jung und gesund, obwohl wir wissen, dass das unmöglich ist; zu den wenigen Gewissheiten im Leben gehört, dass wir ab und zu krank werden, älter werden und irgendwann sterben. Selbst wenn wir die ersten grauen Haare bemerken, können wir manchmal nur schwer akzeptieren, dass wir kein dauerhaftes, unveränderliches Wesen sind (manche Menschen wollen das selbst auf dem Sterbebett noch nicht wahrhaben).

Wenn wir etwas verdinglichen, konkretisieren, fixieren oder daran festhalten, führt das letztlich immer zu Leid. Nehmen wir an, Sie haben eine Lieblingsjeans, die Sie schon seit Jahren tragen und die immer perfekt gepasst hat und unbeschreiblich bequem war. Wenn sie dann Anzeichen von Abnutzung zeigt, können Sie das nur schwer akzeptieren. Sie tragen sie weiterhin und reden sich ein, dass die abgewetzten Stellen sie noch schicker machen, während die Jeans aber in Wirklichkeit mittlerweile alles andere als cool ist und auf unschmeichelhafte Weise schlaff herabhängt. Festhalten verursacht immer mehr Leid als Loslassen. Wenn wir an etwas festhalten, erschaffen wir uns selbst ein Trugbild; dann sehen wir die Welt nicht so, wie sie ist, sondern die Vorstellung, die wir von ihr haben.

Wenn wir an unseren Ansichten festhalten und die Dinge sich dann anders entwickeln, als wir es erwartet oder uns gewünscht haben, sind wir unzufrieden, enttäuscht und frustriert. Auf diese Weise verursacht unser lästiges Selbst uns Leid. Dieser Haltung können wir mit Achtsamkeit entgegenwirken. Achtsamkeit bringt die Auffassungen, Überzeugungen und Gedanken ans Licht, die in unserem Geist erstarrt sind; dann können wir die Gewohnheiten, Reaktionsmuster und Verhaltensweisen erkennen, die wir als Reaktion darauf entwickelt haben und die uns aber nur behindern.

Entscheidend bei diesem Prozess ist es, dass wir über die Achtsamkeit hinaus eine Haltung der Urteilsfreiheit und der Offenheit entwickeln. Wenn wir in der Lage sind, dem Augenblick mit offenem, empfangendem Herzen und Achtsamkeit zu begegnen, sehen wir die Dinge immer mehr so, wie sie wirklich sind.

Beschließen möchte ich dieses Kapitel mit einer kurzen Übung in Mitgefühl für sich selbst.

Übung: Mitgefühl für sich selbst

Setzen Sie sich aufrecht hin, in einer Haltung, die für Sie bequem ist. Suchen Sie sich eine Position, in der Sie sich ausgeglichen und entspannt fühlen. Richten Sie den Blick sanft auf diese Worte. Entspannen Sie Gesicht und Schultern und den Bauchraum.

Spüren Sie in Ihren Körper hinein. Erkennen Sie Anzeichen von körperlichem Unwohlsein oder Schmerz? Vielleicht bemerken Sie sofort etwas, vielleicht auch nicht. Lassen Sie sich Zeit. Wenn Sie an mehreren Stellen Unwohlsein verspüren, versuchen Sie herauszufinden, wo das Unwohlsein am größten ist. Vielleicht können Sie die Aufmerksamkeit genau in das Zentrum dieser Empfindung richten. Wenn Ihnen das zu viel ist, können Sie sich auch auf eine Stelle konzentrieren, die daneben liegt.

Unwohlsein und Schmerz sind keine angenehmen Empfindungen, doch anstatt instinktiv davor zurückzuschrecken, wie wir es für gewöhnlich tun, versuchen Sie jetzt einmal, ihnen mit Neugier zu begegnen: Ist die Empfindung punktuell oder ausgedehnt? Ist sie dauerhaft oder unstet (etwa ein Pulsieren)? Ist sie schwer oder leicht? Verbinden Sie mit ihr eine Farbe? Versuchen Sie, bei diesem Unwohlsein zu bleiben wie an der Seite eines engen Freundes, und es mit so viel Güte und Geduld zu betrachten, wie Sie können. Legen Sie in Gedanken einen Arm um den Schmerz und setzen Sie sich neben ihn. Es ist nicht falsch, körperlichen Schmerz zu verspüren; der Schmerz überbringt uns Botschaften. Welche Botschaft könnte Ihnen dieser Schmerz übermitteln? Sie müssen nicht unbedingt etwas herausfinden; hören Sie einfach nur hin.

Wenden Sie die Aufmerksamkeit nun von Ihrem Unwohlsein ab. Legen Sie die Hände auf das Herz (oder auf eine andere Körperstelle, wo es sich beruhigend anfühlt). Spüren Sie die sanfte Berührung und beobachten Sie, wie sie sich auf Ihren Körper auswirkt. Gestehen Sie sich ein, dass Sie zu sich selbst und zu anderen nicht immer so gütig sind, wie Sie es sein könnten. Wie würde es sich anfühlen, wenn Sie sich selbst all Ihre Fehler und Schwächen verzeihen würden? Sagen Sie sich: »Ich verzeihe mir.« Fassen Sie jetzt den Entschluss, Ihr Bestes zu tun, diese Fehler nicht mehr zu machen.

Sagen Sie sich: »Möge ich mich so annehmen, wie ich bin. Möge ich gütig und liebevoll sein. Möge ich gesund und glücklich sein und in Frieden leben.«

Im vierten Teil geht es darum, wie wir die Illusion von einem isolierten, unveränderlichen Selbst auflösen und die Wirklichkeit als einen dynamischen Prozess erkennen, der von Verbundenheit, Leere und Einssein geprägt ist. Dadurch können wir die lästigen Menschen in unserem Leben als Buddhas erkennen – als lästige Buddhas.

Vierter Teil

Lästige Menschen als Buddhas erkennen

14

Die Buddha-Natur

Im ersten Teil habe ich die Metapher von der Bergkette erwähnt, die in Wolken gehüllt ist und von der nur die felsigen Gipfel zu sehen sind, die aus dem dichten Wolkenschleier herausragen. Dieses Bild von mehreren, voneinander getrennten Gipfeln veranschaulicht die Perspektive, die wir normalerweise haben. In dieser Sichtweise sehen wir unterschiedliche Menschen, unterscheiden Häuser von Bäumen, Seen und Tischen und unterscheiden den Geschmack von Schokolade von jenem von Kaffee. In dieser Welt der Dualität, der Trennung und Unterscheidung leben viele von uns die meiste Zeit oder sogar in jedem Augenblick. Unterscheidungsvermögen ist wichtig; es erlaubt uns zu erkennen, was gesund und was giftig ist, und zu bestimmen, was angemessen ist. Außerdem ermöglicht es uns, Lust, Schmerz und Leid zu empfinden. Doch es hat seinen Preis. Der unterscheidende Geist beschreibt eine Welt der Getrenntheit. Wenn wir denken: »Ich bin anders als du«,

nehmen wir instinktiv eine selbstzentrierte und selbstschüt-
zende Haltung ein; dann denken wir: »Ich muss mich absi-
chern, denn das Universum ist riesig und feindlich.« Wir fassen die Welt als ein sogenanntes Nullsummenspiel auf; wenn
wir etwas hinzugewinnen, wie Geld oder Ruhm, muss jemand
anders einen entsprechenden Verlust hinnehmen (wodurch die
Endsumme null beträgt). Die Vorstellung, die Welt bestehe
aus voneinander getrennten Phänomenen, führt früher oder
später zu Leid und Unglück.

Es gibt jedoch auch eine andere Sichtweise. Wie im Zusammenhang mit der Metapher der Bergkette erwähnt, können wir, sobald sich die Wolken verzogen haben, erkennen,
dass die Gipfel in Wahrheit durch den Talboden miteinander verbunden sind. Alle Gipfel gehören zur selben Bergkette; auf dieselbe Weise sind Sie und ich, Häuser, Tische und
Schokoladentafeln miteinander verbunden und nur verschiedene Teile – oder Manifestationen – desselben Ganzen. Um
ein Gespür für diese Sichtweise zu bekommen, können Sie
einmal versuchen zu bestimmen, wo die Grenze Ihres Körpers liegt. »Na, die Grenze ist meine Haut«, werden Sie sagen.
Aber was ist mit der Wärme, die Ihre Haut ausstrahlt? Ist das
»Ihre« Wärme? Und wie steht es mit Ihrem Atem? Wo ist er
noch »Ihrer« und wo »nicht mehr Ihrer«? Und das sind nur
die körperlichen Aspekte – wie verhält es sich mit Vorstellungen und Erinnerungen? Wenn Sie Ihrer Kollegin zeigen, wie
man den Drucker zurücksetzt, wenn er sich aufgehängt hat –
ist dieses Wissen dann »Ihres«? Wann ist es nicht mehr Ihres?
Das zu unterscheiden, ist unmöglich. Solche Fragen führen
uns zu einer Welt des Einsseins, der Nicht-Dualität und der
Leere. Ihre Haut, Ihr Atem und die Inhalte Ihres Denkens

sind nicht voneinander getrennt, sondern allesamt Manifestationen des einen, ungeteilten Universums. Aus dieser Perspektive erscheint das Universum nicht als eine Ansammlung voneinander getrennter Objekte, sondern von dynamischen Prozessen, die miteinander in Verbindung stehen, voneinander abhängen und gemeinsam in Erscheinung treten. Das ist die eigentliche Bedeutung des Begriffs »Leere«, wie er im Buddhismus gebraucht wird.

Zu dieser nicht-dualistischen Sichtweise, die die Dinge als unbeständig und miteinander verwoben betrachtet, fand Buddha, als er vor vielen Jahrhunderten Erleuchtung erlangte (das Sanskritwort *buddha* bedeutet »der Erwachte«). Er erkannte, dass überhaupt nur etwas existiert, weil alles im Universum miteinander verbunden ist und sich fortwährend verändert. Daher nennt man im Buddhismus diese grundlegende, universale und allen Wesen zukommende Eigenschaft des ständigen Wandels »Buddha-Natur«. Wir alle besitzen Buddha-Natur. Doch leider sind sich nur wenige Menschen dessen bewusst. Der Begriff der Buddha-Natur hat eine zweifache Bedeutung: Er bezeichnet die Eigenschaft des Nicht-Getrenntseins, aber auch das in uns allen verborgene Potenzial, diese Sichtweise zu erkennen und einzunehmen – so wie Buddha es getan hat.

Genau genommen ist die Buddha-Natur nichts, das wir haben, sondern etwas, das wir sind. Sie überschreitet alle Denkmuster von Dies und Das, Wissen und Nichtwissen, Richtig und Falsch. Sie ist einfach nur da (so wie sie schon immer da war und immer da sein wird). Auch wenn sie ab und zu von unseren eingefahrenen Verhaltensmustern, Überzeugungen, Bindungen und Beschränkungen überschattet wird, ist sie doch immer da – so wie die Sonne, die hinter einer Wand aus Wolken verschwunden ist.

Was bedeutet es, die Buddha-Natur eines anderen Menschen zu sehen?

So wie Sie und ich sind auch die Menschen, die wir als problematisch erleben, Manifestationen des einen, ungeteilten Universums. Wir alle sind wie die Facetten eines riesigen Edelsteins: Alle sind unterschiedlich, bilden aber gemeinsam einen Stein. Wenn wir unsere Mitmenschen in diesem Licht betrachten, sehen wir ihre wahre Natur oder Buddha-Natur. Im Zen gibt es etliche Koans, die uns helfen sollen, zu dieser Sichtweise zu gelangen. Eines davon lautet: »Herr Chang trinkt Wein, Herr Li wird betrunken.«[1] Aus einer konventionellen Perspektive betrachtet, ergibt dieser Satz keinen Sinn. Wie kann Herr Li betrunken werden, wenn Herr Chang Wein trinkt? Wenn das öfter vorkommt, dürfte Herr Li Herrn Chang als ganz schön lästig empfinden! Doch in einer nicht-dualistischen, nicht unterscheidenden Sichtweise sind Herr Li und Herr Chang so sehr voneinander getrennt wie Ihre linke Hand von Ihrer rechten oder ein Berggipfel vom anderen. Wenn Herr Chang trinkt, wird nicht nur Herr Li betrunken, sondern das gesamten Universum. Daher sind Herr

[1] Dieser Satz hat seinen Ursprung höchstwahrscheinlich im *Ummon-roku (Aufzeichnungen des Ummon)*. Torei führt einen ähnlichen Satz an: »Die Rinder in der Provinz Huai fressen Getreide; die Pferde in der Provinz Yi werden satt.« Zitiert in: *The Undying Lamp of Zen: The Testament of Zen Master Torei.* Shambhala, Berkeley, 2010.

Chang und Herr Li keine voneinander getrennten, isolierten Objekte, sondern zwei Seiten derselben Münze. In gleicher Weise gilt: Wenn wir etwas Garstiges tun oder sagen, leidet die betroffene Person, doch wir selbst leiden genauso, und ebenso der gesamte Kosmos. Weil alles so eng miteinander verbunden ist und voneinander abhängt, hat jede Handlung, so klein sie auch sein mag, Auswirkungen auf alles andere. Dieser Zusammenhang kommt auch in dem Bild vom Schmetterling zum Ausdruck, der in Südamerika mit den Flügeln schlägt und dadurch in Europa einen Sturm auslöst.

Wenn sich jemand uns gegenüber auf irgendeine Weise provozierend verhält, gehen wir, wie oben erwähnt, instinktiv davon aus, dass uns Gefahr droht. Wir verhärten innerlich und gehen in die Defensive. Weil unser Überleben von unserer Fähigkeit abhängt, zielsicher zu unterscheiden, werden wir durch jede Bedrohung automatisch in die dualistische und trennende Weltsicht zurückgeschleudert. Daher ist es so schwierig, im Eifer des Gefechts die Verbindung zur nicht-dualistischen Sicht aufrechtzuerhalten. Aus diesem Grund widmen wir uns der Übung. Zunächst üben wir uns darin, die Perspektive des Einsseins in leichten, unbedrohlichen Situationen einzunehmen (und aufrechtzuerhalten), wie etwa während der Meditation im behaglichen Umfeld unseres Zuhauses. Dann lernen wir nach und nach, diese Perspektive auch in solchen Situationen beizubehalten, die uns auf eine größere Probe stellen und in denen unser Sinn für Gefahr aktiviert wird und wir den Impuls verspüren, zu erstarren oder uns der Welt zu verschließen.

Unsere Buddha-Natur wohnt uns immer inne. Wir können sie uns weder aneignen noch sie verlieren. Sie ist ein Teil von uns. Sie wird nur von mehr oder weniger vielen Schichten Schmutz (Leid) überdeckt. Menschen, in deren Innerem sich mehr Schmutzschichten abgelagert haben, leiden mehr. Ihr lästiges Verhalten ist ein untrügliches Anzeichen für den Schmerz, der in ihrem Inneren wirkt. Anstatt solchen Leuten aus dem Weg zu gehen oder uns über sie aufzuregen, weil sie uns auf die Nerven fallen oder mit Hass begegnen, müssen wir ihnen vielmehr Mitgefühl entgegenbringen. Wir müssen ihnen mit mehr Güte, mehr Einfühlungsvermögen, mehr Geduld und mehr Toleranz begegnen, und nicht mit weniger. Ich weiß, dass das nicht leicht ist, vor allem, wenn solche Menschen diese Güte nicht sehen (oder nicht akzeptieren wollen) und uns kritisieren oder sie uns vor die Füße werfen. Es erfordert eine ganze Menge Mut und Kraft, die Buddha-Natur einer lästigen Person bewusst wahrzunehmen und mit Güte und Mitgefühl zu reagieren.

Zum Glück kann aus dem Schmutz, der unsere wahre Natur überdeckt und unkenntlich macht, äußerst fruchtbarer Kompost werden. Das traditionelle Symbol für die Buddha-Natur ist die Lotosblume. Sie gedeiht vor allem in schlammigen Teichen. Bildlich betrachtet, steht der Schlamm für unser Leid. Unter günstigen Bedingungen kann der schlafende, im Schlamm verborgene Lotossamen austreiben. Dann kann es zwar noch lange dauern, bis der Spross seinen Weg durch den trüben Morast findet und dem Licht entgegenstrebt. Wenn er dann jedoch an die Wasseroberfläche gelangt (auf den Menschen übertragen: wenn wir unsere wahre Natur erkennen), öffnet sich eine prächtige Blüte. Ohne Schmutz gäbe es keine Blume, doch die Blume bleibt, wenn sie die Oberfläche erreicht und sich im Licht der Sonne entfaltet hat, unbefleckt vom Schmutz. Wenn wir es mit einem problematischen Menschen zu tun haben, können wir versuchen, uns nicht auf den Schmutz zu konzentrieren (auf das, was uns nervt oder ärgert, gehässige Bemerkungen oder selbstsüchtiges Verhalten), sondern darauf, dass auch in diesem Menschen der Keim einer Lotosblume schlummert, die wachsen und erblühen kann. Meiner Erfahrung nach führt uns das zu einer vollkommen neuen Sichtweise auf die anderen Menschen, auch auf jene, die uns besonders lästig fallen.

Auch Menschen, die uns missbraucht oder uns vernichtenden Schmerz zugefügt haben, besitzen Buddha-Natur. Zwar kann es sich ganz stark so anfühlen, als seien sie von uns entfernt – und vielleicht wollen wir auch, dass sie so weit von uns getrennt sind wie möglich –, aber sie sind es nicht. Der Wunsch, sie mögen von uns getrennt sein, verschafft uns nur noch mehr Leid. Ich weiß, dass es unvorstellbar erscheinen kann, diese Perspektive einzunehmen, wenn jemand wahrhaft schreckliche Dinge getan hat. Doch so sehr wir uns auch bemühen, räumlich oder seelisch auf Distanz zu gehen, letztlich sind auch diese Menschen ebenso sehr ein Teil des einen, ungeteilten Universums wie wir. Wir können sie nicht aus der Wirklichkeit entfernen. Durch all dies wird Unrecht nicht zu Recht, es entschuldigt solche Taten auch nicht oder mindert den Schmerz, der uns dadurch zugefügt wurde. Aber wenn wir die Unteilbarkeit des Universums einmal erkannt haben, müssen wir akzeptieren, dass sie sich auf alles bezieht, auf die schönsten und angenehmsten Dinge sowie auf die hässlichsten und schmerzvollsten. Stellen Sie sich vor, Sie würden bei so einem Monster, das Ihnen Schlimmes angetan hat, die Verbindung zu dessen Buddha-

Natur suchen. Diese liegt vielleicht schon seit Jahrzehnten unter Bergen von Schmerz, Sehnsüchten, Bindungen und Überzeugungen vergraben, doch unter all diesem Schutt ist sie da. Sie existiert.

Welches Handeln aus diesem Erkennen folgt

Wenn wir erkennen, dass das Handeln von Menschen, die wir als lästig empfinden, aus deren eigenem Leid erwächst – aus den Schichten von Schmutz, die ihre wahre Natur überdecken und verbergen –, wie reagieren wir dann am klügsten und am besonnensten auf dieses Leid? Wie begegnen wir ihnen möglichst gütig?

Folgendes Zen-Koan ermuntert uns dazu, den Blick direkt auf diese knifflige Frage zu richten: »Welches Samadhi besitzt Kannon?« Kannon haben wir bereits im vierten Kapitel kennengelernt. Kannon ist der japanische Name von Avalokiteshvara, dem *bodhisattva* des Mitgefühls (*bodhisattva* bedeutet »erleuchtetes Wesen« oder Verkörperung), der Zeugnis vom Leid auf der Welt ablegt und alle nur erdenklichen gütigen Handlungen unternimmt, um es zu mildern. Das Wort *samadhi* stammt aus dem Sanskrit und bedeutet wörtlich »sammeln« oder »zusammenbringen«. Im Buddhismus werden damit oft die einsgerichtete meditative Versenkung oder die zielgerichtete Konzentration bezeichnet.

Zen kennt allerdings zwei Formen von *samadhi*: die versunkene, einsgerichtete Konzentration, die durch Meditation erreicht wird, und das tätige *samadhi*. Das Koan bezieht sich auf die zweite Bedeutung: aus einem Geist der Erleuchtung und des Mitgefühls heraus das Notwendige tun. Handlungen, die im Geist von *samadhi* ausgeführt werden, unterscheiden sich von den Handlungen, die wir normalerweise unternehmen. Ob wir uns dessen bewusst sind oder nicht, meist handeln wir aus Eigennutz, etwa weil wir nach Anerkennung oder Dank streben oder uns eine Gegenleistung erhoffen. Eine Handlung im Geist von *samadhi* will nichts auslösen oder vermeiden, sie hat nicht im Blick, was wohl die anderen denken werden, und wir begehen sie nicht, weil wir nach einer Belohnung streben. Der Zen-Meister Hakuin war ein glühender Verfechter dieser Art von *samadhi*: »Meditation im Handeln hat einen tausendfach höheren Wert als Meditation in Stille.«[1]

Das bedeutet nicht, dass wir uns durch Handlungen im Geist von *samadhi* immer und überall glücklich machen können. Aber es kommt auch nicht so sehr auf die Handlung selbst an; weitaus wichtiger ist der Geisteszustand, in dem wir uns während der Handlung befinden. Erleuchtetem Handeln wohnt immer die Absicht inne, Leid zu mindern, und niemals die Absicht, Leid zu mehren. So wie ein Schiff aufgewühltes und bewegtes Kielwasser zurücklässt, hat eigennütziges Handeln ein turbulentes Nachspiel, das Leid verursacht (unmittelbar im Anschluss oder erst eine Weile danach). Daher sagt man im Buddhismus: »Erleuchtetes Handeln schlägt keine Wellen.« Sprechen oder handeln wir mit der Absicht, Leid zu mindern, ruht das Herz in Frieden. Dass Handlungen im Geist des *samadhi* keine Wellen schlagen, bedeutet jedoch nicht, dass sie keine Folgen haben.

---

[1] *Wild Ivy: The Spiritual Autobiography of Zen Master Hakuin.* Shambhala, Berkeley, 2010.

Das richtige Wort oder die richtige Geste, zum richtigen Zeitpunkt liebevoll dargebracht, können tiefen Trost spenden oder eine tiefe Einsicht vermitteln, die den Lauf eines Lebens verändern können.

Das klassische Beispiel, das das *samadhi* von Kannon veranschaulicht, ist der Griff mitten in der Nacht hinter den Kopf, um das Kopfkissen zurechtzurücken[1] – wie man es auch bei einer Patientin machen würde, die in einem Krankenhausbett liegt und schläft, oder bei der eigenen Partnerin, deren Kissen aus dem Bett zu fallen droht. Weil sie schläft, wird sie sich nicht bedanken, wahrscheinlich sogar nicht einmal etwas mitbekommen haben. Wir handeln aus einem natürlichen Impuls heraus, spontan, aus Liebe, und weil wir Leiden mindern wollen.

Kennzeichnend für das Handeln im Geist von *samadhi* ist, dass wir es nie bewusst herbeiführen können; sobald wir das versuchen, ist es kein Handeln im Geist von *samadhi* mehr. Erleuchtetes Handeln kann sich nur dann spontan ereignen, wenn wir sicher in *samadhi* in Ruhe verankert sind (in der oben erwähnten einsgerichteten Konzentration). Zunächst müssen wir also durch Meditation eine gefestigte Bewusstheit der Erfahrung des gegenwärtigen Augenblicks entwickeln (in einem

---

[1] Dieses Bild stammt ursprünglich aus dem neunundachtzigsten Musterbeispiel des *Bi-Yän-Lü (Aufzeichnungen des Meisters vom Blauen Fels)*: »Yün-Yän fragte Dau-Wu: ›Wozu bedarf der Große Bodhisattva der Barmherzigkeit so vieler Hände und Augen?‹ Dau-Wu erwiderte: ›Das ist so wie bei einem Menschen, der mitten in der Nacht mit der Hand nach hinten greift, um nach dem Kissen zu tasten.‹« *Bi-Yän-Lü. Aufzeichnungen des Meisters vom Blauen Fels.* Aus dem Chinesischen übersetzt, kommentiert und herausgegeben von Ernst Schwarz. Kösel, 1999.

unbedrohlichen Umfeld mit so wenig Ablenkung wie möglich). Durch diese bewusste Hinwendung erforschen wir uns selbst: unsere Gewohnheiten und Bedürfnisse, die Gründe, warum wir nach Anerkennung oder Dank für unsere Handlungen streben, und das Gefühl für unsere Identität. Haben wir die Entschlossenheit und die Bereitschaft entwickelt, das Leid in der Welt – einschließlich unseres eigenen – zu sehen und anzuerkennen, können wir den tief sitzenden, selbstlosen Wunsch ausbilden, dieses Leid zu lindern, und das tun, was hierzu vonnöten ist.

Im vierten Kapitel haben wir die Zen-Parabel von den zwei Mönchen gehört, die einer jungen Frau begegnen, die Hilfe beim Überqueren eines Flusses braucht. Der ältere Mönch nimmt die Frau auf die Schultern und trägt sie durch die Strömung, und der junge Mönch ist noch lange danach aufgebracht, weil sein Gefährte die Mönchsregel missachtet hat, nach der es verboten ist, Frauen zu berühren. Die Frau ist damit für den jungen Mönch zu einem problematischen Buddha geworden.

Die Geschichte veranschaulicht auf eindrückliche Weise, wie eine Handlung aus Mitgefühl sich über Regeln und Vorschriften hinwegsetzen kann. Geleitet von seiner Einsicht und gefestigt in Bewusstheit und Mitgefühl, befand der ältere Mönch, er könne dieses eine Mal die Regeln missachten und der Frau helfen. Hätte dagegen der junge Mönch so gehandelt, dessen Geist noch nicht so fest in Selbstbewusstheit und Weisheit verankert ist, hätte er damit mehr Schaden als Nutzen angerichtet (das Verbot, Frauen zu berühren, soll dafür sorgen, dass die Gedanken der Mönche nicht vom rechten Weg abkommen). Die Anekdote lehrt, dass spontane Handlungen, wenn wir noch nicht aufrichtig in die Tiefen unseres Inneren blicken, oft von unreflektierten Wünschen und Begierden ausgelöst werden, auch wenn es so wirkt, als begingen wir sie aus Mitgefühl. Sobald wir jedoch ausreichend Weisheit, Akzeptanzbereitschaft und Klarsicht entwickelt haben, wird spontanes Handeln das *samadhi* des Kannon.

15

Das innere Heiligtum

Elisabeth Kübler-Ross schreibt: »Schöne Menschen gibt es nicht einfach so.«[1] Achtsam zu sein heißt, das, was in diesem Moment um uns herum und in uns vor sich geht, bewusst wahrzunehmen und dabei keine Werturteile zu fällen wie etwa »das hier ist besser« oder »das hier ist schlechter«. Wir alle erleben im Lauf eines Tages immer wieder flüchtige Momente der Achtsamkeit, doch über einen längeren Zeitraum hinweg achtsam zu bleiben, erfordert Anstrengung und Übung. Überdies ist es schon in einer behaglichen und unbedrohlichen Umgebung schwer genug, eine offene Haltung zu bewahren und sich die eigenen Gefühle bewusst zu machen, aber wie schaffen wir das gegenüber einer Person, deren Verhalten wir als problematisch erleben? Wenn eine Situation sich

---

[1] Elisabeth Kübler-Ross, *Death: The Final Stage of Growth*. Scribner, New York, 1997.

emotional immer stärker auflädt, übernehmen unsere Instinkte und Gewohnheiten das Ruder, und dann wird es, wie bereits erwähnt, zunehmend schwieriger, eine bewusste Haltung aufrechtzuerhalten und sich nicht von den eigenen Gefühlen bedrängen oder überrollen zu lassen. Es wird schwierig, die eigenen Emotionen zu regulieren und auf dieser Grundlage zu handeln. In der Auseinandersetzung mit lästigen Menschen Achtsamkeit zu üben, ist also etwas für Fortgeschrittene!

Dass Sie dieses Buch lesen, offenbart Ihren Wunsch, die Art und Weise zu verändern, wie Sie mit problematischen Menschen umgehen, und aus solchen schwierigen Begegnungen zu lernen. Es berührt mich zutiefst, dass dieser Wunsch sich in Ihnen regt. Ich danke Ihnen dafür, dass Sie ein gütiger und umsichtigerer Mensch sein wollen. Auch wenn uns manchmal die Sicherung durchbrennt und wir etwas sagen, das wir später bereuen – solange diese Absicht tief in uns verankert ist, können wir sicher sein, in die richtige Richtung zu gehen.

Wir haben bereits gesehen, wie wir zu Beginn einer problematischen Begegnung leicht in eine Haltung verfallen, die sagt: »Du liegt falsch, und ich habe recht.« Aber wir haben auch gesehen, dass wir schon durch ein geringes Maß an Bewusstheit und Aufrichtigkeit erkennen können, dass es zu kurz gegriffen ist, in so einer Situation nur die Dichotomie zu sehen. Die Achtsamkeit lehrt uns, dass unsere eigene Geschichte, unsere Überzeugungen und Gewohnheiten die Situation ebenso sehr prägen wie die der anderen Person. Das entschuldigt das Verhalten des anderen nicht, aber die Gefühle, die problematische Menschen in uns auslösen – wie etwa Ärger, Wut oder Schmerz –, können Hinweise oder Anzeichen dafür sein, dass wir hier noch etwas lernen können. Eine problematische Begegnung kann wie ein Spiegel wirken: Wenn wir aufrichtig hinsehen, zeigt sie uns, an welchen Stellen wir gewohnheitsmäßig reagieren, die Dinge verzerrt wahrnehmen oder aus starren Überzeugungen oder Meinungen heraus handeln. So kann ein schwieriger Mensch in diesem Moment für uns zum Buddha werden.

Wir haben erörtert, warum es im Eifer des Gefechts schwierig sein kann, Ruhe zu bewahren und nicht auszurasten oder durchzudrehen. Erstens, weil der Körper, sobald das Gehirn Gefahr wittert, in den »Survival-Modus« schaltet. Das geschieht angesichts jeder *vermeintlichen* Gefahr, ob sie nun wirklich besteht oder wir sie nur zu ahnen glauben, und unabhängig davon, ob sie körperlicher, sozialer oder geistiger Natur (also nur vorgestellt) ist. Der Körper wappnet sich gegen die Gefahr, indem er instinktiv die Kampf-oder-Flucht-Reaktion zeigt (das Herz schlägt schneller, die Muskeln spannen sich an und der Aufmerksamkeitsradius verengt sich) und so dem Gehirn die bewusste Kontrolle entzieht. Zweitens kann der Wirrwarr aus chaotischen und widerstreitenden Emotionen, den eine problematische Begegnung auslösen kann, so undurchschaubar werden, dass man nicht mehr weiß, wo oben und unten ist. Wir können jedoch lernen, unser Gefühlsleben besser zu regulieren, sowohl auf eigene Faust als auch mit der Hilfe von anderen, indem wir unsere Fähigkeit nutzen, aufmerksam und bewusst zu sein, und auf kluge Weise reagieren. Dabei sollten wir jedoch bedenken, dass es umso mehr geistige Ressourcen erfordert, je höher die emotionalen Wellen schlagen. Daher sollten wir nachsichtig mit uns selbst sein, vor allem wenn wir mit etwas anderem beschäftigt sind oder gerade viel um die Ohren haben.

Mit problematischen Menschen klüger umzugehen, bedeutet im Grunde, mit sich selbst klüger umzugehen. Wenn wir genau hinsehen, stellen wir fest, dass wir im Umgang mit schwierigen Menschen fast alle ein persönliches Standard-Verhaltensmuster an den Tag legen. Manche zeigen sich bedürftig oder fordernd, andere werden wütend oder versuchen um jeden Preis, einen Konflikt zu vermeiden. Andere gründen ihr Verhalten auf eine verzerrte Wahrnehmung oder auf Missverständnisse, die sie für wahr halten. Wir erleben andere Menschen oft als schwierig, weil sie etwas in unserem Inneren aufflackern lassen oder zum Klingen bringen, das wir noch nicht voll und ganz akzeptiert oder losgelassen haben. Unsere Aufgabe ist es daher, durch problematische Begegnungen zu lernen, wie wir aus Furcht oder aus einem Missverständnis heraus reagieren, wo wir an Mutmaßungen oder festgefahrenen Meinungen festhalten und wo wir der Wahrheit nicht ins Auge sehen wollen. Haben wir diese Dinge einmal erkannt, können wir uns selbst mit Mitgefühl und unbeschwertem Herzen mehr und mehr akzeptieren. Und wenn wir uns selbst kennen und akzeptieren, wird sich das unweigerlich spürbar darauf auswirken, wie wir uns in andere Menschen einfühlen und auf sie reagieren.

Der Prozess, bei dem man das eigene Leid sieht und akzeptiert, die eigene Reue loslässt und beschließt, künftig mehr Mitgefühl zu zeigen und besonnener zu handeln, heißt im Zen *sange* (*san* ist das japanische Wort für Kummer, *ge* bedeutet lösen). *Sange* bedeutet nicht, die Gedanken, Gefühle und Handlungen der Vergangenheit auszublenden, sondern zu erkennen, wie einen alles, was man je getan hat – gütig oder hasserfüllt, unüberlegt oder klug –, zum gegenwärtigen Moment geführt hat. Und dann beschließt man, den eigenen Kummer loszulassen – all die Missgunst und den Groll, die Scham und die Enttäuschungen –, und fasst den Vorsatz, künftig klüger und liebevoller zu handeln. Die Bereitschaft, sich dem zu stellen, was man getan hat, und die Verantwortung dafür zu übernehmen, ist ein wichtiger Schritt in der Zen-Übung.

Das folgende Koan bringt das Gesagte sehr anschaulich zum Ausdruck. Ein Mönch sagte einmal zu Joshu: »Ich bin erst vor Kurzem in dieses Kloster eingetreten. Bitte unterweise mich.« Joshu fragte den Mönch: »Hast du deinen Reisbrei gegessen?« »Ja«, antwortete der Mönch. Darauf sagte Joshu: »Dann geh und wasch deine Schale aus.« In diesem Moment hatte der Mönch eine Erleuchtung.

Der Mönch war vermutlich kein absoluter Anfänger. Zen-Mönche unternehmen oft weite Reisen und suchen bedeutende Lehrer auf (wie Joshu), um sie um Unterweisung zu bitten. Jeder Meister lehrt natürlich auf seine eigene Weise, und es ist allgemein anerkannt, dass eine neue Perspektive manchmal zu einer nachhaltigen Veränderung des Bewusstseins führen kann. Der Mönch in dem Koan hat also vermutlich schon ein paar Jahre Erfahrung, doch als er Joshu anspricht, hat er das Wesen von Zen offenkundig noch nicht verstanden. Wie es scheint, findet das Gespräch nach dem Frühstück statt (Reisbrei – *okayu* – wird in Zen-Tempeln oft zum Frühstück gegessen; er besteht aus warmem, wässrigem Reis, unter den manchmal Bohnen gemischt werden und der oft mit gemahlenem Sesam und Scheiben von eingelegtem Rettich gewürzt wird). Als der Mönch Joshu um Unterweisung bittet, tut Joshu das mit einer Lektion, wie sie unmittelbarer nicht sein könnte. Er sagt ihm, er solle seine Schale auswaschen.

Diese Aufforderung kann wörtlich, aber auch auf symboli-
sche Weise verstanden werden. Wörtlich genommen, ist Joshus
Antwort einfach und pragmatisch. In einem Kommentar zu
diesem Koan verweist der Zen-Meister Mumon darauf, wie
naheliegend sie ist, und vergleicht den Mönch mit einem Ein-
faltspinsel, der mit einer brennenden Laterne ein Feuer sucht.
Joshu heißt den Mönch, das zu tun, was getan werden muss.
Wenn die Schale vom Frühstück noch schmutzig ist, muss sie
ausgewaschen werden. Und wenn man die Schale mit aus-
schließlicher Aufmerksamkeit und Gegenwart des Geistes
auswäscht, verschmelzen die Begriffe »Ich« und »Auswaschen«
irgendwann miteinander, und man wird eins mit dem Vorgang
des Auswaschens. Dann ist man nicht mehr vom Universum
getrennt. Joshu ermutigt den Mönch also, seine eigene Wahrheit zu finden.

Symbolisch betrachtet, stehen die Überreste von klebrigem
Reis in der Schale (und wenn Ihre Fähigkeiten in der Hand-
habung von Essstäbchen so wie bei mir zu wünschen übrig
lassen, sind das ziemlich viele) für die Teile unseres Selbst,
die uns noch blockieren: Vorstellungen, an denen wir festhalten, oder andere Dinge, die wir noch nicht losgelassen haben.
Das Auswaschen der Schale steht daher für *sange*. Es bedeutet,
einen unbestechlichen Blick auf unser Leben zu werfen sowie
auf das, woran wir uns noch festklammern oder dem wir uns
widersetzen. Die Schale auszuwaschen, bedeutet loszulassen
und unsere Lebensführung immer mehr unserer wahren Natur anzunähern.

Aber *sange* ist nichts, was wir nur einmal vollziehen. Der
Prozess des *sange* begleitet unsere gesamte spirituelle Reise,
auf der wir die Folgen unseres früheren Handelns immer

Lästige Menschen als Buddhas erkennen

deutlicher erkennen und lernen, auf umfassendere Weise loszulassen. Schritt für Schritt verändern wir unser Leben und kommen in immer größeren Einklang mit unserer eigenen Wahrheit. Mein Zen-Lehrer erklärte mir einmal, dass wir dabei zunächst lernen, all das abzulegen, was wir uns im Lauf des Lebens aufgeladen haben: Ressentiments, Meinungen, Gewohnheiten, Schuldzuweisungen, die Hoffnung, dass alles so läuft, wie wir es wollen, und so weiter. Dann lernen wir, uns derlei Dinge nicht mehr aufzuladen. Aus diesem Koan zu lernen heißt, ohne Reue zu leben und mit dem Vorsatz, so bewusst zu leben und so gütig zu sein wie möglich.

Im Lauf dieses Prozesses werden wir immer mehr wir selbst. Wir stellen fest, dass wir uns immer mehr in der Welt zu Hause fühlen, an welchem Ort wir uns auch aufhalten. Dadurch entwickelt sich ein immer tieferes Gefühl der Zufriedenheit – ob wir nun unserem Onkel dabei zuhören, wie er über die wirtschaftliche Lage schimpft, ob wir gerade festgestellt haben, dass unsere Kollegin unsere Lieblingstasse benutzt, oder ob wir bei Sonnenuntergang in aller Ruhe am Strand sitzen. Damit kommen wir zum letzten Koan, das wir betrachten wollen. Eines Tages war Buddha mit seinen Anhängern unterwegs. An einer Stelle deutete er mit dem Finger auf den Boden und sagte: »Dies ist der richtige Ort, um ein Heiligtum zu errichten.« Daraufhin nahm Indra, der Herrscher der Götter, einen Grashalm, steckte ihn in den Boden und sagte: »Das Heiligtum ist errichtet.« Und Buddha lächelte.[1]

---

[1] Viertes Musterbeispiel im *Shoyoroku*, »Der Erhabene deutet zu Boden«. Aus: *Book of Serenity*. Shambhala, Berkeley, 2005.

Dieses Koan will uns darauf hinweisen, dass unser Heiligtum schon existiert, hier und jetzt, an diesem Ort und in diesem Moment. Dieses Heiligtum ist das Wissen, dass alles, was geschieht, wie gehässig oder nervig manche Menschen auch sein mögen, und wie unwohl wir uns auch fühlen und wie viel Schmerz wir auch verspüren, in Ordnung ist. Jemand, den wir zunächst als schwierigen Menschen erleben und nicht in unserer Nähe haben wollen, kann für uns ein Buddha werden, der uns lehrt, unser Heiligtum der Zufriedenheit zu finden, wo auch immer wir sind und in welche Situationen wir auch geraten. Und während wir unsere Lebensreise fortsetzen, wird unser Heiligtum fortwährend erneuert und veredelt.

Doch wir brauchen nie zu fürchten, dies allein bewältigen zu müssen. Wenn wir uns umsehen, erkennen wir, dass unser Heiligtum im Grunde aus den Menschen besteht, die uns nahestehen. Eine Säule könnten die Eltern sein, eine andere der Partner oder die beste Freundin, und das Dach könnte die Gesamtheit der Freunde sein oder eine spirituelle Gemeinschaft. Denn wie wir bereits wissen, ist ein tugendhafter Mensch nie allein, und vorzügliche Freundschaft, vorzügliche Gefährtenschaft und vorzügliche Kameradschaft sind das Ganze des heiligen Lebens.

Ich wünsche Ihnen auf Ihrem Weg viele herrlich problematische Buddhas.

Übersicht: Die verschiedenen Herangehensweisen

Obwohl die in diesem Buch angeführten Beispiele alle in unterschiedlichen Kontexten angesiedelt sind und von unterschiedlichen Menschen handeln, sind die Herangehensweisen, wie die Betroffenen mit problematischen Buddhas umgehen, doch oft ähnlich. Im Folgenden werden einige davon zusammengefasst, aber Sie haben vielleicht noch weitere entdeckt oder sehen die hier vorgestellten in einem anderen Licht.

Unsere Wahrnehmung und die Realität sind nicht dasselbe

Keine Situation können wir in ihrer ganzen Komplexität erfassen; das gilt auch für die Gedanken und die Gefühle anderer Menschen. Daher ist es wichtig, uns klarzumachen, dass das, was wir wahrnehmen, so wie auch Urteile und Meinungen, die wir uns gestützt auf diese Wahrnehmung bilden, immer unvollständig und unausgewogen sein wird.

Den eigenen Gedanken misstrauen

Aus dem oben Gesagten folgt, dass unsere Gedanken nicht immer die Wirklichkeit wiedergeben. Glauben Sie nicht alles, was Sie denken! Rechnen Sie damit, dass Sie manchmal falsch liegen. Die Dinge nur mit rationalem Denken lösen zu wollen, ist nicht immer der beste Weg.

Das Licht der Lampe umdrehen

Das bedeutet: die eigenen Gedanken, Gefühle, Emotionen, Meinungen und Gewohnheiten zu untersuchen und offen und aufrichtig zu erforschen, wo unsere Probleme, unser Frust und unsere Wut ihren Ursprung haben. Doch eher mit Neugier als aus einer kritischen Haltung heraus.

Körperliche Empfindungen aufmerksam beobachten

Körperliche Empfindungen wahrzunehmen, kann in vielerlei Hinsicht hilfreich sein.

- Empfindungen können wir nur in dem Moment wahrnehmen, in dem sie da sind. Zu registrieren, wie wir uns körperlich fühlen (indem wir die Aufmerksamkeit auf den Körper richten), hilft uns daher, uns von den verwickelten narrativen Erklärungsmustern zu lösen sowie von den Fragen, wer was getan hat und wie es weitergehen soll. Wenn wir auf den Körper achten, unterbinden wir gewohnheitsmäßige Reaktionen und schaffen uns den Freiraum, die Dinge so wahrzunehmen, wie sie sind.

- Körperliche Empfindungen sind weitaus simpler als Gedanken, Erinnerungen und Vorstellungen, auch wenn sie bisweilen unangenehm oder schmerzlich sind. Das Geschehen zu akzeptieren, wird daher leichter, wenn wir uns auf die Ebene der körperlichen Empfindungen begeben. Außerdem hat jede Emotion ihren Ursprung in einer Art Epizentrum, das irgendwo im Körper liegt und das wir ausfindig machen können, wenn wir aufmerksam hinhören. Wenn wir die Aufmerksamkeit auf ein Unwohlsein oder einen Schmerz im Körper richten, dann verändert sich diese Empfindung, und das kann wiederum die entsprechende Emotion verändern.

- Der Körper gibt manchmal eindeutige Signale dafür, dass wir Widerwillen zeigen oder Menschen ablehnen. Dann spannen sich etwa die Muskeln an oder versteifen, oder wir verspüren ein Unwohlsein im Magen.

- Die Wut, die wir auf einen schwierigen Menschen verspüren, kann uns den Weg zu einer tiefer sitzenden, verdrängten Wut sowie zu anderen Emotionen weisen, die irgendwo in unserer Vergangenheit wurzeln. Indem wir diese Emotionen zulassen, sie in ihrem ganzen Umfang spüren und zum Ausdruck bringen, können wir einen Zugang zu diesen tieferen Gefühlsschichten finden und dadurch ihre Macht und den Einfluss, den sie auf uns haben, nach und nach verringern.

Nari kiru

Dieser japanische Ausdruck bedeutet »mit etwas eins werden«. Wenn Sie etwas spüren oder empfinden, versuchen Sie nicht, sich wie durch eine Überwachungskamera zu betrachten und genau zu verfolgen oder zu beurteilen, wie Sie nach außen wirken. Versuchen Sie, ganz die Empfindung zu sein – gehen Sie restlos darin auf.

Handeln erwächst aus Gefühlen

Wenn wir unsere Gefühle wahrhaft, aufrichtig und offen akzeptieren, können sie uns in ihrer ganzen Bandbreite in unserem Handeln leiten. Unter der brodelnden Wut finden wir möglicherweise einen stillen Samen des Mitgefühls, den wir noch nie wahrgenommen haben. Wenn wir ihn erkennen, kann das unseren Umgang mit problematischen Personen tiefgreifend verändern.

Loslassen

Das Loslassen ist einer der wichtigsten Bestandteile in der Praxis der Achtsamkeit und des Zen. Über das hinaus, was ich oben schon beschrieben haben, können wir:

- Die Schuldzuweisungen loslassen. Das bedeutet, die Verantwortung für unsere Gefühle zu übernehmen und, wie

C. G. Jung es formuliert, den eigenen Schatten nicht mehr auf andere zu projizieren.

* Den Wunsch loslassen, jemand anders solle so oder so sein. Sich zu wünschen, ein Mensch wäre anders, ist reine Fantasterei. Wenn wir diesen Wunsch ablegen, müssen wir möglicherweise um den Menschen trauern, den wir uns in unserer Vorstellung ausgemalt haben.

Die Standfestigkeit, die immer da ist

Auch wenn die Oberfläche des Meeres rau und stürmisch ist, müssen wir nicht weit in die Tiefe gehen, um in sehr viel ruhigere Regionen zu gelangen. Genauso kann es sich in unserem Leben verhalten. Auch wenn Ihr Leben turbulent, verwirrend und unruhig ist – versuchen Sie, die Ruhe, die Standfestigkeit und das Schweigen zu finden, die in der Tiefe immer vorhanden sind. Regelmäßige Meditation kann dabei helfen.

An Beziehungen festhalten

In einer Beziehung gelangen wir, nach den anfänglichen Gefühlen und den ersten Urteilen, die wir uns gebildet haben, leicht zu Schlussfolgerungen über den anderen. Doch mit der Zeit treten vielleicht neue Aspekte und Perspektiven hinzu, durch die wir unsere Meinung ändern oder die die Schwierigkeiten abmildern. Allerdings ist es nicht immer angemessen, an einer Beziehung festzuhalten, also sollte jeder Fall für sich betrachtet werden.

Mitgefühl und Güte

Mitgefühl zu zeigen bedeutet, bereitwillig das Leid in der Welt zu sehen und zu akzeptieren – das eigene Leid und das der anderen. Die Absicht, sich gütig, offenherzig und freundlich zu zeigen, kann eine problematische Beziehung grundlegend verändern.

Die Buddha-Natur der anderen erkennen

Wenn wir unter die Schichten aus Leid und seelischen Schutzmechanismen blicken, die in einem problematischen Menschen am Werk sind, stoßen wir auf das, was allen Wesen gemeinsam ist, und erkennen, dass wir nicht voneinander getrennt sind. Man spricht hier auch vom Erkennen des inneren Lichts oder der wahren Natur.

Bei anderen Menschen Hilfe suchen

Niemand von uns hat die Kraft und die Fähigkeiten, mit jeder schwierigen Situation umzugehen, in die das Leben uns schleudert. Daher ist es unumgänglich, dass wir uns, falls erforderlich, bei anderen Menschen Hilfe holen, bei Freunden oder bei professionellen Helfern (wie etwa einer Psychotherapeutin).

Andere nicht auf einen Sockel stellen

Wenn wir einen Menschen vergöttern oder wollen, dass er mehr ist, als er in Wirklichkeit ist, kann das in einer Beziehung beiden Seiten Probleme bereiten. Denn dann werden wir früher oder später enttäuscht und müssen leiden.

Wie wir gesehen haben, können all diese Herangehensweisen in den verschiedensten belastenden Situationen angewendet werden, von solchen, die uns nur wenige Schwierigkeiten bereiten, bis hin zu tragischen Schicksalsschlägen. Sie sollten diese Aufzählung jedoch nicht auswendig lernen, um die einzelnen Ansätze dann wie nach Gebrauchsanweisung zu verwenden. Das hieße, die Dinge rational lösen zu wollen, und das ist, wie wir gesehen haben, nicht immer hilfreich! Lesen Sie sie und lassen Sie sie von Ihrem Bewusstsein in Ihr ganzes Wesen einsickern. So prägen wir unser Unbewusstes und können dann, bei der entsprechenden Gelegenheit, problematischen Personen auf andere Weise, klüger und mit mehr Mitgefühl begegnen als zuvor. Mein Zen-Lehrer formulierte es einmal so: »Wenn du eine Einsicht erlangt hast, wirf sie hinter dich und geh weiter.«

Danksagungen

Zunächst möchte ich mich in Dankbarkeit tief vor all jenen Menschen verneigen, die mir jemals auf die Nerven gegangen sind, mich verärgert haben oder meine wunden Punkte getroffen haben. Ihr alle wart meine Lehrer.

Ein großes Dankeschön geht auch an meinen Zen-Meister, Daizan Skinner Roshi, der der Zenways-*sangha* in London vorsteht, der ich seit über zehn Jahren angehöre. Des Weiteren danke ich meiner Frau Johanna Barclay, die mich immer unterstützt hat und geduldig mit mir war und der ich viele anregende Gespräche über die Themen dieses Buches verdanke. Außerdem geht mein Dank an meine Freundin, die Autorin Livi Michael, für ihre Anmerkungen zu den ersten Versionen dieses Buches.

Meine Anerkennung und mein Dank gelten auch dem fantastischen Team bei Watkins, das dieses Buch Wirklichkeit hat werden lassen, insbesondere meiner Lektorin Fiona Robertson, die vom ersten Augenblick an an das Projekt geglaubt hat.

Schließlich geht mein Dank an jene Mitglieder der Zenways-*sangha*, die für Gespräche zur Verfügung standen, Beispiele geliefert oder dieses Buch auf andere Weise inspiriert haben. Das sind unter anderem Hogetsu Bärndal, Sophie Barraclough, Pete Jion Cherry, Jason Christopher, Penny Seizan Clay, Sean Rinryu Collins, Maxine Craig, Lizzie Daiki Davison, Ed Evans, Sarah Daisho Holt, Matt Shinkai Kane, Mia

Livingstone, April Gensei Mannino, Mary Hartley Daikan Platt, Pablo Mokusei Lopez Pleguezuelo, Alla Omelchenko, Chris Owen und Noriko Yamasaki. Dieses Buch legt davon Zeugnis ab, wie tief eure Weisheit reicht.